本书得到河北经贸大学学术著作出版基金项目和
河北省企业管理重点学科建设项目资助

国家社会科学基金项目（12BGL004）最终研究成果

食品供应链核心企业的诚信行为影响机理及协调机制研究

王书玲◇著

中国社会科学出版社

图书在版编目（CIP）数据

食品供应链核心企业的诚信行为影响机理及协调机制研究/王书玲著.—北京：中国社会科学出版社，2018.8
ISBN 978-7-5203-2522-6

Ⅰ.①食… Ⅱ.①王… Ⅲ.①食品企业—企业行为—研究 Ⅳ.①F407.826

中国版本图书馆 CIP 数据核字（2018）第 100536 号

出 版 人	赵剑英
责任编辑	卢小生
责任校对	周晓东
责任印制	王 超

出　版	中国社会科学出版社
社　址	北京鼓楼西大街甲 158 号
邮　编	100720
网　址	http://www.csspw.cn
发行部	010-84083685
门市部	010-84029450
经　销	新华书店及其他书店
印　刷	北京明恒达印务有限公司
装　订	廊坊市广阳区广增装订厂
版　次	2018 年 8 月第 1 版
印　次	2018 年 8 月第 1 次印刷
开　本	710×1000　1/16
印　张	19
插　页	2
字　数	281 千字
定　价	80.00 元

凡购买中国社会科学出版社图书，如有质量问题请与本社营销中心联系调换
电话：010-84083683
版权所有　侵权必究

前　言

本书是国家社会科学基金课题"食品安全供应链中核心企业决策机制研究：基于诚信机制的视角"（12BGL004）的最终结项成果。在根据课题中期变更申请并得到批准情况下，研究内容发生重大调整，相对于原研究计划，研究内容拓展并重心前移，凸显"诚信"特点，由原来的决策机制研究调整为在研究食品供应链核心企业诚信行为影响机理的基础上，探求核心企业诚信行为和协调机制之间的联系，进而构建诚信决策机制，"原因—结果"的逻辑思路更严谨合理。基于此，课题最终成果名称为"食品供应链核心企业的诚信行为影响机理及协调机制研究"。本书获得了河北经贸大学学术著作出版基金和河北省企业管理重点学科建设项目资助，也是笔者近几年在这方面的系统性研究成果。

近年来，我国食品行业频繁发生企业失信事件，影响着经济发展和社会稳定。国家、理论界、企业诚信评价机构积极进行企业诚信评价理论和实务研究，帮助公众识别企业诚信状况，同时激励企业自律。然而，相对来说，企业诚信的基础理论研究相对匮乏，现有的评价理论和实务研究不能信服地解释企业失信实质。因此，有必要对企业诚信影响机理进行深入探讨，以便更好地支撑实际评价工作。本书围绕这一问题，在对相关文献和理论进行梳理的基础上，根据我国目前食品供应链的发展现状，关注供应链的"链主"——核心企业，并以食品加工企业为样本，利用问卷调查、数理统计、数理模型等分析方法对企业诚信进行了系统研究，主要分为食品供应链核心企业食品安全行为策略、食品供应链核心企业诚信影响因素、核心企业主导的食品供应链协调机制等内容。本书主要结论如下：

首先，作为组织道德品质的表征，组织伦理型领导显著影响企业诚信的高低。在企业诚信研究中，一般认为，企业的品质是诚信实现水平或诚信风险的关键内部因素，但由于"品质"的抽象性与难测量性，相关诚信研究往往回避这方面的实证研究。课题通过对组织伦理型研究相关文献的梳理，发现组织伦理型领导是其他变量（伦理氛围、伦理准则等）的外生变量，综合控制各类影响因素，伦理型领导能够反映组织道德品质水平。因此，本书以伦理型领导作为企业品质的替代变量，发现其与企业诚信之间存在因果关系，证明了企业品质确实是企业诚信的影响因素。

其次，作为供应链管理能力的表征，供应链合作关系的质量显著影响企业诚信的高低。本书通过大量的文献梳理回顾，发现供应链管理的实质是合作关系的协调，为此，以供应链合作关系作为供应链管理能力的表征，并通过实证研究表明，供应链合作关系与企业诚信具有正向影响关系。供应链合作关系质量是改善企业诚信水平获取顾客满意度的另一有效方法，这种正向影响关系证明了在"道德"之外，"能力"因素同样是决定诚信水平的关键因素。

再次，组织伦理型领导影响供应链合作关系质量的高低。组织伦理型领导对组织间关系的影响，是近年来伦理型领导研究领域的新议题。本书研究表明，总体来说，伦理型领导正向影响供应链合作关系，支持了相关研究。

最后，对供应链合作关系的协调，需要建立合理的利益分配和风险共担机制。供应链合作关系对企业诚信有显著积极影响，通过设计合理的协调机制，使核心企业与供应链其他成员保持稳定的合作关系，可以有效地促进核心企业诚信水平的提高。

本书通过转换"行为—结果"的企业诚信评价视角，追寻行为发生的根本原因，即调整为原因—行为视角，剖析企业诚信行为产生的前因变量，研究导致企业失信的本质原因，变事后控制为事先控制，为有效预防企业失信行为提供理论依据。而且，本书基于利益构建的供应链关系协调激励机制，对食品供应链的有效运行提供了很好的决策参考依据。

总之，本书基于食品安全产生的根本原因——企业诚信及产生环节，通过系统分析，帮助食品企业寻求提高企业诚信水平的现实路径，并为提升企业供应链管理能力提供决策参考，有利于促进企业外部管制环境和竞争环境的改善、实现食品安全和食品加工企业效益"双赢"，对理论和实践均具有一定的学术价值和参考意义。但是，鉴于笔者学识水平所限，书中错误和偏颇在所难免。因此，对书中的不足之处，希望各位专家学者不吝赐教。

本书由笔者起草并统稿。完成之际，回顾过去，感激之情涌上心头，感谢课题组成员和谐共处，潜心投入；感谢亲朋好友、同学、同门、老师等的帮助；感谢受调研企业的大力支持；感谢本书所引用文献的各位作者……因为你们，历经五个寒暑，本书稿才得以完成。

最后，感谢百忙之中审阅本书稿的各位专家！

王书玲
2018年1月于石家庄

目　录

第一章　绪论 ……………………………………………………………… 1

　　第一节　研究背景和问题的提出 …………………………………… 1
　　第二节　研究目的与意义 …………………………………………… 4
　　第三节　相关概念及本书研究范围界定 …………………………… 5
　　第四节　研究内容、方法与技术路线 ……………………………… 8

第二章　相关理论和文献综述 ………………………………………… 11

　　第一节　关于企业诚信问题研究综述 …………………………… 11
　　第二节　关于供应链核心企业的研究 …………………………… 22
　　第三节　企业诚信内涵研究 ……………………………………… 30
　　第四节　组织伦理研究 …………………………………………… 45
　　第五节　供应链管理理论 ………………………………………… 64
　　本章小结 …………………………………………………………… 84

第三章　食品供应链核心企业食品安全行为分析 ………………… 86

　　第一节　核心企业在一般供应链中的地位和作用分析 ………… 86
　　第二节　食品供应链中核心企业作用分析 ……………………… 88
　　第三节　食品加工企业食品安全行为驱动因素分析 …………… 92
　　本章小结 …………………………………………………………… 98

第四章 食品供应链核心企业诚信行为影响因素理论模型与假设 …… 100

第一节 研究目的与内容 …… 100
第二节 本书中各变量结构维度与研究层面 …… 101
第三节 核心企业诚信行为影响因素理论假设 …… 107
第四节 核心企业诚信行为影响因素理论模型构思 …… 124
本章小结 …… 125

第五章 食品供应链核心企业诚信行为研究方法和数据收集 …… 127

第一节 测量工具与问卷设计 …… 127
第二节 控制变量 …… 132
第三节 预调研和量表检验 …… 133
第四节 量表修订与正式量表生成 …… 144
第五节 正式调研与样本概况 …… 145
第六节 作答者偏差预防 …… 148
第七节 共同方法偏差预防 …… 148
第八节 实证分析处理流程与分析方法 …… 149
本章小结 …… 150

第六章 食品供应链核心企业诚信行为影响因素实证研究 …… 151

第一节 正态性检验 …… 151
第二节 信度、效度检验 …… 153
第三节 回归分析检验和合作伙伴分组检验 …… 163
第四节 企业诚信行为现状研究 …… 166
第五节 控制变量影响分析 …… 169
第六节 核心企业诚信行为影响因素假设检验 …… 172
本章小结 …… 189

第七章 核心企业伦理型领导在特征变量上的差异研究 …… 191

第一节 研究目的 …… 191

第二节　研究方法 ……………………………………… 192
　　第三节　伦理型领导在特征变量上的差异研究结果 ……… 192
　　第四节　总结与讨论 ……………………………………… 198
　　本章小结 …………………………………………………… 200

第八章　核心企业主导的食品供应链合作关系协调机制研究 …… 201
　　第一节　食品供应链合作关系协调机制的理论分析 ……… 202
　　第二节　核心企业主导的针对上游供应商质量保证的
　　　　　　协调机制 ………………………………………… 208
　　第三节　核心企业主导的针对销售商不同风险偏好的
　　　　　　返利协调机制 …………………………………… 221
　　本章小结 …………………………………………………… 236

第九章　研究结论与展望 …………………………………… 237
　　第一节　主要研究结论 …………………………………… 237
　　第二节　本书的主要创新点 ……………………………… 239
　　第三节　本书的管理实践意义 …………………………… 241
　　第四节　本书的局限与未来拓展方向 …………………… 242

附　录 ………………………………………………………… 244
　　一　供应链合作关系与组织绩效关系研究总结 ………… 244
　　二　食品加工企业经营行为影响因素初始调查问卷
　　　　（管理人员）……………………………………………… 248
　　三　食品加工企业经营行为影响因素正式调查问卷
　　　　（管理人员）……………………………………………… 254
　　四　食品加工企业经营行为影响因素调查问卷（员工）… 260

参考文献 ……………………………………………………… 263

第一章　绪论

第一节　研究背景和问题的提出

一　研究背景

民以食为天，食以安为先。从20世纪90年代开始，我国食品市场需求的主要矛盾已经由数量需求向数量与质量安全双重需求转变。在数量上，我国的食品供给从长期短缺实现了总量平衡、丰年有余；在质量上，由于政府监管体系不够完善、市场良性发展机制尚未建立、食品企业管理能力尚低，食品安全问题仍然严重，食品安全事件频频发生，严重损害了消费者的身体健康（见表1-1），进而影响了食品企业声誉，对我国的经济发展负面影响越来越显著，制约着中国食品参与国际竞争的能力，降低了我国食品行业国际竞争力。

表1-1　2000—2015年我国食物中毒报告起数、中毒人数和死亡人数

年份	中毒报告起数（起）	中毒人数（人）	死亡人数（人）
2000	150	6237	135
2001	185	15715	146
2002	128	7127	138
2003	379	12876	323
2004	397	14597	282
2005	256	9021	235
2006	596	18063	196
2007	506	13280	258
2008	431	13095	154

续表

年份	中毒报告起数（起）	中毒人数（人）	死亡人数（人）
2009	271	11007	181
2010	220	7383	184
2011	189	8324	137
2012	174	6685	146
2013	152	5559	109
2014	160	5657	110
2015	169	5926	121

资料来源：国家卫生和计划生育委员会网站（http://http://www.nhfpc.gov.cn/yjb/index.shtml）。

在此背景下，解决食品安全问题，增强消费者信心，以促进食品行业健康、持续发展，成为亟待理论界关注、解决的现实课题。

二 问题的提出

近年来，我国食品质量安全事件频发，其更深层次的原因究竟是什么？

王新平、张琪等（2012）通过对近几年发生的食品质量安全事件分析，也从另一个侧面验证了上面的调查，食品安全事件的发生，除政府监管不力外，一个很重要的原因在于企业自身，均是由于相关从业人员、食品生产者缺乏足够的质量意识、社会道德和法律意识导致的。[①]

2011年4月14日，温家宝总理在同国务院参事和中央文史研究馆馆员座谈谈到食品安全问题时一语道破实质："近年来相继发生'毒奶粉''瘦肉精''地沟油''染色馒头'等事件，这些恶性的食品安全事件足以表明，诚信的缺失、道德的滑坡已经到了何等严重的地步。"可见，企业诚信的缺失——食品安全问题产生的根本原因。

对于食品安全问题出现的环节，纵观食品链整个过程，从原材料生产、加工，到储藏、运输，直至销售，链上涉及的每一环节都有可能导致食品安全问题发生。其中，加工环节发生食品质量安全事件占

[①] 王新平、张琪、孙林岩：《食品质量安全：技术、道德，还是法律？》，《科学学研究》2012年第3期。

90％以上，其他占4％发生在原料供应环节，4％的问题出现在终端层，只有2％的问题发生在流通层（顾宇婷等，2005）。① 因此，加工环节是重中之重（刘畅等，2011）。②

面对政府监管力度的不断加大，消费者安全食品需求的日趋强烈，尤其是经营短视企业的前车之鉴，各类食品加工企业特别是行业有一定影响力的龙头企业，认识到诚信经营的重要性，开始从战略角度寻求企业效益和长远发展"双赢"的解决措施。因此，供应链环境下解决食品安全问题成为经济转轨时期人类发展的主题，这是由于，食品安全问题的产生涉及食品供应链的每一个环节，这些环节环环相扣，相互影响，从而导致保障食品安全是供应链上所有节点企业的使命。这其中，供应链核心企业诚信影响因素到底有哪些？影响机理如何？核心企业如何整合供应链资源、协调、控制节点企业的行为，实现食品安全和食品供应链整体效益最优的双重目标，是链中起主导作用的核心企业亟须面对的课题。但遗憾的是，首先，学术界对企业诚信因素的研究，无法解释现实中知名企业失信的原因，文献都是站在监管角度研究解决食品安全问题，少有文献站在食品安全的直接责任者特别是其中核心企业长远发展角度对此问题进行深入探索。

因此，本书的核心概念和研究主题是"企业诚信"，核心命题围绕"食品企业诚信行为影响因素"展开，遵循"观念—行为""能力—行为"和"观念—能力—行为"的逻辑思路。企业伦理代表"观念"变量，供应链合作关系代表"能力"变量，企业诚信代表"结果"变量，探索、检验"观念"变量组织伦理和"能力"变量供应链合作关系对企业诚信的影响关系。另外，本书还将探索"观念"变量组织伦理是否影响"能力"变量供应链合作关系。具体来说，本书将试图验证以下问题：

（1）剖析企业诚信的前因变量及作用机理。核心企业的企业诚信

---

① 顾宇婷、施晓江:《食品供应链环节的监管博弈》，《中国食品药品监管》2005年第7期。

② 刘畅、张浩、安玉发:《中国食品质量安全薄弱环节、本质原因及关键控制点研究——基于1460个食品质量安全事件的实证分析》，《农业经济问题》2011年第1期。

是否受企业品质与供应链管理能力双重因素的影响？如果是，是直接影响，还是存在中介效应，抑或存在调节效应？这些都需要进行深入研究，而相关研究比较少见。

（2）企业伦理促进供应链管理能力的验证。企业伦理水平是否促进外部利益相关者关系？是否能够改善组织冲突？相关研究比较欠缺，需要进一步深入研究。

第二节 研究目的与意义

一 研究目的

基于食品安全产生的根本原因——企业诚信及产生环节入手，借鉴前人研究成果以及实践经验的基础上，研究食品供应链核心企业诚信影响因素，进而寻求设计合适的激励协调机制，从食品供应链系统角度解决食品安全问题。

二 研究意义

（一）现实意义

首先，变事后控制为事先控制。研究导致企业失信的本质原因，判断食品企业诚信水平，有利于从源头发现并解决企业失信，及时进行事先控制。另外，诚信评价结果将激励、引导企业树立良好的诚信意识，提高诚信水平，促进食品行业的健康有序发展。

其次，基于利益构建的供应链关系协调激励机制，对食品供应链的有效运行提供了很好的决策参考依据。

总之，本书将通过系统分析，帮助食品企业寻求提高企业诚信水平的现实路径，并为提升企业供应链管理能力提供决策参考，有利于促进企业外部管制环境和竞争环境的改善，实现食品安全和食品加工企业效益"双赢"，对理论和实践均具有一定的学术价值和参考意义。

（二）理论意义

首先，对于企业诚信研究领域的拓展。向顾客、合作伙伴等展示诚信行为，是企业持续发展的基本要求，通过转换"行为—结果"的企业诚信评价视角,追寻行为发生的根本原因,即调整为"原因—行为"视角,剖析企业诚信行为产生的前因变量,就能有效地预防企业失信行为,变事后控制为事前控制,控制方式的转变,优势是不言而喻的。

其次,对于伦理型领导研究领域的拓展。传统伦理型领导与结果变量之间的关系,学术界大多集中于组织内部,探讨各层次管理人员对组织内成员产生伦理影响的机制与效果,如员工满意度、离职倾向以及伦理行为等,忽视了伦理型领导对企业层面道德规范问题的解释,伦理型领导与组织绩效的关系还不清楚。另外,不可忽视的是,组织不是孤立存在的,通常会嵌入在某一集群生态或网络中,与其他组织发生竞争合作关联。① 对此,传统的组织变量无法解释,无法全面地体现该组织的整体伦理型领导效能。② 我们将供应链合作关系与企业诚信作为伦理型领导的结果变量,对该领域进行了很好的补充。

第三节 相关概念及本书研究范围界定

一 食品供应链

1996 年,Den Ouden 和 Zuurbier 等首次提出"食品供应链"(Food Supply Chain)这个概念。他们认为,食品供应链是农产品及食品生产销售等组织,为降低食品和农产品物流成本,提高质量安全和物流服务水平而进行的垂直一体化运作模式。③ 从全局视角将食品原料生产到食品生产加工再到消费的整个链条统一起来,具有重要的理论和实践意义。其后,A. Maze 等(2001)认为,食品供应链是由从

---

① Laszlo, C. and J. Nash, "Six Facets of Ethical Leadership: An Executive's Guide to the New Ethics in Business" [J]. *Electronic Journal of Business Ethics and Organization Studies*, 2001, 6 (1).

② 张笑峰、席酉民:《伦理型领导:起源、维度、作用与启示》,《管理学报》2014 年第 11 期。

③ Den Ouden, M., A. A. Dijkhuizen, R. B. M. Huirne et al., "Verticle Cooperation in Agricultural Production – Marketing Chains, with Special Preference to Product Differentiation in Pork" [J]. *Agribusiness*, 1996, 12 (3): 277–290.

种子到餐桌整个过程中一系列相互关联的产品、服务、信息等所形成的结构①；张卫斌和顾振宇（2007）认为，食品供应链是由农业、食品加工业和物流配送业等相关企业构成的食品生产与供应的网络系统，主要围绕食品生产、食品供应、食品物流和食品需求四个领域来组织实施。②易正兰（2007）提出，食品供应链是由食品生产经营主体包括农产品原料供应商、农产品生产者、食品制造商、分销商、零售商等组成的一个链状结构或网状结构。③基于以上观点，本书界定的食品供应链是指在食品从初级农产品种植/养殖开始，经过加工、流通等环节，最终转移到消费者手中的全过程中，由农产品生产者、食品制造商、分销商、零售商等生产经营主体组成的一个链状结构或网状结构。

二 核心企业的概念

对于供应链核心企业的诠释，学术界存在不同见解。有的认为，供应链最早发起的企业就是该供应链的核心企业；④有的认为，充当供应链驱动力的企业是核心企业；⑤⑥还有基于核心企业在供应链中的突出优势来阐释⑦⑧，以及较新的基于约束理论观点来揭示核心企业等。⑨本书采用学术界较早阐释也是我国学者普遍认可的观点来界

---

① Maze, A., S. Polin, E. Raynand, 2001, Quality Signals and Governance Structures within European Agro – food Chains: A New Institutional Economics Approach [C]. In: Copenhagen: 78th EAAE Seminar and NJF Seminar 330, Economics of Contracts in Agriculture and the Food Supply Chain, 15 – 16.

② 张卫斌、顾振宇：《基于食品供应链管理的食品安全问题发生机理分析》，《食品工业科技》2007年第1期。

③ 易正兰：《论安全食品供应链管理》，《新疆财经》2007年第4期。

④ Kuglin, F. A., *Custom – Centered Supply Chain Management: A Link by Link Guide* [M]. New York: American Management Association Company, 1998.

⑤ 刘志学：《关于供应链物流管理的一些认识》，《物流技术》2002年第3期。

⑥ Carney, M., "The Competitiveness of Networked Production: The Role of Trust and Asset Specificity" [J]. *Journal of Management Studies*, 1998, 35 (4): 457 – 479.

⑦ Harland, C. M., "Supply Chain Management: Relationships, Chains and Networks" [J]. *British Journal of Management*, 1996, 7(s1): S63 – S80.

⑧ Prahalad, C., K. Hamel, "The Core Competence of the Corporation" [J]. *Harvard Business Review*, 1990, 68 (3): 79.

⑨ 卢松泉：《基于约束理论的供应链核心企业界定》，《中国物流与采购》2009年第17期。

定供应链核心企业概念，即从供应链结构、全局运作的角度揭示核心企业，核心企业是供应链企业群体的"原子核"，通过某种共同利益所产生的凝聚力把一些"卫星"企业吸引在自身周围，从而将供应链构建成一个网链状结构①，我国供应链管理研究专家马士华教授认可这个观点并认为，很大程度上核心企业决定着供应链运作好坏以及供应链竞争力的大小。② 核心企业必须是供应链上拥有核心市场资源与核心竞争力的企业，如此，才能够吸引相关节点企业加盟，参与市场竞争（鲁茂，2004）。③ 其在供应链地位概念模型如图1-1所示。

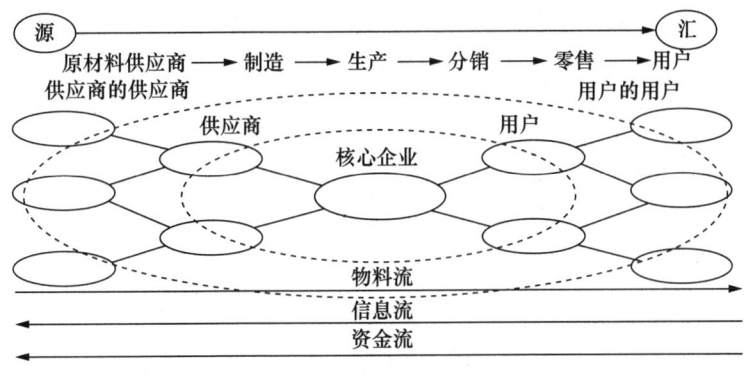

图1-1 核心企业在供应链地位概念模型

据此，食品供应链中核心企业是指拥有核心市场资源和核心竞争力、能够组建食品供应链并吸引相关节点企业加盟、共同协作参与食品市场竞争的企业。根据食品供应链的特征与产品结构的不同，核心企业可以是食品生产加工企业或者大型的销售企业。

三 本书核心企业的界定

在我国现实食品供应链中，往往食品加工企业是供应链的龙头企

---

① Christine, H., "Supply Chain Operational Performance Roles" [J]. *Integrated Manufacturing Systems*, 1997, 8 (2): 70-78.
② 马士华：《论核心企业对供应链战略伙伴关系形成的影响》，《工业工程与管理》2000年第1期。
③ 鲁茂：《供应链战略联盟信息共享研究及实现——核心企业与供应商的联盟》，硕士学位论文，昆明理工大学，2004年。

业,具有强大的影响力,起着"原子核"的作用,这是由食品行业的特点决定的。这是因为,食品原材料面广量大,食品安全责任重大,相对来说,食品加工企业对食品安全拥有更多的掌控权,相对容易形成相应品牌的食品市场资源和核心竞争力,也因此成为供应链的核心企业的可能性较大,如三元、蒙牛、伊利、双汇等,而供应商、销售商分布较广,一般难以控制食品安全状况和形成食品品牌。而且,即使具有核心企业能力,但由于经营特点的原因,销售企业不对产品承担责任,也就不履行完全的食品安全责任,因而也就不能成为该供应链的核心企业。因此,考虑到我国大多数食品行业的核心企业都是食品加工企业,因此,本书所涉及的核心企业是指起主导作用的对供应链运行有重要影响的具有自己品牌产品的食品加工企业(第三章将对此做详细分析)。

第四节 研究内容、方法与技术路线

一 研究内容

本书分为九章,各章内容简单介绍如下:

第一章确定本书的研究框架,介绍研究背景、研究目的与研究意义,提出本书要解决的问题以及基本概念和研究范围的界定,并对研究思路和研究方法以及技术路线图进行说明。

第二章全面系统地回顾关于企业诚信、供应链核心企业、供应链管理、组织伦理的相关研究,为后续研究奠定理论基础。

第三章首先分析了一般供应链中核心企业的地位和作用;其次基于现状,剖析了食品供应链的特点以及食品供应链核心企业的类型和作用;最后根据本书研究对象,剖析了作为核心企业的食品加工企业食品安全行为驱动策略。

第四章根据本书研究目的,基于第二章理论和文献综述,以伦理型领导表征组织道德,以供应链合作关系表征供应链管理能力,基于道德影响行为、能力影响行为的观点构建理论模型,同时深化伦理型领导与供应链合作关系之间的关系,提出相应的理论假设。

第五章首先介绍本书量表的设计、构成。其次详细阐述预调研的实施、数据收集与分析、初始量表检验等步骤，以及根据检验结果对初始量表进行修订，生成正式量表的过程。最后详细介绍正式调研的实施方案与收集样本数据概况，并对样本特征进行分析，对偏差预防措施和下一步流程、方法简单介绍，为下一步深入分析打下了基础。

第六章首先对数据进行基本统计检验，包括正态检验、信效度检验、回归检验；其次通过方差分析和均值分析，对不同企业特征变量下，中介变量（供应链合作关系）和结果变量（企业诚信）的差异状况进行分析；再次建立结构方程模型，探索潜变量之间的因果关系，并检验中介变量的中介效应；最后，运用逐层回归法对调节因素的调节作用进行检验。为后面伦理型领导分析和供应链协调机制构建提供理论依据。

第七章以食品加工企业为样本，分析年龄、性别、文化程度、管理任期、企业类型、企业规模等人口学、组织学变量在其伦理型领导上是否存在显著差异，有助于加深对企业伦理型领导的理解，也有利于企业更有效地推行伦理型领导。

第八章首先分析了食品供应链中存在的委托—代理问题，提出了基于利益的供应链关系协调的契约激励途径；在此基础上，探讨了针对上游供应商质量保证的诚信协调机制以及针对下游销售商不同风险偏好的协调机制，并进行数据仿真说明机制的可行性。

第九章总结概述本书的主要研究结论，阐述本书的主要创新点、管理实践意义、研究局限与未来拓展方向。

二 研究方法

从研究范式来说，本书基于经济学思维框架与组织研究的思维框架。在方法论上，采用规范研究与实证研究相结合、定性研究与定量研究相结合、文献查阅与实地调查相结合的方法。具体研究方法如下：

（一）文献研究法

通过对文献系统阅读、梳理，把握当前相关理论研究整体进展和未来趋势，明晰研究的切入点。

（二）问卷调查法

在文献梳理与专家咨询、企业访谈的基础上，小范围科学测试调查问卷，从而形成正式问卷，并通过大规模样本调研，获取组织伦理型领导、供应链合作关系、企业诚信与竞争程度等变量测度数据。

（三）数理统计分析法

应用 SPSS、AMOS 等软件对收集回来问卷进行统计分析，运用探索性因子分析、验证性因子分析、回归分析、结构方程模型等统计方法，验证理论假设的合理性。

（四）数理模型分析法

运用博弈论、委托—代理理论构建供应链合作中的协调激励机制，并用 MATLAB 软件进行仿真分析。

三　技术路线

围绕研究内容，本书研究的技术路线如图 1-2 所示。

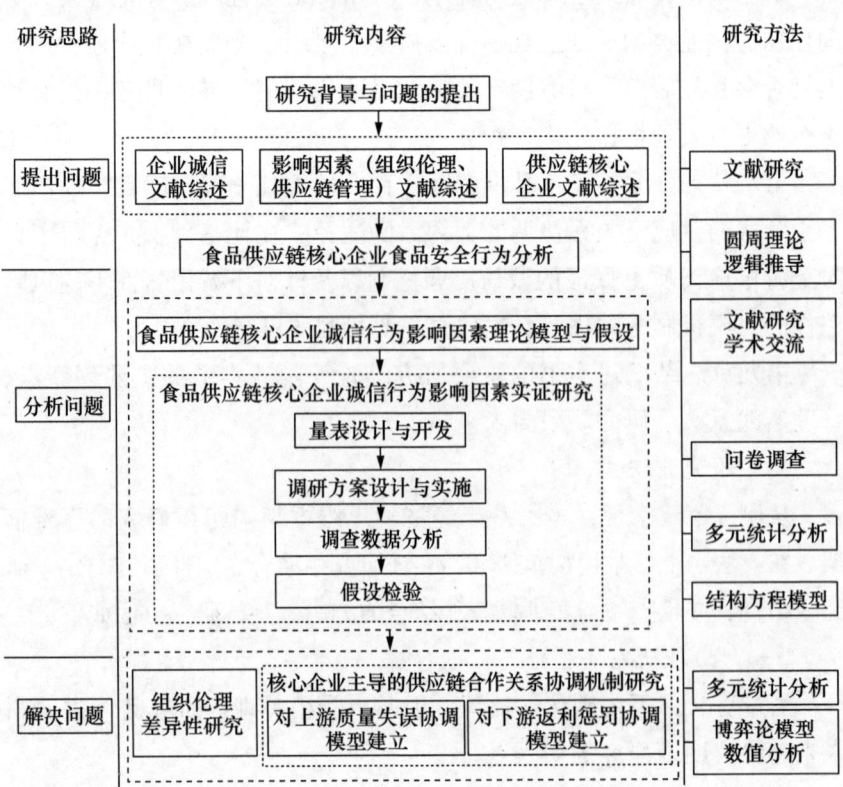

图 1-2　本书研究的技术路线

第二章 相关理论和文献综述

"工欲善其事，必先利其器。"要对所提出的问题做出合理的、令人满意的解答，必须在占有大量的高端研究成果的基础上。本章首先，对企业诚信、供应链核心企业相关研究进行了系统综述，评价研究不足；其次，通过回顾诚信内涵演变和企业诚信相关概念，对本书企业诚信内涵进行界定；最后，基于本书研究视角，进入企业伦理和供应链管理研究领域，将对本书所关涉的相关研究进行述评，寻求合适的研究变量。

第一节 关于企业诚信问题研究综述

一 企业诚信问题一般研究

西方关于经济诚信的研究要远远早于我国，这是由西方社会更早进入资本主义市场经济所决定的。西方经济学鼻祖亚当·斯密在《国民财富的性质和原因的研究》中指出："在选择朋友时，我们不应该选择那些习惯于轻率地做出允诺并随意违背诺言的人。""在法律不能有效保障契约也无法通过国家强制力迫使有支付能力的人按期足额偿还债务的国家里，制造业和商业是不可能长期繁荣发展的。"亚当·斯密认为，诚信是市场繁荣发展的基础。他还写了另一部对后人产生深远影响的著作——《道德情操论》。足见在其研究领域内，对于道德伦理和经济之间的微妙关系的重视。但遗憾的是，自亚当·斯密以来，企业诚信理论在经济学和管理学中并未得到理论界应有的重视，这或许是"由于诚信问题中人文色彩难以和经济学的机械论（或决定论）相融合的缘故"。①

伴随着博弈论在经济学中应用，从20世纪80年代起，企业诚信再次成为各国学者关注的热点，诚信研究得到迅速发展。其中做出开创性贡献的学者是詹姆斯·莫里斯和威廉姆·维克瑞，经过多年研究，两人发现，在信息不对称条件下，逆向选择、道德风险和委托—代理是企业失信的重要原因②，这极大地补充和发展了当时的企业诚信研究。而克瑞普斯、威尔森提出的声誉模型③以及哈特（Hart）等提出的企业诚信三要素，则从博弈论角度研究了企业守信机制。逐渐地，企业诚信问题得到企业伦理学、企业管理学等多个学科领域的重视，例如，《道德管理的力量》《凭良心管理》等一批将企业与伦理相结合进行研究的著作相继出版，伦理道德因素是支撑企业诚信意愿形成的重要原因，使决定企业诚信度的关键达成共识；同时，企业诚信与组织管理研究更多地结合起来，其中的代表性学者为美国学者狄乔治，从劳动分工、决策权限的分散和传统的等级命令制三个角度，对企业组织管理原因造成的企业诚信问题做出了分析。④

我国历史发展的特点，决定了长期以来我国对诚信的研究一直集中在道德领域，强调通过个人的努力和修炼，达到不自欺、不欺人、遵守诺言的理想状态。随着我国进入市场经济时代，有关诚信的研究也从单一的道德伦理角度扩展到经济、法制以及社会等多个领域。李建平和石淑华（2003）将诚信划分为经济诚信、法律诚信和道德诚信三个方面，认为经济诚信是第一位的诚信，诚信问题实质就是经济问题；法律诚信是第二位的诚信，法律的强制性使它在建立社会诚信体系过程中发挥着更大的作用；相对来说，在经济活动中，道德发挥的

---

① 陈孝兵：《夯实企业诚信的道德基础》，《求是》2002年第20期。
② 古家军：《企业诚信系统结构研究》，硕士学位论文，湘潭大学，2004年。
③ Kreps, D., Wilson, M., "Reputation and Imperfect Information" [J]. *Journal of Economic Theory*, 1982, 27 (2): 253 – 279.
④ 理查德·狄乔治：《国际商务中的诚信竞争》，翁绍军、马迅等译，上海社会科学院出版社2001年版。

作用是极其有限的,仅靠道德上的诚信难以建立整个社会的诚信体系。① 吴汉洪和徐国兴(2004)②认为,诚信的本质是经济主体对契约关系中应履行义务的能力、后果的预期,企业诚信体现为企业对契约的履行状况,是企业间经济活动得以顺利进行的前提条件,企业唯有诚信经营,才能不断发展壮大。周斌等(2009)认为,企业诚信机制的形成是企业在有限理性下博弈和复制动态的演化过程。③

二 企业诚信缺失原因研究

在经济学的研究框架下,国内学者将企业诚信缺失的原因分为四类:一是经济体制转轨导致企业失信;二是产权关系不明确致使企业诚信问题无法得到妥善解决;三是信息不对称及制度不完善让失信行为有可乘之机;四是其他一些企业内外因素最终决定了企业产生失信表现。

随着我国市场经济的发展,企业诚信问题逐渐凸显出来,因此,一些学者认为,经济体制转轨是企业失信的罪魁祸首。卫兴华、焦斌龙(2003)认为,我国经济转型期固有的特点导致我国企业诚信缺失不可避免:经济转轨过程中,传统的靠行政命令维系经济运行的习惯不能立即适应新的经济发展需要,而新的适应市场经济发展的诚信体系的建立又需要一段很长的时间,这就导致我国企业出现诚信缺失。④ 卢阳春(2002)通过成本收益理论剖析我国和其他国家的企业诚信问题,发现诚信水平较高的发达国家的诚信收益曲线弹性较大,诚信维护的收益更大,经济市场处于一种良性传导机制之中,与之相比,我国没有形成这种良性循环,经济环境中企业诚信缺失问题表现突出。⑤

---

① 李建平、石淑华:《信用本质上是一个经济问题——兼论经济信用、法律信用和道德信用的关系》,《当代经济研究》2003年第5期。
② 吴汉洪、徐国兴:《信用本质的经济学分析》,《中国人民大学学报》2004年第4期。
③ 周斌、张坚、杜建国:《企业诚信机制形成的演化博弈分析》,《统计与决策》2009年第15期。
④ 卫兴华、焦斌龙:《诚信缺失的成因分析及其治理》,《教学与研究》2003年第4期。
⑤ 卢阳春:《WTO与我国信用制度的建设》,《财经科学》2002年第1期。

以厉以宁、张维迎、茅于轼和盛洪等为代表的经济学者更多的是从产权关系着手分析企业诚信问题，普遍认为，"无恒产者无诚信"。张维迎认为，中国诚信秩序混乱局面完全是由产权制度和政府管理体制的缺陷导致的，"政府应该明晰产权制度，保护产权，这是建立市场诚信的一个关键点"。"由于诚信与产权密切相关，因此政府明晰、保护产权是建立诚信的一个重要环节"。① 茅于轼则强调"财产关系的稳定是整个社会诚信关系稳定的基础"，认为"破坏产权，实质上是一种搅乱预期，从而灭绝道德的行为"，主张"政府的主要功能是保护产权"。② 张五常也指出，减少外部性和"搭便车"问题才能促使企业具有实施诚信行为的动力，并认为清晰界定产权归属和合理分享剩余价值是减少外部性和"搭便车"问题的根本方法。

另外，企业诚信缺失研究在制度经济学和信息经济学领域也较为普遍。李新春（2000）认为，在第三方（如法院）约束条件下，正式契约强制性执行或契约失败情况下对违约方实施处罚的难度较大，从而导致契约对于合约双方的约束力弱化，更易让机会主义盛行，失信行为泛滥。③ 邹小华（2004）指出，重复交易会使以"理性经济人"的企业更注重追求长期利益，更注重诚信经营。同时，制度完善有助于企业诚信行为从遵守制度到习惯的转变，诚信上升到企业信仰的层面。④

除上述主要成因外，企业内外各个方面因素的影响也不容小觑。李晏墅（2002）认为，我国企业经营诚信缺失问题，与信息不对称的有限博弈、国有企业产权不清、打击力度不到位、部分官员不正确的

---

① 张维迎等：《产权、政府与信誉》，生活·读书·新知三联书店2001年版，第343页。
② 杜询诚：《二十世纪二三十年代中国诚信制度的演进》，《中国社会科学》2002年第4期。
③ 李新春：《转型时期的混合式契约制度与多重交易成本》，《学术研究》2000年第4期。
④ 邹小华：《诚信何以可能》，《南昌大学学报》（人文社会科学版）2004年第1期。

政绩意识等因素有关。① 对于食品行业诚信，汪普庆、周德翼（2005）认为，食品安全的内在品质特性及与销量、利润的矛盾，食品安全产生环节的众多，市场经济的不规范，政府监管惩处不力是食品行业信用缺失的原因。② 李红（2010）认为，食品企业诚信缺失原因有以下四个方面：第一，食品的经验品和信任品特性导致食品企业经营者责任意识淡薄；第二，我国关键食品检测技术和设备落后，检测能力和范围有限，为食品企业诚信缺失提供了土壤；第三，食品安全标准不统一；第四，食品企业经营主体缺乏最基本的社会责任。③

三 企业诚信功能与作用研究

企业诚信能够促进经济发展，国内外研究者从不同角度做了诠释。诚信是社会资本形式，可以减少监督与惩罚的成本④，同时诚信可以为公司带来良好的业绩。澳大利亚的两位学者通过对1984—1995年435家《财富》"最受尊敬企业"排行榜的公司进行调查，发现企业声誉的显著效应作用于两方面，即提高企业经营业绩以及长期保持优异经营业绩。S. G. Bharadwaj 通过实证研究也得出类似结论，公司声誉对公司经营业绩有较大影响。⑤ Watson Wyatt 咨询公司2005年的研究报告也表明，具有高诚信的公司比低诚信的公司产生两倍的"剩余价值"。

我国背景下的企业诚信功能研究主要从理论探讨分析和实证研究两方面进行。包国宪等（2004）通过建立企业运营效率模型，从理论

---

① 李晏墅：《我国企业经营诚信的缺失与重建》，《南京师大学报》（社会科学版）2002年第4期。

② 汪普庆、周德翼：《基于信用博弈模型的我国食品行业信用缺失的原因及对策研究》，《安徽农业科学》2005年第8期。

③ 李红：《我国食品企业诚信缺失原因及对策》，《长江大学学报》（社会科学版）2010年第6期。

④ Coleman, J. S., *Foundations of Social Theory* [M]. Belknap Press of Harvard University Press, 1990.

⑤ Bharadwaj, S. G., *Industry Structure, Competitive Strategy, and Firm-specific Intangibles as Determinants of Business Unit Performance: Towards an Integrative Model* [D]. Texas A. and M. University Press, 1994.

上阐明了企业诚信行为对提高企业运营效率的巨大作用。[①] 曾梅芳（2004）以交易成本理论为基础，分析出诚信交易至少可以减少四方面的支出：第一，提高工人对企业的信赖度和敬业精神，减少企业生产管理费用的支出，尤其是减少对员工劳动监督的费用支出；第二，企业减少公证、诉讼等交易成本的支出；第三，企业减少税费负担；第四，消费者减少征信成本的支出。[②] 童泽平（2007）以成本收益理论为基础，通过分析得出诚信才是企业长期发展的正确选择的结论。[③] 实证研究方面，谢凤华、宝贡敏（2005）基于苏州等六地188家企业的实证调查，分析了企业诚信与竞争优势之间的相关关系和回归关系，得出品牌、利益相关者信任和销售业绩、发展潜力、管理绩效之间存在显著正相关研究结论。[④] 赵旭（2011）采用计量经济学的研究范式以58家信息技术行业的上市公司作为研究样本研究企业诚信问题，发现企业的诚信水平和企业业绩呈正相关关系，担保和企业的经营业绩、企业价值都呈正相关关系。[⑤] 对于食品行业诚信实证研究，消费者食品安全信心和对食品企业的信任度有重要联系[⑥]，消费者食品安全信任正向影响其购买意愿[⑦]，食品企业的诚信是消费者食品安全信心的源泉、政府监管有效的前提和基础、企业可持续发展的保障。李森与刘媛华（2012）基于系统科学的突变理论，通过建立消费者行为的突变模型，以"三鹿奶粉事件"为例，采用实证分析的方法来研究企业诚信行为对其产品销售的影响，发现企业的严重失信行为

[①] 包国宪、贾旭东：《诚信对提高企业运营效率的经济学与管理学分析》，《兰州商学院学报》2004年第6期。

[②] 曾梅芳：《关于企业诚信的经济学思考》，《经济与社会发展》2004年第7期。

[③] 童泽平：《基于博弈分析的企业诚信研究》，《武汉科技大学学报》（社会科学版）2007年第3期。

[④] 谢凤华、宝贡敏：《企业诚信与竞争优势的关系研究——基于苏州等六地188家企业的实证调查》，《南开管理评论》2005年第4期。

[⑤] 赵旭：《上市公司诚信与企业价值的实证研究》，《山西财经大学学报》2011年第1期。

[⑥] 巩顺龙、白丽、陈晶晶：《基于结构方程模型的中国消费者食品安全信心研究》，《消费经济》2012年第2期。

[⑦] 刘艳秋、周星：《基于食品安全的消费者信任形成机制研究》，《现代管理科学》2009年第7期。

将使企业失去大量消费者,严重影响企业的产品销售,给企业带来巨大损失。①

四 企业诚信评价研究和影响因素研究

首先是关于企业诚信评价体系的研究,分为两大部分:实践中由银行、资信等评级机构摸索出来的诚信评价指标、模型、程序等以及由学者进行的理论性研究。

前者最著名的是"3C"要素学说,认为 Character(品格)、Capacity(能力)、Capital(资本)是评价企业诚信的三项要素。在此基础上发展而来的"4C""5C"要素学说,以及后来又创生的"3F"要素、"6A"要素、"5P"要素和"10M"要素等学说。除上述诚信评价指标及要素外,以美国标准普尔(Standard & Pool's,S&P)公司、穆迪(Moody's)公司以及英国国际银行(International Banking & Analysis,IBCA)等为首的世界著名资信评级机构,也先后提出以下主流评价模型:①KMV 公司于 1993 年提出的 Credit Monitor 模型,即 KMV 模型;②J. P. 摩根(J. P. Morgan)于 1997 年提出的 Credit Metrics 模型;③瑞士银行金融产品部(Credit Suisse Financial Product,CSFP)于 1997 提出的 Credit Risk + 模型;④麦肯锡公司(Mckinsey)于 1998 年提出的 Credit Portfolio View 模型;⑤KPMG 公司于 1998 年提出的 Loan Analysis System(LAS)模型;⑥2000 年穆迪公司提出的 Risk Ralc 模型。

相对来说,实践中,我国的企业诚信评价体系发展较晚、速度较慢,这与我国经济发展有直接关系。在我国 1987 年企业发行公司债券后,才同步催生了企业诚信评价体系,之后一系列工作也随之展开。1988 年 3 月,中国人民银行金融研究所主办召开企业资信评级问题研讨会,会上探讨了企业资信评级的理论、程序和方法等问题,为组建企业诚信评估机构奠定了基础;随后银行系统组建的 20 多家评估机构也着手展开本系统的企业资信评级工作,直到 1992 年,全国信誉评级协会经过深入研究和调研,制定出资信评级指标体系。随着

---

① 李森、刘嫒华:《企业诚信对消费者行为的影响——基于突变理论模型的实证研究》,《消费经济》2012 年第 3 期。

市场经济的不断发展，企业运营环境越来越复杂多变，企业失信行为不断发生，诚信概念范围越来越扩大，致使初期仅考虑财务指标（财务比率）的评价方法的准确度大大降低，特别是食品行业因为诚信引起的行业重新洗牌等一系列影响严重的失信事件的发生，引发各业诚信评价指标逐步引入非财务指标的呼声高涨，比如，经济、社会、文化、行业、企业特征变量、领导者品质、企业经营能力等，并不断开发出针对不同行业的诚信评价体系，如《食品工业企业诚信管理体系（CMS）建立及实施通用要求》（2010年10月颁布）等。

在理论研究方面，专家学者研究分析了企业诚信评估指标体系的构建。具有代表性的是潘建成（2004）所著的《诚信评估指标体系构建一瞥》一文，将企业的诚信指标分为企业诚信行为（包括企业劳动市场诚信、金融市场诚信、企业合同履约情况、产品和劳务市场诚信以及公共部门评价）和企业诚信能力（包括偿债能力、获利能力、成长能力和经营能力）两个方面；古家军（2004）探讨性地提出了企业诚信系统结构模型，认为企业诚信系统由企业诚信意愿、企业诚信能力、企业契约组合、社会环境和企业诚信表现五大类要素组成。[①]陈佳（2006）[②]认为，企业诚信系统的构成要素由企业诚信意愿（企业履约意愿和企业价值观）和企业诚信能力（资金财务能力、市场竞争能力、企业管理水平）以及两者下属的多个因素共同组成，并据此建立了企业诚信评价体系。杨慧（2012）通过对影响企业诚信水平的因素进行解剖，从企业财务能力、经营情况、企业素质和社会责任四个维度，遴选了24个评价指标，初步建立了企业诚信度评价的指标体系。[③]殷燕（2013）依据我国商业街的发展现状，结合德尔菲法，从商业街诚信系统的诚信意愿、诚信能力和诚信表现三大要素提取了商业街诚信评价内容，从诚信基本素质、街区管理水平、商户经营水

[①] 古家军：《企业诚信系统结构研究》，硕士学位论文，湘潭大学，2004年。
[②] 陈佳：《企业诚信系统结构及评价体系研究》，硕士学位论文，西南石油大学，2006年。
[③] 杨慧：《企业诚信体系构建与评价模型研究》，硕士学位论文，河南科技大学，2012年。

平、诚信管理、社会责任履行和诚信经营记录六个方面构建了商业街诚信评价指标体系。①

对企业诚信的影响因素，我国学者主要从外部、宏观制度方面来分析，国外学者则更关注企业内部的微观因素。例如，对于企业管理层和企业诚信，金尼和麦克丹尼尔（Kinney and McDaniel，1989）认为，陷入财务困境的公司管理层为了掩饰其可能是暂时性的财务困难更有可能欺诈。②Beneish（1999）认为，影响诚信的重要因素之一是高层管理人员追求自身利益最大化。约翰、林恩、郎加尼和唐纳德（John，Lynn，Ranjani and Donald）利用实验的方法，验证了不同的委托—代理合同，对企业管理者诚信度的影响，剩余价值索取权越大的企业管理者越可信。③沙恩和哈利（Shane and Harley）对企业高层管理人员的报酬与公司诚信的关系进行了研究，发现激励措施有正、反两方面的作用，认为企业报酬的分配要兼顾数量合理和结构合理，否则，可能会增加公司欺诈。财务方面，奥贝瓦（Dr. Obeua，1995）通过对100余家公司财务杠杆、资产组成、盈利能力资本回报规模的研究，证明财务状况恶化是企业违信的重要原因。马克·S.比斯基（Mark S. Beasky）通过对美国150家上市公司的调研，发现没有发生欺诈的公司的独立董事的比例明显高于发生欺诈的公司，而灰色董事的比例则明显偏低于发生欺诈的公司，而且，有监事会的公司更可信，总结上述观点，得出董事会结构与企业诚信直接相关的结论。④综合视角，Pankaj Saksena（2001）的实证研究表明，企业诚信与环境直接相关，环境因素分为内部因素与外部因素，内部因素包括企业在整个行业中的经营水平、破产的危险、公司规模、组织的松散程度

---

① 殷燕：《商业街诚信评价体系实证研究》，硕士学位论文，浙江工商大学，2013年。
② Kinney, W. R., McDaniel, "Characteristics of Firms Correcting Previously Reported Quarterly Earnings" [J]. *Journal of Accounting and Economics*, 1989, 11 (1): 71-93.
③ Lii, J. H. E., R. L. Hannan, R. Krishnan et al., "Honesty in Managerial Reporting" [J]. *The Accounting Review*, 2001, 76 (4): 537-559.
④ Beaslky, M. S., "An Empirical Analysis of the Relation between the Board of Director Composition and Financial Statement Fraud" [J]. *The Accounting Review*, 1996, 71 (4): 443-465.

等，外部因素主要包括行业、竞争对手销售收入、利润的变化情况，综合发现，经营业绩较差、财务状况恶劣、公司规模较大、外部环境动荡的公司更容易发生欺诈行为。①

国内学者对企业诚信影响因素的研究有：董韶华认为，经济利益、相关法律法规是主要影响因素②；范省伟认为，产权制度、法律、信息传导甄别机制、经济体制是影响中国企业诚信的主要因素。③ 这些研究主要从功利和规制的角度且借鉴西方诚信的分析思路，因此，不能很好地阐释中国情境下的企业诚信问题。除相对宏观视角分析之外，统筹考虑各方因素分析企业诚信影响因素，基于评价目的的研究有：潘东旭（2004）通过解释结构模型，系统地分析了影响企业诚信的因素，分属三个层次，每个层次的作用方式都有不同，第一层直接影响因素是利益驱动、信用制度和公司治理结构，这三个因素解决得好与坏，是企业经营诚信能否顺利实现的标志。第二层影响因素是法律制度、产权制度和管理者因素，这三个因素是影响企业诚信的深层原因，也是影响和制约企业诚信的关键因素，能否构建企业的信用体系，在很大程度上取决于这三个因素及其相互作用的结果。第三层影响因素是企业家选拔机制、企业文化、领导者因素、企业战略、企业规模、信息不对称、社会文化、行政管理体制、地方保护主义。④ 受此启发，其后学者陆续针对某个行业研究诚信影响因素，陆宁等（2006）探讨分析房地产企业诚信影响因素，第一层直接影响因素是利益驱动、房地产市场信用制度和房地产企业的企业治理结构，这三个因素解决得好与坏，是企业经营诚信能否顺利实现的标志。第二层影响因素是法律制度、产权制度和房地产企业管理者，这三个因素是影响企业诚信的深层原因，也是影响和制约企业诚信的关键因素，能

---

① Pankaj, S., "The Relationship between Environmental Factors and Management Fraud: An Empirical Analysis" [J]. *International Journal of Commerce and Management*, 2001, 11 (1): 120 – 139.
② 董韶华：《企业诚信的现状及其对策》，《经济问题》2005 年第 10 期。
③ 范省伟：《企业诚信危机及其治理》，《经济学家》2004 年第 3 期。
④ 潘东旭：《企业诚信决定因素结构分析》，《连云港职业技术学院学报》（综合版）2004 年第 1 期。

否构建企业的信用体系，在很大程度上取决于这三个因素及其相互作用的结果。第三层影响因素是房地产企业管理者选拔机制、房地产企业的企业文化、房地产企业领导者因素、企业战略、房地产企业的企业规模、信息不对称、社会文化、行政管理体制、地方保护主义。①并在此基础上建立了房地产企业诚信评价体系。孙葆春（2008）通过构建解释结构模型，对订单农业中合同双方诚信影响因素的层次结构及其在诚信行为选择中所起的作用进行系统分析，发现利益驱动是第一层影响因素，然后是第二层影响因素：产权制度、资产专用性、市场监管制度和文化价值观；第三层影响因素是交易频率、信息不对称、法律制度和信用机构建设。② 李洪伟等（2013）③ 从企业自身因素、政府因素、行业特点、社会以及消费者因素五个方面设计食品工业企业诚信调查问卷，通过调研分析，提取机会成本、政府监管、公关能力、产品信息透明度、大众诚信观和企业管理六个公因子作为食品工业企业诚信的关键影响因素。

五 企业诚信研究评述及对本书的启示

企业诚信研究的主流内容是对诚信做出评价或预测。仔细分析发现，相对比较多的研究成果，虽然都肯定企业诚信的作用，认可企业失信重大负面影响，但企业诚信的主流研究内容则是对诚信做出评价或预测。

与评价理论研究、实务相对丰富的局面相比，因为学术界对于企业诚信影响因素的研究未给予足够的重视，且主要基于评价的目的。相对于国外这方面研究比较薄弱。然而，评价毕竟只是一种"静态"的视角，解决的问题停留在诚信结果"是什么"的层面上，无法从理论上解释一些知名企业的失信原因；无法准确、全面、系统地把握企业诚信影响的作用机制和规律，难以解释企业为什么会失信，即不能解

---

① 陆宁、李伟红等：《基于解释结构模型的房地产企业诚信影响因素层次分析》，《经济师》2006 年第 4 期。
② 孙葆春：《订单农业中诚信影响因素的结构分析》，《农村经济》2008 年第 2 期。
③ 李洪伟、王亮、陶敏等：《基于因子分析的食品工业企业诚信关键影响因素分析》，《征信》2013 年第 5 期。

决"为什么"以及"怎么样"的问题,可谓"治标不治本";而从供应链角度针对性研究企业诚信影响因素文献很少,系统性、整体性欠缺。

第二节 关于供应链核心企业的研究

基于本书的研究对象,本部分对供应链核心企业文献进行系统梳理。对核心企业的研究,文献颇多,在文献检索的基础上,本书将供应链核心企业研究归纳为以下七个主题:

一 核心企业在供应链中的作用和位置

核心企业在供应链上占据的地位较为突出,影响着产业链的结构和发展,决定着整个价值链成本管理的实施程度,在整个供应链的作用举足轻重。这方面的研究,具体来说,国外文献主要从不同角度揭示了供应链核心企业优势的根源。莫尔(Moore,1992)[1]重视竞争论与合作论的有机结合,认为企业不应把自己看作是单个的企业或扩展的企业,而应把自己当作一个企业生态系统的成员,所以,企业竞争优势来源于在成功的企业生态系统中取得核心地位。以 Jayashankar(2003)[2]和斯莱茨(Slats,1995)[3]为代表的"整体能力观",则要求关注"组织成员的集体技能和知识以及员工相互交往方式的组织程序",也就是说,企业的整体能力优势,决定了其与组织成员的关系与交往方式,由此形成一定的组织程序和角色定位。博里(Boari,2008)[4]认为,核心企业在产业集群中的角色和任务是异质的、不可

---

[1] Moore, H. R., "Transaction-cost Economics in Real Time" [J]. *Industrial and Corporate Change*, 1992, 11 (7): 99-127.

[2] Jayashankar M, S., "Tayur, Models for Supply Chains in E-Business" [J]. *Management Science*, 2003, 49 (10): 1387-1406.

[3] Slats, P. A., B. Bhola, J. J. M. Evers et al., "Logistic Chain Modelling" [J]. *European Journal of Operational Research*, 1995, 87 (1): 1-20.

[4] Boari, C., "Industrial Clusters: Focal Firms, and Economic Dynamism—A Perspective from Italy" [EB]. http://www.site resources. Worldbank. Org/WBI/Resources/wbi371 86. pdf [Z].

互换的，是推动集群创新的发动机。

国内研究侧重于从核心企业在供应链中的功能角度来说明其重要性。张敏（2004）①认为，供应链是围绕着核心企业建立起来的，是核心企业与供应商、供应商的供应商乃至一切向前的关系，以及核心企业与分销商、分销商的分销商及一切向后的关系所形成的网链结构。如果将供应链看作一种企业联盟的话，核心企业就是整个供应链的盟主。刘贵富等（2006）认为，核心企业是产业链的链主，进而阐述了核心企业在产业链中的地位作用，同时分析了核心企业对其他链上成员企业的影响力。②蔡惠芬（2007）主要研究通过充分发挥核心企业的协调作用，促进供应链成员企业之间的合作，进而提高供应链的整体效益。③另有学者从供应链风险、成本管理角度阐述了核心企业的作用。吴军等（2006）通过基于供应链风险管理的定量分析，阐述了核心企业在规避供应链财务风险、战略风险、运作风险方面发挥的重要作用，引起学术界关注。④

还有一些学者对核心企业在供应链中的位置以及演化进行了研究。刘云枫等（2005）指出，核心企业处于供应链的中心位置且具有漂移现象，并从市场结构、产品特征、技术发展趋势和商业模式四个维度，分析了决定核心企业位置漂移的关键因素。⑤卢松泉和陈荣秋（2007）发现，主导供应链运作发展的核心企业也开始出现多维立体漂移，不同模式的供应链核心企业呈现出不同的漂移轨迹。⑥武玉英等（2009）视供应链为一种特殊的群落，其成员就是分工不同的种群，供应链及其所处的环境则构成生态系统。供应链的核心企业将随着供应

---

① 张敏：《基于核心企业的农产品供应链分析》，《物流技术》2004年第5期。
② 刘贵富、赵英才：《产业链核心企业研究》，《中国管理信息化》（综合版）2006年第10期。
③ 蔡惠芬：《浅析供应链中的核心企业》，《管理科学文摘》2007年第3期。
④ 吴军、李健、汪寿阳：《供应链风险管理中的几个重要问题》，《管理科学学报》2006年第6期。
⑤ 刘云枫、王夏华：《核心企业在供应链中的位置及决定其漂移的4个维度》，《北京工业大学学报》2005年第S1期。
⑥ 卢松泉、陈荣秋：《供应链核心企业的漂移轨迹分析》，《商场现代化》2007年第19期。

链其他成员及其所在环境的变化而变化。当供应链所在的环境发生变化时，供应链可能发生核心种群移动、链条断裂、供应链消亡等多种情况。供应链的生存与发展依托于供应链成员间的共存和核心企业的演化。①

二 供应链核心企业的风险管理

王艳平等（2004）② 从供应链生命周期的角度认为，核心企业面临的主要风险是供应链成员选择的风险和信息系统集成的风险。曾杨等（2007）③ 认为，作为供应链的组织者和领导者，核心企业不仅面临着来自外部的风险外，还主要面临供应链内部环境对其造成的风险。针对供应链核心企业风险产生的不同原因，学者提出了不同的解决方法。如唐慧静（2005）着重从供应链核心企业的角度，对风险的预测和规避做了讨论，分别从战略合作风险和需求变化风险两个角度提出了供应链核心企业的风险预测办法及规避途径。④ 郝皓等（2009）从制造商核心企业与外包供应商双方战略配合和运作协同角度分析，提出了核心企业规避风险的方法特点：制造过程高度集成与同步化、制造节点之间的配合协同、生产过程的系统协作性以及动态并行性等。⑤

三 供应链核心企业评价研究

对供应链核心企业的评价，主要从绩效评价、价值评价和能力评价三个角度进行研究：

关于核心企业绩效评价研究。罗斯（Ross，2002）建立了以配送中心为供应链核心企业的绩效评价模型，模型主要考虑输入和输出两方面的因素。⑥ 霍佳震等（2002）从三个方面对核心企业的绩效进行

---

① 武玉英、杨莹：《供应链核心企业的演化与发展》，《经济师》2009年第7期。
② 王艳平、韩峰：《供应链生命周期中的核心企业风险分析》，《经济管理》2004年第13期。
③ 曾杨、许磊行：《供应链条件下的核心企业风险管理》，《经济师》2007年第5期。
④ 唐慧静：《供应链核心企业的风险预测与规避》，硕士学位论文，上海海事大学，2005年。
⑤ 郝皓、夏健明：《基于制造外包的供应商协同生产管理模式研究》，《中国流通经济》2009年第10期。
⑥ Ross, A., D. Cornelia, "An Integrated Benchmarking Approach to Distribution Center Performance Using DEA Modeling" [J]. *Journal of Operations Management*, 2002, 20 (1): 19–32.

评价：核心企业与供应商合作绩效评价、核心企业内部绩效评价、核心企业与销售商合作绩效评价，并借鉴平衡计分卡的思想，建立了一个比较系统的评价体系。① 韩英等（2003）认为，对核心企业的评价问题，主要考虑影响力、扩展力、可参与度、信任度、协调运作力和吸纳力六个主要因素。其中，扩展力又分为客户占有率和产品开发导向力，在建立多层次分析结构模型之后，运用层次分析法对核心企业的绩效进行评价。② 王莹瑞（2006）从财务、内部经营流程、学习与成长、客户、综合供应链和社会责任六个层面进行指标的设计和筛选，形成核心企业业绩评价体系。③ 胡健等（2009）从知识发现和数据挖掘的角度，建立基于粗糙集和 BP 神经网络的核心企业绩效改进决策模型框架结构。④ 丁青艳等（2010）提出，基于节点企业的发展能力、节点企业链接的敏捷性和节点企业链接的稳固性等构成要素，构建包括基本构成要素子系统、基本构成要素分解子系统和指标描述子系统三个层次的供应链核心企业评价指标体系。⑤

关于核心企业价值评价研究。程李梅等（2011）认为，企业的价值源于企业内部资源和外部资源的整合，提出产业链可看成是由核心企业带动的通过某种隐性契约达成的各节点企业以分工协同为基础的企业价值共生群落的观点，并从企业内部资源整合、产业网络资源整合和产业政策激励效应三方面构建产业链内核心企业全面价值评价体系。⑥

---

① 霍佳震、隋明刚、刘仲英：《集成化供应链整体绩效评价体系构建》，《同济大学学报》（自然科学版）2002 年第 4 期。

② 韩英、宁宣熙：《基于 AHP 法的供需链中核心企业的评价》，《物流科技》2003 年第 5 期。

③ 王莹瑞：《基于供应链的核心企业业绩评价体系研究》，硕士学位论文，合肥工业大学，2006 年。

④ 胡健、史成东、边敦新：《供应链核心企业绩效决策研究》，《计算机工程与应用》2009 年第 3 期。

⑤ 丁青艳、王喜富：《供应链上核心企业评价指标体系研究》，《物流技术》2010 年第 13 期。

⑥ 程李梅、王哲：《产业链内核心企业价值评价研究》，《中国科技论坛》2011 年第 4 期。

关于供应链核心企业能力评价研究。基于供应链竞争优势的视角，孙良云（2002）①、文风（2004）②在分析供应链核心企业战略整合能力、组织协调能力、流程控制能力、学习创新能力的基础上，构建了一套评价核心企业供应链管理能力的系统指标体系。韩文成等（2010）在简述优质猪肉供应链核心企业质量安全控制能力并分析其影响因素的基础上，从全过程控制的角度构建了优质猪肉供应链核心企业质量安全控制能力的综合评价指标体系。③

四 核心企业战略伙伴研究

对供应链核心企业战略伙伴研究主要集中在选择、评价和管理以及整合几个方面。

在战略伙伴选择、评价方面，朱恒民等（2004）基于模糊综合评价法，提出了一种面向核心企业的合作伙伴优选决策模型。④ 程铁（2005）建立了基于多层次灰色综合评价和线性规划模型的两阶段评价选择体系。⑤ 徐琴等（2006）运用数据包络分析法或层次分析法两阶段法结合对同一类型供应商进行评价，并运用算例进行验证，说明方法的可行性和有效性。⑥ 王学群（2007）把网络层次分析法引入供应商的评价之中，建立了基于网络层次分析法的选择体系，为核心企业供应商评价提供了决策依据与方法。⑦ 许巧珍等（2009）从供应链中合作伙伴力量对比的角度分析了非核心企业与核心企业的相互战略

---

① 孙良云：《基于竞争优势的供应链核心企业能力评价研究》，硕士学位论文，重庆大学，2002年。
② 文风：《基于竞争优势的供应链核心企业能力评价研究》，《科技进步与对策》2004年第9期。
③ 韩文成、孙世民、李娟：《优质猪肉供应链核心企业质量安全控制能力评价指标体系研究》，《物流工程与管理》2010年第9期。
④ 朱恒民、王宁生、刘文杰：《面向核心企业的敏捷供应链伙伴优选决策模型》，《机械科学与技术》2004年第8期。
⑤ 程铁：《供应链中核心企业供应商选择研究》，硕士学位论文，上海海事大学，2005年。
⑥ 徐琴、成爱武、许炳：《基于DEA/AHP的核心企业供应商选择方法》，《西安工程科技学院学报》2006年第2期。
⑦ 王学群：《基于网络层次分析法的供应链核心企业供应商评价研究》，硕士学位论文，合肥工业大学，2007年。

选择问题。①

供应链核心企业战略伙伴管理是供应链管理的一项重要内容。张东志等（2007）指出，核心企业对自身供应链管理应该采取不同的措施，减少交易成本：根据不同的市场环境制定不同的管理制度，通过和合作企业之间的长期博弈关系进行约束；通过降低网链内企业间的不确定性和企业间交易的风险来实现降低交易成本的目的。② 杨卫平（2008）认为，对供应商的管理就是要减少不确定性给核心企业的增值流带来的不利影响，核心企业对供应商的柔性战略管理可以作为优化传统供应链的有效途径，并可作为改善企业绩效的有效方法。③ 汤晓丹等（2010）从核心企业的角度出发，对现阶段乳品供应链中奶农、销售商以及最终消费者之间存在的问题进行了深入分析，为核心企业对合作伙伴的管理提出了针对性的对策。④ 陈慧（2011）认为，供应链中核心企业与节点企业产生不公平的原因有供应链中各企业间沟通匮乏、契约不完善、程序不公平、企业文化与经营理念不同、市场机制不健全等因素，提出通过构建利益分配、信任、过程型、文化融合等公平机制促进供应链的公平。⑤

五　核心企业与非核心企业的信息共享

信息共享是实现核心企业对供应链进行有效管理和协调运作的基础。拉明等（Lamming et al., 2004）⑥ 认为，供应链核心企业获取知识是重要的网络活动，是精益供应的重要元素，而精益供应强调制造商与供应商共同学习的重要性。跨组织学习是一种收集、获取其他组织知识的方法，它既可以把知识由一个组织分享给另一个组织，也可

---

① 许巧珍、卢松泉：《供应链中核心企业与合作伙伴的博弈》，《中国物流与采购》2009年第20期。
② 张东志、杜伟锦、章青：《基于交易成本的核心企业供应链博弈研究》，《经济论坛》2007年第1期。
③ 杨卫平：《核心企业对供应商的柔性战略管理研究》，《北方经济》2008年第8期。
④ 汤晓丹、孙啸吟：《基于核心企业的乳品供应链合作伙伴关系研究》，《物流科技》2010年第6期。
⑤ 陈慧：《论核心与节点企业间公平机制的构建》，《中国经贸导刊》2011年第13期。
⑥ Lamming, R., N. Caldwell, D. Harrison, "Developing the Concept of Transparency for Use in Supply Relationships" [J]. *British Journal of Management*, 2004, 15 (4): 291–302.

以通过组织间的互动创造新知识。在信息共享的重要性方面，王玲玲、马晓（2006）认为，信息共享对提高核心企业竞争力具有促进作用的同时，也对提高核心企业竞争力有制约作用；只有通过信息技术的应用，选择适当的合作伙伴充分合作，共享信息资源，才能使供应链的整体优势得以充分发挥，提升整个供应链的核心竞争力。① 高娜等（2008）以制造型供应链核心企业为例，论证了企业之间信息共享和信息交流的重要性，认为在供应链环境下的核心企业无论是生产计划还是生产控制都与以前发生了很大变化，企业不仅要实现内部信息共享，甚至要使整个供应链上的企业实现信息资源全方位共享。② 在信息共享的方法和策略方面，李长云（2007）对供应链核心企业信息管理模式进行了探索。他认为，供应链是一个典型的需要协调的系统，协调的基础是实现成员间的信息共享。并在分析以制造业为核心企业的 ERP 系统信息管理模式的基础上，提出了基于价值链的信息分层的管理方法。③ 王清晓（2009）从完善供应链知识共享网络、培育知识共享文化等五个方面提出了核心企业如何进行知识整合和信息共享。④

六　供应链核心企业激励机制

在激励方面，张爱等（2003）采用委托—代理理论来考察核心企业对其他成员的激励与监督问题，发现代理人的努力包括隐性维和显性维的努力水平时，应该分别采用纯激励机制与采用激励与监督混合机制两种机制，分别制定激励契约。⑤ 陈扬等（2006）指出，核心企业的有效激励必须考虑委托人和代理人双方的利益，设计激励契约

---

① 王玲玲、马晓：《供应链合作伙伴的信息共享与企业核心竞争力》，《中国管理信息化》（综合版）2006 年第 6 期。
② 高娜、赵嵩正：《供应链中的核心企业 BOM 视图映射》，《航空制造技术》2008 年第 5 期。
③ 李长云：《供应链核心企业信息管理模式初探》，《中国科技论坛》2007 年第 8 期。
④ 王清晓：《供应链核心企业竞争优势提升策略》，《中国流通经济》2009 年第 6 期。
⑤ 张爱、袁治平、张清辉：《供应链企业委托代理问题的研究》，《工业工程与管理》2003 年第 3 期。

时，应该既包括正向激励，也包括反向激励——惩罚约束。① 马新安等（2001）以一个两阶段的多任务委托—代理模型来研究核心企业对其供应商进行供应活动和信息共享活动的最优激励问题，结果表明，供应商努力成本的边际替代率在信息共享以及正常供应活动的激励中起着关键性作用。② 林英晖等（2005）从供应链核心企业的角度出发，针对不同类型的合作企业建立了激励合同设计的博弈模型。他认为，提供不同合同的设计要优于提供统一合同的设计。制造商可以通过有效的激励合同设计，一方面激励供应商采取有效的行动，提供高质量的产品；另一方面促使尚未进行业务流程再造的供应商根据核心企业的要求进行业务流程重组，并以此提高企业间的协调效率。③ 龙怡（2007）针对核心企业与供应商合作中的主要问题即道德风险问题设计了一个一般化的激励模型，得出核心企业对供应商的最优激励方案；针对核心企业与零售商合作，设计了一个旨在提高零售商信息共享努力水平的一般激励模型；针对核心企业如何从总体的角度协调各成员的利益，建立了一个最优激励模型，通过确定模型中的参数从而得出整体最优激励模型。④ 而阳明明等（2009）则运用线性模型研究了供应链上核心企业对小型节点企业信息化的激励机制，分别就核心企业采用命令式、一次性补贴式和价格补贴式三种激励方式对核心企业自身、供应商和整个供应链的总产量、总利润及利润在供应链上的分配等问题进行了研究，得出了三种激励策略所要求的临界条件并进行了比较分析。⑤

---

① 陈扬、杨忠、张骁：《供应链管理中信息共享的重要性及其激励》，《技术经济》2006年第8期。
② 马新安、张列平、田澎：《供应链中的信息共享激励：动态模型》，《中国管理科学》2001年第1期。
③ 林英晖、屠梅曾：《核心型供应链企业协调的激励合同设计》，《上海交通大学学报》2005年第5期。
④ 龙怡：《基于核心企业的供应链中企业合作的激励机制研究》，硕士学位论文，西安电子科技大学，2007年。
⑤ 阳明明、陈功玉：《核心企业激励节点企业信息化的方式及比较研究》，《物流科技》2009年第10期。

七 核心企业研究述评对本书的启示

综合核心企业研究文献来看,成果相对比较丰富。这些相对丰富的研究成果集中在供应链核心企业的地位、作用、评价、战略伙伴、信息共享、激励机制等方面的研究,针对供应链视角研究核心企业诚信文献很少,而针对食品行业研究更是少见。为本书的研究提供了启示。

第三节 企业诚信内涵研究

一 中西方诚信内涵演变

(一)我国诚信内涵的演变

在我国,"诚信"中"诚"是指"真心实意",开诚布公;"心志专一"(《辞海》)。"信"的本意是"从人""从言",是指人所说的话、许下的诺言和誓言等,"人言为信",其含义也为诚实不欺,同时信又指"信用",遵守诺言、实践成约,从而取得别人对他的信任。

中国的传统文化非常重视和强调道德作用,视其是"为政、齐家、处世"之本,而"诚信"是整个道德体系中的重要成分。我国古代典籍中充满了对诚信的论述,但考察对诚信的描述,可以发现,"诚""信"概念在我国古代有一个不断发展的过程。现存古籍《尚书》中提到的"诚",指的是人们笃信鬼神的虔诚心理;《易传》中提出的"修诚立其辞"泛指文章所表达的内容真实。"诚"的理解随后发展为指"真实无妄":《中庸》中说,"诚者,天之道也;诚之者,人之道也";《孟子》中说,"诚者,天之道也;思诚者,人之道也",就是强调人应该效法天道真实无妄的品德,要求人们尊重、认同和遵循客观天道,按照人的本性去生活、去行动,使天然的德性化为自然的行为,无任何勉强与做作。正如《礼记·大学》云:"所谓诚其意者,毋自欺也。"朱熹言:"诚者何?不自欺、不妄之谓也。""诚者,合内外之道,便是表里如一。"(《朱子语类》卷二三)这便形成了最终对"诚"的理解。

至于"信",经典的描述来自《诗经》:"信誓旦旦,不思其反。""信"的本意是"从人""从言",指人所说的话、许下的诺言和誓言等;"人言为信",是对某种信念、原则和语言发自内心的忠诚。"有所许诺,纤毫必偿;有所期约,时刻不易,所谓信也。"(袁采《袁氏世范》)。信是对誓言的遵守,是对规则的遵从。孔子说,"人无信不立""民无信不立",强调了人无信用、信誉将难以立足于社会生活(《论语·颜渊》),也提出了"信"对国家和社会是比"食"和"兵"更为重要的前提要件。

对"诚信"的高度重视和深刻探讨,早在先秦儒家那里已达到了顶峰,并且"信"受到了广泛的推崇。孔子以信为其"四教"科目之一(子以四教:文、行、忠、信),要求人们讲求信义,做到言而有信,行而有信。同时,孔子在"五德"(恭、宽、信、敏、惠)中也将其作为一个要素。到西汉董仲舒归纳确立"三纲五常"后,"信"更被视为"五常之本,百行之源"(五常为:仁、义、礼、智、信)。"诚信"由此演变成一种伦理道德规范,并向侧重于"信"的内涵发展。

可以看出,"诚"与"信"本是独立存在,而且主要是对"信"的重视,《荀子》正式将"诚"与"信"合起来使用。汉代形成的《说文解字》将"诚"解释为"信也",此后,"诚信"逐步作为整体的一词被使用至今。

把"诚信"道德规范具体到商业经营活动中,儒家视其为职业道德之本,是处理职业关系和职业服务对象关系需要遵守的必要准则,它包含三个层面的内容:①守信,指在职业活动中重然诺、讲信用、守合约,以诚正己,作为立业之本;②正直,即不欺人、不欺己、不欺心,在职业活动中不允许有欺骗行为,杜绝以次充好、以假乱真、欺行霸市;③重义,即信不仅仅是信于约,更要信于义。儒家认为,诚信不是机械地言必信、行必果,而应以义作为诚信的标准,作为该不该守信的根据。中国古代的儒商精神,就是以义为一切经济活动的目的和行为准则。

随着我国经济的发展,伴随经济生活中大量的失信现象,引起理论界和实务界对诚信的反思,认为诚信不仅仅是道德规范,在现代经济环境下,诚信不仅需要一定的制度约束保障,更需要行为主体的外化表现。也就是说,计划经济逐渐向现代市场经济过渡过程中,市场经济重要的契约特征也在不断规范发展中,对诚信的认识逐渐过渡到职业道德以及在此基础上的行为的约束。浙江大学陈丽君教授(2009)的研究成果《诚信的本质、评价和影响机制——研究视角下的中西方诚信》,对国内诚信本质、中西诚信对比研究发现,中国情境下的个体诚信与组织诚信构思内涵有所不同,表现出个体诚信更强调"诚",组织诚信更强调"信"的特征倾向,揭示出在中国文化背景下理解诚信也许并不适合于采用个性特质的视角,而是适合于采用行为观的视角。认为在商业领域和管理背景下讨论诚信时,诚信是一种跟商业实践紧密关联的行为。也就是说,撇开对诚信到底是一种个体美德还是规范的争论,管理背景下的诚信是个体或组织在面临诚信两难冲突情景时所做出的行为选择。当行为者是个体时,它指个体诚信行为,当行为者是组织时,即指组织诚信行为。这也是与我们的经济发展相适应的观点,诚信,更重要的是对个体或组织的行为感知。[①]

(二) 我国诚信概念发展的总结

综合起来看,一方面,对"诚信"概念的理解在中国文化下从"诚"与"信"各自具有独立的内涵,到内涵的整合与互训,以及内涵的侧重点形成,有一个发展的过程;另一方面,诚信一直被视为道德品质,强调通过个人的努力和修炼,达到不自欺、不欺人、遵守诺言的理想状态。但是,这些发展都停留在我国古代封建制度的早期,停留在农业社会的范畴之内,尤为遗憾的是,自儒家强调"重义"后,"诚信"的初始理念更多地被淹没在以人伦等级与亲情距离为基础的"仁义"或"理义"的伦理观念中,使中国传统社会所强调和形成的"信任"始终未能从根本上超脱"家庭""亲情""义气"和

---

① 陈丽君:《诚信的本质、评价和影响机制——研究视角下的中西方诚信》,经济科学出版社2009年版。

"熟人"的特殊主义限阈。① 原因在于我国商品经济的不发达,没有建立起完善的经济关系,导致对于诚信的论述大多围绕在个人层面,关乎经济交往中的他人较少。

同时值得关注的是,经济发展过程中大量的失信现象也引起学术界对诚信的反思,少数研究超越道德说教范畴开始从行为、制度视角关注诚信:诚信不仅仅是道德规范,更需要一定的制度约束保障和行为主体的外化表现。

但总体来说,由于现代意义上的企业在我国改革开放后才出现,诚信思想与组织管理、组织行为的联结几乎不存在,虽然有少数重要研究成果,以及商业经营者个人或组织诚信行为带来了良好的声誉和丰厚的盈利实践,但并没有上升到系统的理论高度。

(三) 西方诚信概念发展脉络

"诚信",英文为 integrity,它在《牛津词典》中的含义为:"the quality of being honest; strength and firmness of character or principle or moral idea",即指个体正直和诚实的特质或品行。同样,在《朗曼字典》中,它的第一层含义是"the quality of being honest and strong about what you believe to be right",即个体拥有诚实的品质并且具有被认为是正确的特质,这一内涵常运用于个体的、职业的和政治领域。当然,integrity 的另一层含义是"the state of being united as one complete thing",也就是说,在英文中,诚信还意味着:一种完好完整的状态,意味着全部(如圆满)。诚信的同义词是诚实或一致。可见,西方文化对"诚信"概念更强调"诚",诚实是西方文化中诚信内涵的核心要素,它要求个体对事件、信息的完全披露。

在进入 20 世纪后,西方因实践中诚信问题的涌现,经济学、心理学、管理学、伦理学、社会学等研究专家对诚信问题产生极大兴趣,进行了大量的理论和实践探讨,诚信概念的理解因此出现了多种视角,主要有两种思路和方向:一种是将"诚信"视为个体的个性特质,可称为"个性说";另一种是视"诚信"为一种基于理性的道德

---

① 万俊人:《道德之维——现代经济伦理导论》,广东人民出版社 2000 年版。

评价基础上的忠诚于规则的行为，可称为"行为说"。同时，在这两种思路中间，还存在从诚信管理角度对诚信概念提出新的理解。每一种思路在理论研究和实践中都对诚信构思内涵进行了不断的拓宽和发展。①

第一，"个性说"：诚信是一种个性特质。心理学家研究发现，诚信在个体之间表现出来的差异非常明显，而且在诚信行为的影响因素方面，某些特质的个体更容易表现出不诚信的行为。因此，诚信"个性说"由此诞生，"诚信"被视为个体的某种个性特质，具有相对的稳定性，而人员诚信或诚信缺失是个体诸多个性特质作用的结果。进一步地，心理学家开始尝试对这种个性特质的评价和测量进行开发研究，这与在企业人员选拔中诚信度较高的个体的挑选要求不谋而合。诚信研究的这一"个性说"视角的理解在现实中具有广泛的应用价值，即迄今为止在人事选拔实践中仍广泛使用的诚信度测验。

第二，"行为说"。道德行为的诚信（基于诚信与道德的关系角度）。传统研究中，诚信被认为是个体的一种道德成分，在个体为人处世方面，是必要的指导行为准则。从行为角度上，将"诚信"界定为个体对合乎道德判断的系列规则和价值观在行为上的忠诚，道德判断的核心成分是能够推动个体长期生存和使其作为理性个体更为幸福的规则和价值观。② 也就是说，诚信是一种基于理性的道德评价基础上忠诚于规则的行为。

第三，诚信是相对的关系概念。持有该观点的学者认为，诚信是指在何种程度上个体满足了周围世界对其的合法期望。

"合法"期望，并非指所有期望，只有那些被广泛地支持或一般被认为对组织的发展是合适的或必要的期望可被视为合法期望。判定个体的行为是否诚信，取决于具体情景、场合和时间，今天可接受的行为也许明天被认为是违法的，在一个国家被认为是正常的行为，可

---

① 陈丽君、王重鸣：《中西方关于诚信的诠释及应用的异同与启示》，《哲学研究》2002年第8期。

② Becker, T. E., "Integrity in Organizations: Beyond Honesty and Conscientiousness" [J]. *The Academy of Management Review*, 1998.

能在另一个国家不被接受，因此，诚信是一个相对概念。同时，因为个体在孤立状态下无所谓诚实，也无法认定其诚实与否，只有当人们一起生活和工作时，诚信才重要，也才表现出个体诚信与否。因此，诚信是社会的和关系的概念。①②③ 这一理解视角的应用价值是导致了组织全面诚信管理对情景的强调。

第四，诚信具有不同层次和水平。伦理学家认为，决策和行动的伦理质量的改进，经济伦理学最终将在三个层次上进行。恩德勒（Enderle，2001）指出："从实际操作中，可以依其不同的目标、不同的利益和不同的动力而区分成三个不同层次：微观、中观和宏观。""在微观层面上，我们去探讨单个个人、雇员、雇主，或同事或经理、消费者、供应商或投资者，他们做什么、能做什么以及应该做什么，去承担他的伦理责任"；"在中观层次上，我们不仅注意经济组织和公司、厂家，而且注意工会、消费者组织、各种职业联合会等"；"在宏观层次上，存在本质上很不相同的问题。它们包括经济制度本身和企业的整个经济条件的形成：像经济秩序、经济金融和社会政策、国际经济关系等"。④

在诚信的表现形式上，也存在着在个体水平、群体水平和组织水平三个不同层次上的差别。就诚信的内涵而言，虽然不同水平诚信的核心成分相同，如皮特里克和奎因（Petrick and Quinn，2001）指出，"诚信可定义为在个体和群体水平上的道德自我控制素质"⑤，但是，当诚信概念从个体水平跨越到组织水平时，由于行为者之间的差异、行为者面对的任务特征的差异、任务要求差异等，诚信内涵势必发生变化。这是因为，微观层面上的个体诚信考察的是单个人所要承担的

---

① Kaptein, M., "Integrity Management" [J]. *European Management Journal*, 1999, 17 (6): 625 – 634.

② Kaptein, M. and V. D., "The Empirical Assessment of Corporate Ethics: A Case Study" [J]. *Journal of Business Ethics*, 2000, 24 (2): 95 – 114.

③ Smith, F. L., "The Balanced Company: A Theory of Corporate Integrity" [M]. *Academy of Management*, 2003.

④ ［美］乔治·恩德勒：《面向行动的经济伦理学》，上海社会科学院出版社 2002 年版。

⑤ Petrick, J. A., J. F. Quinn, "The Challenge of Leadership Accountability for Integrity Capacity as a Strategic Asset" [J]. *Journal of Business Ethics*, 2001, 34 (3 – 4): 331 – 343.

伦理责任；而组织层面的诚信则将组织本身视为研究对象，考察组织整体所要承担的伦理责任，这一层次的诚信研究实际与组织伦理研究有很大的共同性，不同的研究互相将商业伦理与组织诚信作为自己的构成维度。①②③ 对于组织而言，诚信表现受制于组织的特征，同时又对组织结果发生影响。组织诚信表现是针对社会而言的，它受整个社会的诚信机制影响。

（四）中西方诚信思想发展的比较

1. 中西方诚信观的相似之处

作为一种道德规范和行为约束，"诚信"没有因为中西方文化差异而表现出不同。而且，随着中西交流的加深，中西方诚信出现互补不足，共同发展的趋势。表现在：首先，基本含义都包含尊重实际存在、诚实无欺、讲究信用、信守承诺的意思。中国诚信观中，"诚"与"信"可单独成义，又可合为一体，从含义上看，可以认为，"诚信 = 诚 + 信"。而西方的诚信观中也具有尊重事实和信守承诺的含义。其次，都重视诚信的价值。中国传统文化不仅将"诚信"视为个体的安身之本，如"非诚贾不得食于贾"；更视为君王的为政之道，如"信，国之宝也"，"徙木立信"等。西方文化也有类似的劝诫，历来把诚实、守信用、不撒谎作为经典训言，如对西方文化和道德产生了深远影响的《圣经》中的"摩西十诫"，将"不作伪证"等作为最重要的道德戒律。最后，"诚信"行为观的趋同趋势。中国经济发展中实践问题的出现，引起学术界反思，开始从行为视角研究诚信，出现与西方行为视角趋同趋势，再次证明了诚信的本质：诚信首先是现代经济规律，其次才表现为伦理性质。

---

① Arnaud, A., "Conceptualizing and Measuring Ethical Work Climate: Development and Validation of the Ethical Climate Index" [J]. *Business and Society*, 2010, 49 (2): 345 – 358.

② Arnaud, A., M. Schminke, "The Ethical Climate and Context of Organization: A Comprehensive Model" [J]. *Organization Science*, 2012, 23 (6): 1767 – 1780.

③ Langlois, C. C., B. B. Schlegelmilch, "Do Corporate Codes of Ethics Reflect National Character? Evidence from Europe and the United States" [J]. *Journal of International Business Studies*, 1990, 21 (4): 519 – 539.

2. 中西方诚信观的差别之处

中国的诚信以道德为支撑，这种道德又是私德体系，相对于要解决个人在公共社会中的道德约束问题的公德问题，"重私德而轻公德"。个体交往的是与自己有血缘、地缘或者利害关系的人群，诚信存在于熟人关系中，是"在排除商业功利关系的宗法血缘人伦关系中的行为规范，建立在血缘亲情、朋友情义、社会人情和封建国家宗法关系基础上的道德精神"。而西方文明重视商品经济，特别强调契约性，一切经济关系行为均带有契约的性质。在这种文化观念下，诚信就是建立在以相互承诺、相互信赖的伦理基础上的。

二 诚信概念的扩展和界定：诚信、信用和信誉

（一）三者之间的关系

诚信即诚实守信，能够履行承诺而取得他人信任。《现代汉语词典》对"诚信"的解释是："诚信……诚实，守信用；生意人应当以诚信为本。"这里，诚信有两个含义：①诚实，要求人与人交往时说真话，不掩盖或歪曲事实真相；②讲信用，遵守诺言。这两层含义都说明诚信是为人处世的道德准则，是一个道德范畴。在《说文解字》中的解释是："诚，信也"，"信，诚也"。可见，诚信的本义就是要诚实、诚恳、守信、有信，反对隐瞒欺诈，反对伪劣假冒，反对弄虚作假。

信用的内涵十分丰富，被认为是人类社会中最复杂、最难以理解的概念之一。

《现代汉语词典》对于"信用"词条给出了三种解释：①能够履行跟人约定的事情而取得信任；②不需要提供物资保证，可以按时偿付的；③指银行借贷或商业上的赊销、赊购。其中，②和③都是从市场信用活动中有偿信用层面来定义信用的，而①则在一般的意义上给出了信用的定义，将信用解释为履行约定而取得的信任。《辞海》对信用也做了三个解释：①信任使用；②遵守诺言，实践成约，从而取得别人的信任；③价值运动的特殊形式。价值运动的特殊形式与《现代汉语词典》中"信用"词条的②③两种解释有关；而遵守诺言，

实践成约，从而取得别人的信任，都是指在经济、社会交往中信守承诺，这正是信用的一般含义。从这方面来说，它与诚信的含义就基本上是一致的。

《现代汉语词典》对于"信誉"词条给出了两种解释：①诚实守信的声誉；②信用和声誉。即信誉是一方在社会活动尤其在经济活动中因忠实遵守约定而得到另一方的信任和赞誉，是长期诚实、公平、履行诺言的结果。

陈丽君通过访谈发现，在中国文化中，诚信就是诚实加信用（守信、守诺），这是普遍的"外显"理解，"诚"指真心实意、开诚布公，"信"指诚实不欺，又指信用，即遵守诺言、实践成约，从而取得别人的信任。诚信与信用、信任、信誉的关系如图 2-1① 所示。

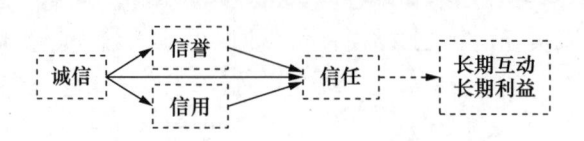

```
                  ┌──────┐
           ┌─────▶│ 信誉 │─────┐
    ┌──────┐     └──────┘     ▶┌──────┐      ┌──────────┐
    │ 诚信 │                    │ 信任 │ ---▶ │ 长期互动 │
    └──────┘     ┌──────┐     ▶└──────┘      │ 长期利益 │
           └─────▶│ 信用 │─────┘              └──────────┘
                  └──────┘
```

图 2-1　诚信与信用、信誉、信任的关系

（二）本书诚信内涵界定

西方当代著名哲学家曼海姆（K. Mannheim，1960）在其名著《意识形态和乌托邦》中曾经指出："我们应当首先意识到这样一个事实：同一术语或同一概念，在大多数情况下，由不同境势的人来使用时，所表示的往往是不同的东西。"诚信这一概念相对于经济学家、哲学家、社会学家、心理学家、政治家等都有不同的侧重，诸多学科、学者基于不同的角度广泛地开展诚信理论与实践研究取得了丰硕成果，无疑对我们理解诚信提供了有益的帮助和参考，本书不再赘述。总体来说，"诚信"在汉语中是一个含义十分宽泛的词语，从内容上理解，包含诚实、信任、信用、信誉、信诺、忠诚、不欺等含

---

① 陈丽君：《诚信的本质、评价和影响机制——研究视角下的中西方诚信》，经济科学出版社 2009 年版。

义,在很多场合,这些词语互相解释,相近、相通,或多或少地表达了诚信的内涵,并为公众所广泛接受;在英文文献中,也很难找到一个直接与之相对应的词语,诚信的英文可译为:integrity(完整、诚实)、authentic(真实、可信)、honesty(诚实)、trust(信任)、credit(信用、信誉)等。从性质上看,各个学科对诚信的理解又存在明显的区别,或者说,存在不同的侧重点。社会学从人际关系互动出发,更关注人际的信任;经济学研究商品、货币的信用,认为诚信是交易的基本前提,诚信可以降低交易成本;伦理学认为,诚信属于道德范畴,是伦理道德的主要内容;心理学认为,诚信是由情景刺激决定的个体心理与行为,或者是相对稳定的人格特点;法学领域的诚信则被认为是"帝王准则"的法律基本原则。虽然各学科对诚信的理解差异较大,但对诚信基本内涵的理解却比较一致,即"信诺、诚实"。因此,本书并不否认对诚信的词语表达及学科研究间的差异,但本书更为关注的是基本内涵中的共性:第一为诚实,即坦诚、真实而不虚假;第二为信用,即可靠、守信而不违约。因此,相对来说,和中文诚信含义最为接近的是 integrity。另外,根据学者帕兰斯基(Palanski,2007,2009)[1][2] 的概念廓清,组织诚信,是指组织行为守诺、言行一致,其中,integrity 符合本书研究含义。因此,本书将 integrity 作为诚信的对译词,这也是国内关于企业诚信或组织诚信翻译逐渐统一的趋势,但在文献参考中,则根据文献中实际含义酌情借鉴。

三 企业诚信内涵分析

在对诚信内涵界定的基础上,我们探讨企业诚信的概念。根据前面所述,企业诚信的概念最初是西方学者提出来的,但因研究的角度以及侧重点的不同,国内外不同的学者对企业诚信的界定及认识也不尽相同。表2-1是对企业诚信这一概念进行定义的具有代表性的观点。

---

[1] Palanski, M. E. and Y., "Integrity and Leadership: Clearing the Conceptual Confusion" [J]. *European Management Journal*, 2007, 25 (3): 171-184.

[2] Palanski, M. E., F. J. Yammarino, "Integrity and Leadership: A Multi-level Conceptual Framework" [J]. *The Leadership Quarterly*, 2009, 20 (3): 405-420.

表 2-1　　　　　　　　　　企业诚信定义

文献	定义	侧重点
蒲小雷（2001）	企业诚信是"企业利己动机和道德自我约束力量的有机统一"	基于利己目的的行为道德约束规范
王小锡（2003）	企业诚信是企业在处理内外关系中的基本道德规范，其实质是企业对社会、对顾客、对员工履行契约的责任心，也是企业间建立信任、实现交往的基础	处理内外关系的道德规范
周学勇（2003）	企业诚信是指企业在从事生产经营活动过程中，要严格遵守国家的有关法律法规，规范自己的生产经营行为，在谋求自身利益的同时，不损害国家和消费者的利益，切实维护国家利益和消费者的合法权益，诚实经营，依法纳税	遵守法律法规的行为，求利同时利他
李桂梅（2005）	企业在经营过程中所遵循的诚信原则和规范的总和。其实质是企业对社会—顾客—员工履行契约的责任心，是企业之间建立信任、实现交往的基础	原则、规范总和
杜莹等（2005）	企业诚信是指企业作为经济主体，为达到经营目的而在经营活动过程中既不自欺也不欺他的理念和行为	坦诚的理念和行为
窦炎国（2005）	企业诚信是企业必须以承诺并履行与自身行为相对应的、对他人对社会所应承担的义务和责任作为自己的真诚信念，这种义务和责任通常是以交易契约的方式确定下来的。本质上是体现现代市场经济规律的客观要求的伦理应然性	契约性质的企业伦理义务、责任的承诺、履行
潘东旭、周德群（2006）	企业在经营行为中体现对诚信规则的遵守。企业诚信的内涵包括支撑层面（物质基础和制度保障）、约束层面即他律控制层（法律约束、道德约束）和时间层面（诚信建立动态过程、随环境变化）三个方面	遵守规则的行为，需要多个层面作用，其构建过程是行为被认知的过程
钱立洁（2006）	企业诚信是指企业在从事生产经营活动中，依照国家法律规定、市场规则和商业道德规范，规范自己的生产经营行为，在谋求自身利益时，不损害国家和消费者的利益，不损害与其相关经济组织的利益。它包括企业内部诚信和企业外部诚信。企业内部诚信是指企业与员工之间的诚信，外部诚信是指企业与外部利益相关者之间的诚信	符合法律、市场规则、道德规范的行为，求利利他

续表

文献	定义	侧重点
李成建（2009）	企业诚信是指企业在市场经济的一切活动中要遵纪守法，诚实守信，诚恳待人，对他人给予信任	遵守法律、诚实守信、诚恳待人的行为
陈丽君（2009）	中国文化下"组织诚信"概念普遍内涵：诚实守规，持续回报，守信履约，社会责任，企业组织存在的最基本动机是以营利为本，以股东利益为重	对利益相关者负责任行为
王书玲、郜振廷（2010）	所谓企业诚信，狭义上说，是谋略化了的企业运营道德水平的静态描述，是动态的企业诚信发展过程中的某一时刻的构建结果的陈述。广义上的企业诚信作动词解释，是企业谋取公众信任并不断提升公众信任水平的过程	诚信结果和谋取公众信任的过程
马超（2011）	企业诚信指在市场活动中，企业秉承伦理道德，遵守法律义务，遵循市场规则，将诚实守信融入生产经营各环节的意愿、能力和实践中并持续改善的过程。包括四个层次的含义：法律层面，遵守法律规范是企业最基本的诚信；道德层面，企业要遵守基本的社会道德、商业伦理以及相关的行业规则等；经济层面，企业应加强信用管理和信用风险防范，遵守市场规则，将诚信转化为核心竞争力，实现企业的经济收益；实践（行为）层面，加强诚信制度化建设，将诚信建设融入企业经营的全过程，进行持续的评估和提升过程	市场活动中企业坚持诚信的意愿、能力和行为的持续过程
姚延波等（2014）	旅游企业诚信是旅游企业对股东、员工、供应商、顾客、政府、社区等内外部利益相关者履行契约、兑现承诺的实际行为与动态过程	对利益相关者履行契约、兑现承诺的行为和过程
佩恩（Paine，1994）	法律驱动下遵守诚信规则的自我规范行为，以提高利益相关者的信任	自我规范行为
威廉（William，1996）	组织本着诚实、公平原则经营以及得到客户信任的意愿	企业诚实、得到客户信任的意愿

续表

文献	定义	侧重点
Shaw (1998)	指组织对（商业经营）伦理准则和一系列价值的自觉遵守。它涉及我们的行为是否很好地匹配于我们的信念，要求我们在哲学和价值观上、公共和私人陈述上、不同情境中所表现出的行为上完整一致。诚信是继承性和一致性的统一	对伦理准则的自我遵守，行为和理念的匹配
Habermas (2000)	作为一种社会现象，组织诚信涉及组织行为和社会可接受原则的一致性，同时验证了公正公平原则	行为、规则符合程度
平乔维奇 (1999)	企业诚信实际上就是在一定的契约安排、制度约束下行为选择的结果	约束下的行为结果
皮特里克和奎恩 (2001)	诚信可定义为在个体和群体水平上的道德自我控制素质，是组织采取道德的可延续经营方式公平经营，信守承诺和保持忠诚	道德约束、遵守承诺
Kaptein 和 Wempe (2002)	企业诚信是一种与可持续性、社会责任、义务特别是同理心、可信度、公平等相关联的价值观	价值观
Caldwell 和 Clapham (2003)	组织诚信为"对一个团体或组织行为遵守其应该遵守的伦理职责的认知，从而决定是否信任"	企业行为匹配其伦理职责程度，是信任的基础
Kraatz 和 Block (2008)	组织诚信是动态组织尽可能自治的一个特质。即个体和组织展现出恪守承诺价值观、履行承诺的行为，进而生成个人和组织的诚信态度，并把这种诚信态度共享、延伸到所有利益相关者的利益中	组织行为自我规范特质
Palanski 和 Yammarino (2009)	组织作为一个整体对利益相关者言行符合的一致程度	言行一致程度
Kolthoff (2010)	组织诚信不仅是组织遵从组织成员和利益相关者接受的道德价值观、标准、规范、规则的行为，而且是对所有公民的公共服务的均等分配的承诺	组织遵从利益相关者认可的规则行为

综上总结国内外学者对企业诚信的认识可以看出，一方面，企业诚信是企业行为遵循的一种规则，这种规则可来源于法律法规、市场

规则、道德规范甚至上升为企业的价值观、理念等；另一方面，企业诚信表示企业遵循诚信规则的实际行为表现，其行为表现是否和企业职责匹配。企业坚持诚信、行为承诺的对象是企业内外利益相关者，目的是获取他们的信任，最终实现企业利益最大化。

由此，本书界定企业诚信的内涵是：所谓企业诚信，可从名词和动词两个方面解释，名词角度，企业诚信是企业行为遵循诚信规则的企业运营水平的静态描述，是动态的企业诚信发展过程中的某一时刻的构建结果的陈述；广义的企业诚信作动词解释，是企业对股东、员工、供应商、顾客、政府、社区等内外部利益相关者履行契约、兑现承诺的实际行为与动态过程，是企业不断谋取利益相关者信任、提升信任水平的过程。

四 企业诚信测量

国外商业伦理研究者曾探讨和实践组织诚信的测量，提出了过程行为评估和结果评估两种思路。① 评估诚信组织的结果一般倾向于收集组织相关数据，如组织利润和增长；人力资源数据、雇员缺勤离职情况；身体和医疗健康记录；安全记录；发现和报告的不良经营行为；雇员歧视的控诉、性骚扰；劳工管理争议；顾客满意情况等。这种评估方式往往采取第三方审计的形式，直接收集相关数据。文献综述企业诚信评价理论、实务研究主要基于这种结果评价，甚至我国食品工业企业诚信评价体系大多基于这种思路，属于事后评价。当然，这种测量缺陷前面已经论述。

"商业就是一个实践"（所罗门·恩德勒）。显然，当我们在商业领域和管理背景下讨论诚信时，诚信是一种与商业实践紧密关联的行为。也就是说，撇开对诚信到底是一种个体美德还是规范的争论，在管理背景下的诚信是个体或组织在面临诚信两难冲突情景时所做出的行为选择。当行为者是个体时，它指个体诚信行为；当行为者是组织

---

① Paine, L. S., "Managing for Organizational Integrity" [J]. *Harvard Business Review*, 1994, 72 (2): 106–117.

时,是指组织诚信行为。①

组织诚信过程评估的形式关注组织在遵从商业伦理上的过程表现,包括观察到的员工非伦理行为的频次、程度;报告的对商业伦理的违犯;外部利益相关者对组织的满意情况;如实向管理层传递坏消息的状况;企业对员工的负责情况。这方面主要研究成果如表2－2所示。

表2－2　　　　　　　　　企业诚信维度总结

文献	测量维度
陈丽君（2009）	诚实守规、持续回报、守信履约、社会责任
姚延波等（2014）	规范诚信、能力诚信和情感诚信
Caldwell 等（2003）	诚实沟通、相互友善、质量保证、胜任能力、财政平衡、遵纪守法
Yee 等（2005）	专业能力、诚实、仁慈、可信性、可靠性
Ennew（2007）	专业能力、诚实一致、沟通、共同价值观、关心仁慈
罗伊等（2010）	顾客导向、正直诚实、沟通和相似性、共同价值观、专业能力、能力一致性
罗伊等（2011）	诚实、沟通、共同价值观、专业能力、一致性
Pirson 和 Malhotra（2011）	仁慈、诚实、胜任能力、透明度、共同价值观
H. Sekhon 等（2014）	诚实一致性、专业能力、关心仁慈、沟通、共同价值观
Kharouf 等（2014a）	一致性、能力、仁慈、沟通、诚实、共同价值观
Kharouf 等（2014b）	一致性、能力、仁慈、沟通、诚实、共同价值观

五　企业诚信内涵研究小结、启示

通过对企业诚信内涵梳理分析,从动词、名词双重属性界定了企业诚信概念,可以看出,动词角度行为观企业诚信逐渐成为研究的热点;与此相对应,对于企业诚信的评价有结果评价和过程行为评价两种思路,结果评价的企业诚信弊端是不能有效地解释企业失信的原

---

① 陈丽君:《诚信的本质、评价和影响机制——研究视角下的中西方诚信》,经济科学出版社2009年版。

因，而过程行为评价的相关研究，则逐渐成为企业诚信进一步研究的趋势。

第四节 组织伦理研究

伦理概念产生于哲学道德研究领域，对什么是正确和公平的行为做出解释。① 目前，学术界普遍认为，伦理反映了具体道德行为表现的理论化抽象，主要功能在于引导人们正确判断行为的对错，进而做出行为决策。② 商业伦理或组织伦理在20世纪50年代全球范围内争取基本公民权利、公众环境保护意识空前觉醒的背景下出现。人们意识到企业由于缺乏约束力，商务活动中诸如丑闻、腐败、污染环境等负面效应不断显现，促使理论界思考组织也应具备伦理道德观念和精神。至20世纪60年代起，随着美国和西欧国家经济发展的迅猛势头，社会各界对企业各方面的期望和要求不断增加，学术界对企业的社会责任和商业伦理议题开展了正式的讨论。商业伦理具体分为三个方向：组织伦理准则、组织伦理氛围和伦理型领导展开研究。③

一 组织伦理准则

伦理准则是组织希望其成员遵守的道德规则的书面文件，表明组织的基本价值观和认可并提倡的行为。④ 伦理准则为组织提供了可供遵守的规章和指导，督促成员重视道德问题，营造良好道德诚信环境，同时，引导组织成员在面对道德困境时，如何进行伦理决策。

对于伦理准则的研究并没有停留在内容分析上，而是进一步研究

---

① Freeman, R. E., "Divergent Stakeholder Theory" [J]. *Academy of Management Review*, 1999, 24 (2): 233 – 236.
② Svensson, G., G. Wood, "A Model of Business Ethics" [J]. *Journal of Business Ethics*, 2008, 77 (3): 303 – 322.
③ 金杨华、黄珺君：《伦理型领导对组织伦理的影响》，《管理现代化》2013年第1期。
④ Schwartz, M. S., "Universal Moral Values for Corporate Codes of Ethics" [J]. *Journal of Business Ethics*, 2005, 59 (1 – 2): 27 – 44.

其对组织效能的影响。亚当斯等（Adams et al., 2001）在关于伦理准则与员工对伦理行为感知的研究中发现，在有清晰准则公司工作的员工比其他公司员工更认为自己的行为是符合伦理的，并对自己处理道德困境时的决策更满意。[①] 施瓦茨（Schwartz, 2005）也实证出具有伦理准则的公司，员工表现出更高的组织承诺。[②] 辛格（Singh, 2011）提出，组织制定了伦理准则，可以提高公司的知名度和形象，也能够引导员工形成有战斗力的群体。[③]

二 组织伦理氛围

（一）伦理氛围的含义

西方组织伦理氛围研究最早起步于心理学视角下的伦理氛围（或称伦理气氛、道德氛围）研究。伦理氛围最先被定义为成员对于所在组织的伦理政策的感知。[④] 维克多和库伦（Victor and Cullen, 1988）[⑤] 认为，伦理氛围是"对于体现何种伦理内容的组织活动和程序的主导感知"，或是"组成工作中伦理行为的元素"。阿加沃尔等（Agarwal et al., 2010）[⑥] 则提出，组织伦理氛围是组织成员对组织中什么是符合道德的行为的认知结构，是员工了解组织的道德价值观和目标，以及在此价值观与目标的背景下，哪些属于合理行为、哪些被禁止、道德问题出现后该如何决策等的认知。

（二）伦理氛围的结构维度

组织中可能同时存在多种类型的伦理氛围，而以其中一种为主

[①] Adams, J. S., A. Tashchian, T. H. Shore, "Codes of Ethics as Signals for Ethical Behavior" [J]. *Journal of Business Ethics*, 2001, 29 (3): 199 – 211.

[②] Schwartz, M. S., "Universal Moral Values for Corporate Codes of Ethics" [J]. *Journal of Business Ethics*, 2005, 59 (1 – 2): 27 – 44.

[③] Singh, J. B., "Determinants of the Effectiveness of Corporate Codes of Ethics: An Empirical Study" [J]. *Journal of Business Ethics*, 2011, 101 (3): 385 – 395.

[④] Schneider, B., "Organizational Climates: An Essay" [J]. *Personnel Psychology*, 1975, 28 (4): 447 – 479.

[⑤] Victor, B., J. B. Cullen, "The Organizational Bases of Ethical Work Climates" [J]. *Administrative Science Quarterly*, 1988: 101 – 125.

[⑥] Malloy, D. C., J. Agarwal, "Ethical Climate in Government and Nonprofit Sectors: Public Policy Implications for Service Delivery" [J]. *Journal of Business Ethics*, 2010, 94 (1): 3 – 21.

导。维克多和库伦（1988）从三种道德评判标准——自我主义、与人为善、原则性和三种分析取向——个人、组织、社会，区分出九种不同类型的伦理氛围，如表2-3所示。

表2-3　　　　　　　　　　不同类型的伦理氛围

	个人	组织	社会
自我主义	关注自己	公司理论	效率
与人为善	友谊	团队利益	社会责任
原则性	个人道德	公司制度	法律和职业准则

资料来源：Victor, B. and J. B. Cullen, "The Organizational Bases of Ethical Work Climates" [J]. *Administrative Science Quarterly*, 1988：101-125。

随后，维克多和库伦（1988）[1]、马丁和库伦（Martin and Cullen, 2006）[2]、布鲁特拉和奥兹（Bulutlar and Öz, 2009）[3] 等学者通过实证，总结出五种伦理维度：工具主义、关怀主义、独立主义、法律和准则和规则导向。

工具主义的氛围与"自我主义"和"个人""组织"层次相关联，这种氛围是指在面临决策时，员工都只顾个人利益的最大化，他们的决策目的首先是为了个人利益，个体不考虑决策可能给他人造成的影响，尽管个体在主观上并不存在故意损害他人利益的意图，但是，在很多时候，个体很容易为了自身利益而牺牲他人。工具主义氛围下的员工倾向于感知组织具有鼓励从自我视角进行伦理决策的规范，哪怕可能给他人造成危害。

关怀主义与"与人为善"和"个人""组织"层次相关联，是指

---

[1] Victor, B. and J. B. Cullen, "The Organizational Bases of Ethical Work Climates" [J]. *Administrative Science Quarterly*, 1988：101-195.

[2] Martin, K. D. and J. B. "Cullen, Continuities and Extensions of Ethical Climate Theory: A Meta-analytic Review" [J]. *Journal of Business Ethics*, 2006, 69 (2)：175-194.

[3] Bulutlar, F. and E. Ü. Öz, "The Effects of Ethical Climates on Bullying Behaviour in the Workplace" [J]. *Journal of Business Ethics*, 2009, 86 (3)：273-295.

组织非常强调利他原则，让所有员工的利益最大化是管理者努力的方向，而每位员工都很关心彼此的利益。受这种氛围影响，员工不仅关心组织内部利益，还关心受到自己决策影响的外部利益相关者的利益，认为决策应该考虑他人的利益，这种氛围鼓励组织成员决策时能充分考虑到自己的决策可能给他人带来的影响，并试图追求各方利益的平衡，从而做出能给最大多数人带来积极影响的决策。

独立的氛围与"原则性"和"个人"层次相关联，是指组织尊重员工个人的判断能力，以某个人道德标准为依据，不受组织内外其他人的影响。在独立型伦理氛围主导的组织中，组织成员受到个人道德标准和道德信念的约束，根据个人的道德标准和价值观念进行决策，他们感知到的诸如组织制约力量等外部规范的影响比较弱。

规则导向的氛围与"原则性"和"组织"层次相关联，是指在面临决策时只关注组织的整体利益。在这种伦理氛围为主导的组织中，组织要求其成员严格遵守组织制定的各种行为规范、规章制度，执行组织命令。员工意识到决策时要严格按照公司的规则或标准，个体决策以组织原则和各种制度为准绳，遵守组织规章制度的行为才是被组织认可的行为。

法律和准则的氛围与"原则性"和"社会"层次相关联，是指决策时根据组织内部的规范制度和职业准则，一切依法办事。[①] 以法律和准则的氛围为主导的组织要求成员遵守政府的法律法规、行业规范以及符合伦理守则。这种氛围下的员工将按照社会普世的道德价值观的要求进行决策，而组织自身的规章和要求对他们的影响不大，组织本身在规范成员行为方面并不发挥主导作用。

为有效地测量组织成员对于特定道德气氛的认知状况，维克多和库伦（1988）、库伦等（1993）开发并完善了伦理氛围问卷（Ethical Climate Questionnaire，ECQ），是分别由 26 项和 32 项条目组成的六点

---

① 衡书鹏：《企业组织伦理气氛的实证研究》，硕士学位论文，河南大学，2008 年。

李克特量表。①② ECQ 为大部分研究人员使用和关注。然而最近，阿诺德（Arnaud，2010）、阿诺德和施明克（Arnaud and Schminke，2012）对 ECQ 提出了不同的看法，认为其存在两个主要缺陷：①后续学者在使用 ECQ 时得出了不同的机构维度，说明 ECQ 结构不稳定；②ECQ 的理论基础仅限于个人道德判断，而对于其他道德决策的关注不够。③④ 因此，提出了新的测量方法：Ethical Climate Index（ECI），包含四项测量维度：①集体道德敏感性——识别道德困境并评估行为对他人的影响；②集体道德判断——使用与问题有关的决策框架，采取道德行动；③集体道德动机——道德价值是否占优及占优的程度；④道德性格特征——行为者是否能够坚持完成他所认为是正确的道德行动。ECI 从理论上说比 ECQ 更为完善，然而，目前尚缺少足够的实证验证。我国学者赵立在我国情境下率先以浙江省民营企业为样本，对 ECI 的结构维度进行了探索和验证，得出集体道德意识、关注他人、关注自我、集体道德动机和集体道德性格五项维度。⑤

（三）伦理氛围的作用效能

1. 组织气氛对组织和员工伦理变量的影响

研究者对不同行业、不同层级的员工和管理者的实证研究表明，不同类型的组织伦理氛围对组织成员的影响是不同的。这些影响不仅包括伦理行为，还包括伦理决策意图，而且越积极的伦理氛围越能促进企业和员工的伦理行为，从而减少不伦理行为的发生。

一方面，研究发现，关怀导向和规则导向的伦理氛围与组织及个

---

① Victor, B., J. B. Cullen, "The Organizational Bases of Ethical Work Climates" [J]. *Administrative Science Quarterly*, 1988: 101 – 125.

② Cullen, J. B., B. Victor, J. W. Bronson, "The Ethical Climate Questionnaire: An Assessment of its Development and Validity" [J]. *Psychological Reports*, 1993, 73 (2): 667 – 674.

③ Arnaud, A., "Conceptualizing and Measuring Ethical Work Climate: Development and Validation of the Ethical Climate Index" [J]. *Business and Society*, 2010, 49 (2): 345 – 358.

④ Arnand, A. and M. Schminke, "The Ethical Clinmate and Context of Organizations: A Com Preheswe Midle" [J]. *Organization Science*, 2012, 23 (6): 1767 – 1780.

⑤ 赵立：《基于人—组织道德匹配的中小企业经营者道德影响力研究》，博士学位论文，浙江大学，2010 年。

人的伦理行为呈显著正相关,趋于利己的工具性伦理氛围则容易导致不伦理行为。①②③

另一方面,组织中的伦理氛围也影响着组织中个体的伦理态度、伦理判断和伦理决策意图。洛克(Loch,1996)等研究表明,仁慈导向伦理氛围与组织伦理态度正相关。④ 巴内特和维基斯(Barnett and Vaicys,2000)以营销人员为研究对象研究了伦理氛围的个人感知和面对伦理困境的行为意图之间的关系。结果显示,虽然感知的气氛维度对行为意图没有直接影响,但是有调节作用。强调社会责任和规则/规范的气氛感知调节个人伦理判断和行为意图间的关系,调查对象更有可能形成和他们判断一致的意图。当伦理氛围的特点是强调团队/友谊,他们认为,有问题的行为在道德上是无法接受的,也就是说,个人的伦理判断受到组织伦理氛围的影响。⑤

国内学者发现,组织内伦理氛围的强度影响着员工道德行为的发生⑥,其中,遵循道德规范伦理氛围和遵循法律制度伦理氛围与不道德行为呈负相关关系,利己主义的伦理氛围与不道德行为呈正相关关系。⑦ 刘文彬(2009)以人格特质作为调节变量,以组织认同作为中介变量研究了组织伦理氛围和员工越轨行为间的关系,证实了员工感知到的自利导向和规则导向的组织伦理氛围与多种类型的员工越轨行

---

① Wimbush, J. C., J. M. Shepard, "Toward an Understanding of Ethical Climate: Its Relationship to Ethical Behavior and Supervisory Influence" [J]. *Journal of Business Ethics*, 1994, 13 (8): 637–647.

② Deshpande, S. P., E. George, J. Joseph, "Ethical Climates and Managerial Success in Russian Organizations" [J]. *Journal of Business Ethics*, 2000, 23 (2): 211–217.

③ Vardi, Y., "The Effects of Organizational and Ethical Climates on Misconduct at Work" [J]. *Journal of Business Ethics*, 2001, 29 (4): 325–337.

④ Loch, K. D., S. Conger, "Evaluating Ethical Decision Making and Computer Use" [J]. *Communications of the ACM*, 1996, 39 (7): 74–83.

⑤ Barnett, T., C. Vaicys, "The Moderating Effect of Individuals' Perceptions of Ethical Work Climate on Ethical Judgments and Behavioral Intentions" [J]. *Journal of Business Ethics*, 2000, 27 (4): 351–362.

⑥ 范丽群、石金涛:《组织伦理气氛与道德行为关系的理论分析》,《华东经济管理》2006年第7期。

⑦ 范丽群、周祖城:《企业伦理气氛与不道德行为关系的实证研究》,《软科学》2006年第4期。

为显著相关。但关怀导向的组织伦理氛围与员工越轨行为的多个维度间的关系并不明显。① 王进（2010）探讨了企业员工个人面临道德困境时的伦理决策意向，结果显示，个人道德成熟度是经由道德强度知觉对伦理决策意向产生影响的，道德成熟度对道德强度知觉有正向影响关系；在人际亲疏关系为疏远的条件下，道德强度知觉对伦理决策意向有正向影响关系，功利导向性气氛则会干扰道德强度知觉对伦理决策意向的影响。②

强调价值观和伦理的组织的经营绩效要好于没有注重伦理的组织。巴特尔等（Bartels et al., 1998）研究发现，组织伦理氛围强度和违反伦理的严重性之间呈负相关关系，伦理氛围强度和员工成功应对伦理问题间呈正相关关系。③

2. 组织伦理氛围对个体和组织绩效以及对员工工作态度的影响

迪克森（Dickson，2000）研究发现，组织伦理氛围会影响员工的公平感（程序公平和分配公平）和伦理行为期望，最终会影响员工的组织公民行为、任务绩效和关系绩效。④ 亨利（Henry，2000）认为，基于组织伦理的战略与管理实践可以通过形成有利于组织发展的组织伦理氛围来整合各种资源，进而可以达到提高组织竞争优势的目的。⑤ 之所以组织伦理氛围会对组织绩效产生影响，是因为强大的组织伦理氛围有利于提高组织凝聚力和士气，为组织发展提供了强劲的

---

① 刘文彬：《组织伦理气氛与员工越轨行为间关系的理论与实证研究》，博士学位论文，厦门大学，2009年。

② 王进：《企业员工的伦理决策意向研究——以道德成熟度、道德强度与伦理气候的影响为依据》，《华东经济管理》2010 年第 5 期。

③ Bartels, K. K., E. Harrick, K. Martell et al., "The Relationship between Ethical Climate and Ethical Problems within Human Resource Management" [J]. *Journal of Business Ethics*, 1998, 17 (7): 799 – 804.

④ Dickson, M. W., R. N. Aditya, J. S. Chhokar, "Definition and Interpretation in Cross - Cultural Organizational Culture Research: Some Pointers from the GLOBE Research Program" [J]. *Handbook of Organizational Culture and Climate*, 2000: 447 – 464.

⑤ Silverman, H. J., "Organizational Ethics in Healthcare Organizations: Proactively Managing the Ethical Climate to Ensure Organizational Integrity" [J]. *HEC Forum*, 2000, 12 (3): 202 – 215.

动力。①

组织伦理氛围对员工工作态度的影响,这方面的研究主要关注于工作满意度和员工组织承诺。马丁和库伦(2006)通过元分析,发现员工对工作、升迁、同事、主管的满意和伦理氛围相关,详细来说,关怀型气氛促进工作满意,独立、法律和规则准则、正向影响员工工作满意,而工具伦理氛围则会负向影响工作满意,从而验证了伦理氛围类型和工作满意之间的关系。② 施明克(2005)探讨了领导品德、组织伦理氛围与员工态度的关系,研究发现,领导品德、组织伦理氛围是通过影响领导者道德认知发展和运用水平对员工的组织承诺、工作满意感和离职意向产生作用的。③ 组织承诺一直是组织行为学、心理学和管理学等相关领域重点探讨的变量。相当多的研究指出,组织的伦理氛围与组织承诺密切相关。④⑤⑥ 伦理氛围与组织承诺间的关系研究逐渐向纵深发展。

三 伦理型领导

伦理型领导作为一个独立概念最先由恩德勒(1987)提出,他的目的是澄清和明确领导的伦理维度,制定、调整决策的伦理原则,在他看来,伦理型领导包含个人领导(对人的影响)和公司领导(对

---

① Wickham, J. A., "Collected Works of the Thirtieth Chief of Staff, United States Army: John A. Wickham, Jr., General, United States Army Chief of Staff June 1983 ± June 1987" [J]. *US Army, Washington*, D. C., 1996.

② Martin, K. D., J. B. Cullen, "Continuities and Extensions of Ethical Climate Theory: A Meta-Analytic Review" [J]. *Journal of Business Ethics*, 2006, 69 (2): 175 – 194.

③ Schminke, M., M. L. Ambrose, D. O. Neubaum, "The Effect of Leader Moral Development on Ethical Climate and Employee Attitudes" [J]. *Organizational Behavior and Human Decision Processes*, 2005, 97 (2): 135 – 151.

④ Meyer, J. P., D. J. Stanley, L. Herscovitch et al., "Affective, Continuance, and Normative Commitment to the Organization: A Meta-analysis of Antecedents, Correlates, and Consequences" [J]. *Journal of Vocational Behavior*, 2002, 61 (1): 20 – 52.

⑤ Valentine, S., T. Barnett, "Ethics Codes and Sales Professionals' Perceptions of Their Organizations' Ethical Values" [J]. *Journal of Business Ethics*, 2002, 40 (3): 191 – 200.

⑥ Tsai, M., C. Huang, "The Relationship among Ethical Climate Types, Facets of Job Satisfaction, and the Three Components of Organizational Commitment: A Study of Nurses in Taiwan" [J]. *Journal of Business Ethics*, 2008, 80 (3): 565 – 581.

一个组织的影响)。① Treviño 等（2000，2003）②③ 在深入讨论了执行层领导的伦理认知后发展了恩德勒（1987）伦理型领导概念，并认为，伦理型领导者的名誉影响所有其他人看法（如员工），也包括关键的外部利益相关者；布朗和同事对伦理型领导的定义是领导者"通过个人行为、相互间关系清晰阐述规范适当的行为，并使用双向沟通、决策制定、奖赏或惩罚引导、促进追随者的行为"④⑤，他们强调，在社会环境中，伦理型领导关注伦理和伦理方式。而伦理型领导的职能在于传达对员工的期望以及角色示范。⑥

（一）伦理型领导结构维度

对于伦理型领导的结构维度，不同学者从不同角度提出了自己的观点。Trevino 等（2003）研究发现，伦理型领导是一个包含两方面结构的构念，一是道德的个人，即将领导者作为个体来看待，他们具有正直、诚实、值得信任等品质，遵循道德、客观公正的决策规则，关心他人和社会，以身作则；二是道德的管理者，即领导通过道德的行为把自己塑造成下属的榜样，在与下属讨论道德相关问题、共同制定道德标准并采取措施以确保这些标准得以执行的过程中，以榜样的角色影响下属的道德行为与表现。因此，伦理型领导应该包含以人为本、采取伦理行动、设置伦理标准和伦理责任、拓展伦理意识、执行

---

① Enderle, G., "Some Perspectives of Managerial Ethical Leadership" [J]. *Journal of Business Ethics*, 1987, 6 (8): 657–663.

② Trevino, L. K., L. P. Hartman, M. Brown, "Moral Person and Moral Manager: How Xxecutives Develop a Reputation for Ethical Leadership" [J]. *California Management Review*, 2000, 42 (4): 128–142.

③ Trevio, L. K., M. Brown, L. P. Hartman, "A Qualitative Investigation of Perceived Executive Ethical Leadership: Perceptions from Inside and Outside the Executive Suite" [J]. *Human Relations*, 2003, 56 (1): 5–37.

④ Brown, M. E., L. K. Trevino, D. A. Harrison, "Ethical Leadership: A Social Learning Perspective for Construct Development and Testing" [J]. *Organizational Behavior and Human Decision Processes*, 2005, 97 (2): 117–134.

⑤ Brown, M. E., L. K. Treviño, "Ethical Leadership: ARreview and Future Directions" [J]. *The Leadership Quarterly*, 2006, 17 (6): 595–616.

⑥ 金杨华、黄珇君：《伦理型领导对组织伦理的影响》，《管理现代化》2013 年第 1 期。

伦理决策五个维度。① Khuntia 和 Suar（2004）通过对四家企业（其中两家是私营企业，两家是公有企业）340 名中层管理者的调查研究表明，伦理型领导实际上包含授权、动机与性格特征两个结构维度。② Resick 等（2006）对不同文化环境下（包含 62 个不同国家或地区）伦理型领导的结构维度进行了研究，结果发现，在所有文化情境下，道德型领导都包含正直、利他主义、集体激励和鼓励四个维度。③ 这四个维度具有较好的文化普适性，但不同的文化对各个维度的认同程度有很大的不同。这一结论在马丁等（2009）的研究中，通过对 455 位美国中层管理者以及 398 位德国中层管理者的比较研究也进一步得到了验证。④ 此外，De Hoogh 等（2008）指出，伦理型领导应包括公平、分权和角色澄清三个维度，其中，公平反映了领导者伦理意识、诚实守信、利他主义等个人特质；角色澄清则包括激励、执行伦理决策和采取伦理行动等方面的内容；分权是指授权、高度参与等，他们并未开发测量伦理型领导的量表，而是采用来源于多文化领导行为问卷（MCLQ）的三个量表分别测量这三个维度。⑤ Kalshoven 等（2011）使用了公平、正直、伦理指导、人员导向、权力共享、角色界定、对可持续发展的关注七维度结构。⑥ 莫申江（2012）立足于我

---

① Trevino, L. K., M. Brown, L. P. Hartman, "A Qualitative Investigation of Perceived Executive Ethical Leadership: Perceptions from Inside and Outside the Executive Suite" [J]. *Human Relations*, 2003, 56 (1): 5-37.

② Khuntia, R., D. Suar, "A Scale to Assess Ethical Leadership of Indian Private and Public Sector Managers" [J]. *Journal of Business Ethics*, 2004, 49 (1): 13-26.

③ Resick, C. J., P. J. Hanges, M. W. Dickson et al., "A Cross-Cultural Examination of the Endorsement of Ethical Leadership" [J]. *Journal of Business Ethics*, 2006, 63 (4): 345-359.

④ Martin, G. S., C. J. Resick, M. A. Keating et al., "Ethical Leadership across Cultures: A Comparative Analysis of German and US Perspectives" [J]. *Business Ethics*, 2009, 18 (2): 127-144.

⑤ De Hoogh, A. H. B., D. N. Den Hartog, "Ethical and Despotic Leadership, Relationships with Leader's Social Responsibility, Top Management Team Effectiveness and Subordinates' Optimism: A Multi-method Study" [J]. *The Leadership Quarterly*, 2008, 19 (3): 297-311.

⑥ Kalshoven, K., D. N. Den Hartog, A. H. B. De Hoogh, "Ethical Leadership at Work Questionnaire (ELW): Development and Validation of a Multidimensional Measure" [J]. *The Leadership Quarterly*, 2011, 22 (1): 51-69.

国情景下，基于社会交换框架，通过对4家企业的跨案例研究，得出并购背景下的伦理型领导特征：承诺践行、平等协作和适应引导，分别对应于社会交换理论中的协定性交换、互惠性交换和概化性交换，而后的验证性因子分析表明，三因子结构具有更理想的拟合度。[①] G. Yukl 等（2013）认为，伦理型领导具有诚实、正直、公平、利他主义，行为和信奉价值观一致性、伦理价值观交流、提供伦理指导七个维度。[②] Eisenbei（2014）则使用了以人为本、正直、公平、责任心和谦逊五个维度[③]（见表2-4）。

表2-4　　　　　　　　伦理型领导结构维度

研究者（年份）	内涵维度	测量工具	特点
Trevino 等（2003）	坚持以人为本，采取伦理行动，设置伦理标准，拓展伦理意识，执行伦理决策	半结构化访谈	定性研究，不可量化
Khuntia 和 Suar（2004）	授权、动机与性格	22个题项	印度东部两家私营和两家公有制企业的340位中层管理者
布朗等（2005）	道德人、道德领导者/诚信、值得信任、公平以及关心他人等	包含10个题项的ELS量表	单一维度
Resick（2006）	正直、利他主义、集体主义倾向、激励	包含15个题项	具有较好的跨文化适应性

---

① 莫申江：《并购变革背景下的伦理型领导及其效能机制研究》，博士学位论文，浙江大学，2012年。

② Yukl, G., R. Mahsud, S. Hassan et al., "An Improved Measure of Ethical Leadership" [J]. Journal of Leadership & Organizational Studies, 2013, 20 (1): 38-48.

③ Eisenbeiss, S. A., D. Knippenberg, C. M. Fahrbach, "Doing Well by Doing Good? Analyzing the Relationship between CEO Ethical Leadership and Firm Performance" [J]. Journal of Business Ethics, 2014: 1-17.

续表

研究者（年份）	内涵维度	测量工具	特点
De Hoogh 等（2008）	公平、分权、角色澄清	17个题项，改编自MCLQ量表	高层管理者
Kalshoven（2011）	公平、分权、角色澄清、以人为本、正直、伦理指导、持续性关心	包含38个题项，测量7种伦理型领导行为	在布朗等（2005）和De Hoogh等（2008）的研究基础上适当开发访谈
莫申江（2012）	承诺践行、平等协作和适应引导	16个题项	并购环境下，群体水平，职能部门管理者
G. Yukl 等（2013）	诚实、正直、公平、利他主义、行为和信奉价值观一致性、伦理价值观交流、提供伦理指导	15个题项	在布朗等（2005）、Craig和Gustafson（1998）、De Hoogh等（2008）基础上改编
Eisenbei（2014）	以人为本、正直、公平、责任心、谦逊	31个题项	以Kalshoven（2011）为主，综合Maak和Pless（2006）、Lee和Ashton（2004）

尽管很多学者认为伦理型领导是一个具有复杂多维结构的构念，但是，也有学者提出了不同看法。布朗等（2005）基于社会学习理论，选择金融服务机构员工为样本，得到的员工对上级的伦理型领导的感知是单一维度，包含10项条目。[①] 我国学者何显富（2011）认同该量表的简单结构能够很好地反映道德型领导行为，在研究中也使用了这一单一维度。

（二）伦理型领导的作用效能

与伦理准则、伦理氛围一样，伦理型领导对于组织效能的作用也

---

① Brown, M. E., L. K. Trevino, D. A. Harrison, "Ethical Leadership: A Social Learning Perspective for Construct Development and Testing" [J]. *Organizational Behavior and Human Decision Processes*, 2005, 97 (2): 117-134.

被多数研究者所关注，大多数的研究结论均支持伦理型领导能够给组织，特别是给员工态度或行为产生积极正向影响效应的观点。研究中，学者普遍采用社会学习理论和社会交换理论来解释伦理型领导对一些重要结果所产生的影响。①② 根据社会交换理论中的互惠原则，如果个体在相信别人对自身是公平和友好的，就会觉得有义务来回报这些有益行为。依次推理，研究者提出并通过实证调研发现，员工会对伦理型领导者抱有负债和感激之情，认为这类领导可信赖且公平公正，从而会回报有益的工作行为（如更高水平的伦理行为和公民行为），并自觉克制从事破坏性的行为（如工作场所违规行为）③，同时会正向促进员工的工作满意度、组织承诺、向领导报告问题的意愿、为工作付出额外努力的意愿、谏言行为和对组织文化与伦理氛围的感知等。④⑤⑥ 伦理型领导还会增强下属对于自主性和任务重要性等工作特征的感知⑦，其中，后者中介了伦理型领导与下属努力之间的关系。而 Walumbwa 等（2011）则使用来自中国的样本较为系统地检验了伦理型领导与员工绩效之间存在的正相关性，并且发现领导成员交换关

---

① Brown, M. E., L. K. Trevino, D. A. Harrison, "Ethical Leadership: A Social Learning Perspective for Construct Development and Testing" [J]. *Organizational Behavior and Human Decision Processes*, 2005, 97 (2): 117 – 134.

② Brown, M. E., L. K. Trevino, "Socialized Charismatic Leadership, Values Congruence, and Deviance in Work Groups" [J]. *J Appl Psychol*, 2006, 91 (4): 954 – 962.

③ 张永军：《伦理型领导对员工反生产行为的影响：基于社会学习与社会交换双重视角》，《商业经济与管理》2012 年第 12 期。

④ Neubert, M. J., D. S. Carlson, K. M. Kacmar et al., "The Virtuous Influence of Ethical Leadership Behavior: Evidence from the Field" [J]. *Journal of Business Ethics*, 2009, 90 (2): 157 – 170.

⑤ Ofori, G., "Ethical Leadership: Examining the Relationships with Full Range Leadership Model, Employee Outcomes, and Organizational Culture" [J]. *Journal of Business Ethics*, 2009, 90 (4): 533 – 547.

⑥ Avey, J. B., T. S. Wernsing, M. E. Palanski, "Exploring the Process of Ethical Leadership: The Mediating Role of Employee Voice and Psychological Ownership" [J]. *Journal of Business Ethics*, 2012, 107 (1): 21 – 34.

⑦ Piccolo, R. F., R. Greenbaum, D. N. D. Hartog et al., "The Relationship between Ethical Leadership and Core job Characteristics" [J]. *Journal of Organizational Behavior*, 2010, 31 (2 – 3): 259 – 278.

系、自我效能感和组织认同在其中起到了完全中介作用。① 莫申江（2012）突破以往以单一框架看待伦理型领导与员工个体或群体行为关系的局限性，提出了伦理型领导的双重效能产出框架，伦理型领导通过伦理互惠与伦理认同的中介作用，对员工伦理行为与满意度产生影响。② 杨齐（2014）以244个配对样本数据研究了伦理型领导与员工知识共享的关系，以及组织认同的中介作用和心理安全的调节作用。研究发现，伦理型领导对员工知识共享有显著正向作用；组织认同起到了完全中介作用；心理安全对组织认同与知识共享关系有调节作用，在高心理安全下，伦理型领导对员工知识共享影响更强。③ 李锡元等（2014）研究发现，伦理型领导对员工的沉默行为有显著负向影响；组织公平在伦理型领导和员工沉默行为之间起完全中介作用。④

在团队层面，上司的伦理型领导风格与团队心理安全和团队谏言行为正相关，与工作场所的越轨行为负相关。⑤ 梅约（Mayer，2012）等则证实伦理型领导对于团队非伦理行为和关系冲突的抑制作用。在工作团队情境中，团队成员的直接或者间接的社会学习行为可以通过团队成员同事的共同经历和经验引发。当领导者以伦理的方式行动、向下属传达重要的伦理观念以及使用奖惩体系来鼓励伦理行为时，团队中对于恰当行为的规范准则便会渐渐形成，最终使团队中的员工不太可能从事非伦理的行为。类似地，伦理型领导会帮助建立那些对团队成员关系产生影响的团队人际交往规范。在伦理型领导者的指导

---

① Walumbwa, F. O., D. M. Mayer, P. Wang et al., "Linking Ethical Leadership to Employee Performance: The Roles of Leader – Member Exchange, Self – efficacy, and Organizational Identification" [J]. *Organizational Behavior and Human Decision Processes*, 2011, 115 (2): 204 – 213.

② 莫申江：《并购变革背景下的伦理型领导及其效能机制研究》，博士学位论文，浙江大学，2012年。

③ 杨齐：《伦理型领导、组织认同与知识共享：心理安全的调节中介作用》，《华东经济管理》2014年第1期。

④ 李锡元、梁果、付珍：《伦理型领导、组织公平和沉默行为——传统性的调节作用》，《武汉大学学报》（哲学社会科学版）2014年第1期。

⑤ Mayer, D. M., M. Kuenzi, R. Greenbaum et al., "How Low Does Ethical Leadership Flow? Test of a Trickle – down Model" [J]. *Organizational Behavior and Human Decision Processes*, 2009, 108 (1): 1 – 13.

下,员工会更加愿意让同事表达他们的观点、避免对同事的个人攻击以及表达出对于同事需求的尊重和关心,在人际互动中,学习领导者的伦理方式,构建积极合作的团队成员关系,从而降低成员间的关系冲突。① 高层管理者、执行经理的伦理型领导与感知到的高管团队有效性以及高管团队成员的乐观主义态度都具有正相关性。②

(三)伦理型领导前因变量

布朗和Trevino(2006)在他们的一个理论评述性分析中指出,伦理型领导的影响因素可以概括为情境因素和个体因素两类③,之后,许多伦理型领导前因变量研究主要从这两方面进行拓展。

1. 情境因素

基于社会学习理论,与普通员工一样,领导者也会观察和学习道德榜样的行为,在领导者职业生涯中;确定一个与其接近的道德榜样有助于伦理型领导行为的开发;长期处于一个支持不道德行为组织氛围中的领导者将不得不调整他们的领导风格来与环境匹配,而一个支持道德相关态度与行为的组织文化能积极促进伦理型领导行为的产生。近年来,也有一些研究在探寻影响伦理型领导行为的情境因素方面取得新的进展,具体分析了社会距离④、决策情境⑤和绩效压力等⑥对伦理型领导行为的影响。例如,Tumasjan 等(2011)认为,社会距

---

① Mayer, D. M., K. Aquino, R. L. Greenbaum et al., "Who Displays Ethical Leadership, and Why Does it Matter? An Examination of Antecedents and Consequences of Ethical Leadership" [J]. *Academy of Management Journal*, 2012, 55 (1): 151 – 171.

② De Hoogh, A. H. B., D. N. Den Hartog, "Ethical and Despotic Leadership, Lelationships with Leader's social Responsibility, Top Management Team Effectiveness and Subordinates' Optimism: A Multi – method Study" [J]. *The Leadership Quarterly*, 2008, 19 (3): 297 – 311.

③ Brown, M. E., L. K. Trevino, "Ethical Leadership: A Review and Future Directions" [J]. *The Leadership Quarterly*, 2006, 17 (6): 595 – 616.

④ Tumasjan, A., M. Strobel, I. Welpe, "Ethical Leadership Evaluations after Moral Transgression: Social Distance Makes the Difference" [J]. *Journal of Business Ethics*, 2011, 99 (4): 609 – 622.

⑤ Chen, S., "The Role of Ethical Leadership Versus Institutional Constraints: A Simulation Study of Financial Misreporting by CEOs" [J]. *Journal of Business Ethics*, 2010, 93 (S1): 33 – 52.

⑥ Stenmark, C. K., M. D. Mumford, "Situational Impacts on Leader Ethical Decision – making" [J]. *The Leadership Quarterly*, 2011, 22 (5): 942 – 955.

离高时会导致更苛刻的道德不端行为评估,并因此降低伦理型领导评级;而伦理型领导行为将会正向影响 LMX。[1] Chen（2010）认为,企业中的非伦理型领导是导致当前广泛引起关注的财务会计丑闻现象的主要原因。[2] 斯滕马克等（Stenmark et al., 2011）检验了一系列影响领导者道德决策制定过程的情境因素,包括绩效压力、人际冲突、领导者决策制定自主权、决策所面临道德问题类型以及卷入决策过程他人的权威水平等。[3]

另外,学者也通过实证的方式探讨文化因素对于伦理型领导发展的影响。研究发现,文化是商业管理者伦理态度的重要影响因素。依据霍夫斯坦德（Hofstede）的文化的研究,集体主义或个人主义文化价值观、权力距离价值观与个人的道德伦理态度和正直联系密切。[4] 虽然体谅、尊重等在不同文化背景下得到提倡,但不可否认的事实是,在一个国家文化背景下得到称赞、欢迎的组织领导决策的行动和结果,在另一个国家文化背景下却有可能是无所谓的,进一步地,跨文化研究也指出,正直、利他、集体性动机和鼓励等伦理型领导维度在不同文化背景下都有相似的意义,但不同之处在于,每一维度在不同文化背景中得到认同的程度有着显著的差异。为此,伦理型领导研究还需关注文化的权变性。[5]

2. 个人因素

学者在系统地提出伦理型领导概念的过程中强调了很多伦理型领

---

[1] Tumasjan, A., M. Strobel, I. Welpe, "Ethical Leadership Evaluations After Moral Transgression: Social Distance Makes the Difference" [J]. *Journal of Business Ethics*, 2011, 99 (4): 609 - 622.

[2] Chen, S., "The Role of Ethical Leadership Versus Institutional Constraints: A Simulation Study of Financial Misreporting by CEOs" [J]. *Journal of Business Ethics*, 2010, 93 (S1): 33 - 52.

[3] Stenmark, C. K., M. D. Mumford, "Situational Impacts on Leader Ethical Decision - making" [J]. *The Leadership Quarterly*, 2011, 22 (5): 942 - 955.

[4] 谭亚莉、廖建桥、王淑红:《工作场所员工非伦理行为研究述评与展望》,《外国经济与管理》2012 年第 3 期。

[5] Resick, C. J., G. S. Martin, M. A. Keating et al., "What Ethical Leadership Means to Me: Asian, American, and European Perspectives" [J]. *Journal of Business Ethics*, 2011, 101 (3): 435 - 457.

导应该具有的特点。例如，诚实、公平正直、富有同情心、有原则、与员工交流道德问题、强调道德标准、以身作则等，领导者的这些个人特质因素会加强其被认为是伦理型领导的吸引力和可信性。

布朗等（2006）归纳出了影响伦理型领导行为的领导者个人特质因素，包括宜人性、尽责性、道德推理、神经质、权术主义和心理控制源等；同时指出，领导者道德推理水平、权力需求和内控型人格与其伦理型领导行为正相关。① De Hoogh 等（2008）通过一系列理论与实证研究探讨了领导者个人社会责任与伦理型领导的三个维度（公平、角色明晰、分权）间的关系。② 他们的研究关注了领导者组织外个人社会责任与组织内发挥伦理型领导力之间的关系，与当今层出不穷的各类型组织领导者道德丑闻问题直接相关，有重要现实意义。赖特（Wright，2011）则关注于领导者品质与伦理领导行为间的关系，认为道德自律、道德附属以及道德自主权三个方面的品质有益于伦理型领导行为的发展。③ 如果领导者可以为了更好地实现社会利益而抑制自我的需求，时刻意识到恪守对他人的承诺比获得自己的利益更重要，具有自由地进行合乎道德规范决策的能力，那么会更容易引起员工的注意，并在双向沟通中影响员工的道德决策，展现出伦理型领导行为。而且，领导者自身的道德认同对于伦理型领导具有促进作用④；领导者的认知道德开发与伦理型领导正相关，当领导的认知道德开发比员工的认知道德开发更强时，伦理型领导才达到最大化。⑤ 另外，

---

① Brown, M. E., L. K. Trevino, "Ethical Leadership: A Review and Future Directions" [J]. *The Leadership Quarterly*, 2006, 17 (6): 595-616.

② De Hoogh, A. H. B., D. N. Den Hartog, "Ethical and Despotic Leadership, Relationships with Leader's Social Responsibility, Top Management Team Effectiveness and Subordinates' Optimism: A Multi-method Study" [J]. *The Leadership Quarterly*, 2008, 19 (3): 297-311.

③ Wright, T. A., J. C. Quick, "The Role of Character in Ethical Leadership Research" [J]. *The Leadership Quarterly*, 2011, 22 (5): 975-978.

④ Mayer, D. M., K. Aquino, R. L. Greenbaum et al., "Who Displays Ethical Leadership, and Why Does it Matter? An Examination of Antecedents and Consequences of Ethical Leadership" [J]. *Academy of Management Journal*, 2012, 55 (1): 151-171.

⑤ Jordan, J., M. E. Brown, L. K. Trevino. et al., "Someone to Look up to: Executive-follower Ethical Reasoning and Perceptions of Ethical Leadership" [J]. *Journal of Management*, 2013, 39 (3): 660-683.

核心自我评价作为一种人格特征，也会影响伦理型领导。具有较高水平的核心自我评价的领导者将会表现出更多的道德伦理行为，也会更可信，并且能够以身作则。①

（四）伦理型领导研究小结

随着组织变革和领导理论的快速发展，大家开始清楚地认识到，伦理型领导是组织效能产出的重要保证，还需要进一步结合具体伦理困境的背景，人们纷纷意识到，就伦理型领导研究而言，仅仅局限于单个组织内部，探讨其较低层面的员工监管者及较高层面的企业家对组织内基本成员产生伦理影响的机制与效果，并无法全面地体现该组织的整体伦理型领导效能；因为组织在成为独立运营个体的同时，也往往嵌入在某一集群生态或网络之中，与其他组织发生竞争合作关联。②

总而言之，伦理型领导在当前理论研究与实践管理中受到高度重视，是因为其对于组织实现持续、健康发展而言至关重要。③ 伴随着广泛存在于各类组织中的道德丑闻事件不断被揭露，领导者道德规范问题引起了民众与学者的普遍关注，政府及其他社会各界在决策时越来越看重组织在道德规范上的表现④，领导者需以对社会负责的方法来实现组织目标并保持组织声望，伦理型领导研究逐渐增温。近年来，虽然伦理型领导研究进展迅速，但该领域仍有巨大研究空间有待开发探索。国内伦理型领导研究相对较少，仅有理论研究关注了伦理

---

① Yaffe, T., R. Kark, "Leading by Example: The Case of Leader OCB" [J]. *J Appl Psychol*, 2011, 96 (4): 806–826.

② Laszlo, C., J. Nash, "Six Facets of Ethical Leadership: An Executive's Guide to the New Ethics in Business" [J]. *Electronic Journal of Business Ethics and Organization Studies*, 2001, 6 (1).

③ Resick, C. J., G. S. Martin, M. A. Keating et al., "What Ethical Leadership Means to Me: Asian, American, and European Perspectives" [J]. *Journal of Business Ethics*, 2011, 101 (3): 435–457.

④ Turban, D. B., "Corporate Social Performance and Organizational Attractiveness to Prospective Employees" [J]. *The Academy of Management Journal*, 1997, 40 (3): 658–672.

型领导的作用机制，但未能区分与国外研究的差异及其文化根源。[①]目前，在已有实证研究中直接考察变量间简单关系的文章较多，较多的研究都在关注伦理型领导力在组织内的作用，忽视了伦理型领导对企业层面道德规范问题的解释（张笑峰等，2014）[②]，伦理型领导与组织绩效的关系还不清楚。[③] 不难发现，未来伦理型领导研究将在当前更为聚焦对组织内伦理互动行为的领导效能的基础上，补充探讨组织对外部利益相关者所具有的伦理引领效果，表现为一种组织层面的领导力量；从而帮助企业实现外部环境与自身组织间的价值匹配，进而营造出积极高效的合作氛围。

四 组织伦理研究述评及对本书的启示

组织伦理准则、组织伦理氛围和伦理型领导是组织伦理研究的三大变量。这些变量与员工行为或态度变量，如员工满意度、组织承诺、组织公民行为、伦理行为等之间的关系得到较多研究与验证。范间翮（2013）依据三变量前因与效能的关系，将三者整合于"组织伦理管理实践"（Ethical Management Practices，EMP）的统一框架下[④]，如图2-2所示。

通过 EMP 模型，可以了解伦理型领导、伦理准则、伦理氛围三者如何相互作用，以及如何对于员工行为或态度的作用机理：伦理型领导直接影响伦理氛围的产生；伦理型领导通过制定伦理准则塑造伦理氛围。也就是说，尽管伦理型领导、伦理准则、伦理氛围都对员工行为或态度产生影响，但是，经过 EMP 内部过程的仔细分析发现，伦理型领导是其他变量的外生变量，综合控制各类影响因素。即企业的伦理道德水平在很大程度上取决于企业各级领导者的伦理道德。也正因如此，伦理型领导受到了组织管理学者的重视，成为组织管理研究的一

---

① 洪雁、王端旭：《管理者真能"以德服人"吗？——社会学习和社会交换视角下伦理型领导作用机制研究》，《科学学与科学技术管理》2011年第7期。
② 张笑峰、席酉民：《伦理型领导：起源、维度、作用与启示》，《管理学报》2014年第11期。
③ 杨齐：《伦理型领导、组织认同与知识共享：心理安全的调节中介作用》，《华东经济管理》2014年第1期。
④ 范间翮：《企业质量信用及影响因素研究》，博士学位论文，浙江大学，2013年。

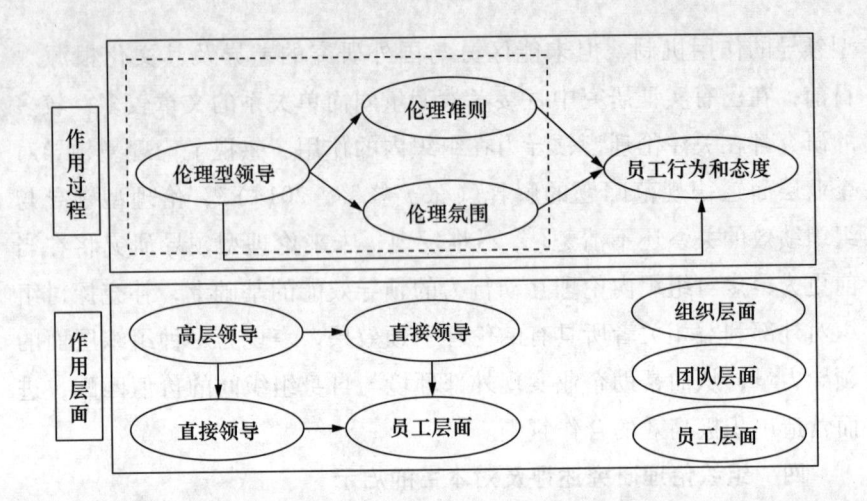

图 2-2　组织伦理实践对行为和态度的影响模型

资料来源：范间翻：《企业质量信用及影响因素研究》，博士学位论文，浙江大学，2013 年。

个新焦点。故而，在对企业诚信影响因素的道德品质研究中，我们选择影响力更强的伦理型领导变量，代表企业道德水平。

第五节　供应链管理理论

随着全球化竞争的加剧，组织必须不断开发战略措施以高质量的产品和服务来更好地满足顾客，争取获得持续竞争优势。供应链管理（Supply Chain Management，SCM）就是其中一种战略措施，受到实践管理者和理论研究者的重视，它是一种集成化的管理模式，其策略跨越某一公司的商业功能和跨越供应链中的众企业，强调核心企业与相关企业的协作关系和信息集成，通过信息共享，实现资源的优化配置和企业效率的提高，从而实现单个企业和供应链整体的长期效益的提高。[1]

---

[1] Mentzer, J. T., W. DeWitt, J. S. Keebler et al., "Defining Supply Chain Management" [J]. *Journal of Business logistics*, 2001, 22 (2): 1-25.

SCM研究内容相当庞杂，而且研究具有多角度性，不同的学科背景下有不同的研究主题、解决方案和衡量体系，再加之其本身的发展历史也比较短，很难将供应链划分成一组没有重叠的分类体系。[1] 其中代表性的研究有：奥托（Otto）等将供应链研究内容分为系统动力学、运筹学/信息技术、物流、营销、组织和战略六类。[2] 克鲁姆（Croom）在总结数百篇相关论文的基础上认为，供应链的研究主题可分为战略管理、伙伴关系、物流、最优化、市场及组织。[3] 国内学者陈良华等关于供应链管理研究内容分类的逻辑框架，一共确定了六大类研究内容：战略管理、关系、物流、最佳实践、营销、组织行为。[4] 卢江平等在研究总结国内27种管理学重要学术期刊共125篇文献的基础上，采用克鲁姆和陈良华的分类，把供应链管理研究内容分成上述六类。[5] 本书也参照陈良华的六类分类标准界定供应链管理研究主题。

供应链成员企业间的合作是供应链管理的核心，也是供应链取得成功的关键。[6] 可以说，供应链管理本质是合作关系管理[7]，在于通过对企业关系的重塑，来实现企业内和企业间的集成，本质上是一种新型关系管理模式，它弥补了传统企业管理模式无法管理企业之间关系的局限。供应链管理目标的实现主要是通过对成员企业进行业务集

---

[1] Croom, S., P. Romano, M. Giannakis, "Supply Chain Management：An Analytical Framework for Critical Literature Review"［J］. *European Journal of Purchasing & Supply Management*, 2000, 6（1）：67-83.

[2] Otto, A., H. Kotzab, "Does Supply Chain Management Really Pay? Six Perspectives to Measure the Performance of Managing a Supply Chain"［J］. *European Journal of Operational Research*, 2003, 144（2）：306-320.

[3] Croom, S., P. Romano, M. Giannakis, "Supply Chain Management：An Analytical Framework for Critical Literature Review"［J］. *European Journal of Purchasing & Supply Management*, 2000, 6（1）：67-83.

[4] 陈良华、李文：《供应链管理的演进与研究框架的解析》，《东南大学学报》（哲学社会科学版）2004年第1期。

[5] 卢江平、杨树青、余林：《中国供应链管理研究的元分析》，《科技管理研究》2012年第7期。

[6] Ballou, R. H., "The Evolution and Future of Logistics and Supply Chain Management"［J］. *European Business Review*, 2007, 19（4）：332-348.

[7] 陈志祥：《供应链管理中的供需合作关系研究》，《武汉理工大学学报》（信息与管理工程版）2004年第5期。

成，而这种集成的核心就是供应链合作伙伴关系。因此，本书选用供应链合作关系作为核心企业"供应链管理能力"因素的变量，以下将从供应链合作关系的构成要素、前因和后果三部分展开回顾。

一 供应链合作关系维度

一般地，供应链合作关系（Supply Chain Partnership，SCP）是指供应商与制造商关系或制造商与经销商关系，是供应商与制造商或分销商与制造商为了实现某个特定的目标，在一定时期内共享信息、共担风险、共同获利的协议关系。① 这种战略合作关系是在集成化供应链管理环境下形成的具有一致目标和共同利益的企业之间的关系。其目的是降低供应链总成本和库存水平，增强信息共享水平，加强相互之间的交流，保持战略伙伴相互之间操作的一贯性，产生更大的竞争优势，改善和提高供应链节点企业的财务状况、质量、产量、交货期、用户满意度、业绩。这种关系有利于维护供应链的长期稳定和提升供应链整体的竞争优势。

对合作关系应该如何评价，成功的合作伙伴关系具有哪些特征，至今没有一套完全成熟的测量方式，表2-5列出了一些较有影响的学者对合作关系要素的评价。国外早期对合作关系研究影响比较大的有：莫尔等的（Mohr et al.，1994）成果，表明合作关系成功的主要特征为信任、承诺、协调、沟通质量和参与、冲突解决技巧②；然后Ragatz等（1997）认为，影响企业与供应商合作关系的变量主要包括信心、信任、共享教育与培训等③；坎农等（Cannon et al.，1999）则对商业市场卖家—买家关系进行研究，发现两者关系可用信息交

---

① 马士华：《供应链管理》，中国人民大学出版社2005年版。
② Mohr, J., S. Robert, "Characteristics of Partnership Success: Partnership Attributes, Communication Behavior, and Conflict Resolution Techniques" [J]. *Strategic Management Journal*, 1994, 15 (2): 135–152.
③ Ragatz, G. L., R. B. Handfield, T. V. "Scannell, Success Factors for Integrating Suppliers into New Product Development" [J]. *The Journal of Product Innovation Management*, 1997, 14 (3): 190–202.

换、联接业务、合法保证、合作规范、专用性投资测度①；Naudé 与 Buttle（2000）从合作双方利益考虑，认为供应链合作关系水平要素包括信任、需要实现、供应链集成、权力、利益等②；在不同的顾客和商业市场中存在能够被观测到的多种不同关系的类型③，这也可以解释为什么对供应链关系特征表述不一。但值得注意的是，国外对于供应链合作关系维度的研究，逐渐统一，较多认可以供应链关系质量的概念来描述。所谓供应链关系质量（Supply Chain Relationship Quality，SCRQ）就是供应链关系中双方参与一个积极的、长期的合作关系的程度；爱尔兰都柏林大学教授 Brian Fynes 对此进行了较多的实证研究，指出评价企业合作关系中包括六个要素：沟通、合作、承诺、信任、适应性与相互依赖性或适当修改删减④⑤⑥⑦⑧；Qin Su 等（2008）以中国西部制造业 311 个企业为样本，证明沟通、信任、合作、适应性、氛围，共同构成了供应链关系质量这个构念。⑨ 国内对供应链合

---

① Cannon, J. P. and P., "Buyer – Seller Relationships in Business Markets" [J]. *Journal of Marketing Research*, 1999, 36 (4): 439 – 460.

② Naudé, P., F. Buttle, "Assessing Relationship Quality" [J]. *Industrial Marketing Management*, 2000, 29 (4): 351 – 361.

③ Woo, K., C.T. "Ennew, Business – to – business Relationship Quality: An IMP Interaction – based Conceptualization and Measurement" [J]. *European Journal of Marketing*, 2004, 38 (9/10): 1252 – 1271.

④ Fynes, B., C. Voss, "The Moderating Effect of Buyer – supplier Relationships on Quality Practices and Performance" [J]. *International Journal of Operations & Production Management*, 2002, 22 (6): 589 – 613.

⑤ De Búrca, S., B. Fynes, E. Roche, "Evaluating Relationship Quality in a Business – to – business Context" [J]. *Irish Journal of Management*, 2004, 25 (2): 61.

⑥ Fynes, B., C. Voss, S. de Búrca, "The Impact of Supply Chain Relationship Dynamics on Manufacturing Performance" [J]. *International Journal of Operations & Production Management*, 2005, 25 (1): 6 – 19.

⑦ Fynes, B., C. Voss, S. de Búrca, "The Impact of Supply Chain Relationship Quality on Quality Performance" [J]. *International Journal of Production Economics*, 2005, 96 (3): 339 – 354.

⑧ Fynes, B., S. de Búrca, J. Mangan, "The Effect of Rlationship Caracteristics on Rlationship Qality and Prformance" [J]. *International Journal of Production Economics*, 2008, 111 (1): 56 – 69.

⑨ Su, Q., Y. Song, Z. Li et al., "he Ipact of Spply Cain Rlationship Qality on Coperative Srategy" [J]. *Journal of Purchasing and Supply Management*, 2008, 14 (4): 263 – 272.

作关系维度的研究较多。武志伟等（2007）借鉴近关系理论的相关观点来对企业关系质量进行测度，证实企业关系质量维度为关系强度、公平性、持久性、沟通性、多样性、灵活性[①]；张杰（2007）认为，可用依赖、契约、专用性资产投资、专用性人力资源投资、信任与信息共享来测量供应链合作关系[②]；潘文安（2007）则以信任、承诺、依存度、弹性测度供应链伙伴关系。[③] 其后同类研究大多借鉴 Brian Fynes（2005）的研究对供应链合作关系进行测度：李随成等（2007）用关系强度和持久性（包括契约强度、合作时间）、合作倾向性（合作信任度、合作多样性、信息沟通程度）和合作柔性和稳定性（协调性、适应性）三个方面衡量供应链合作关系水平[④]；林筠等（2008）在研究 B—S 关系对合作绩效的影响时，通过对相关领域49篇国内外文献的阅读和分析，总结出表述企业—供应商关系的42个因子，对这些因子进行频数分析后提取频数出现最多的5个因子为信任、信息共享、承诺、依赖和合作，用到了承诺、信息共享、依赖和信任4个指标，并以合作作为中介变量[⑤]；廖成林（2008）等保留了承诺、适应性、信任与协作4个指标衡量供应链企业间合作关系[⑥]；而曾文杰与马士华（2010）以我国制造业企业为例，经过初步测试后，选择了信任、沟通、承诺、适应和合作5个指标度量供应链合作关系。[⑦] 此后，供应链合作关系测度也多是参考 Brian Fynes（2005），同时借鉴林

---

① 武志伟、陈莹：《企业间关系质量的测度与绩效分析——基于近关系理论的研究》，《预测》2007年第2期。

② 张杰：《中国制造业买方供应链合作伙伴一体化模式实证研究》，博士学位论文，对外经济贸易大学，2007年。

③ 潘文安：《基于供应链整合的伙伴关系与企业竞争优势研究》，博士学位论文，浙江大学，2007年。

④ 李随成、张哲：《不确定条件下供应链合作关系水平对供需合作绩效的影响分析》，《科技管理研究》2007年第5期。

⑤ 林筠、薛岩、高海玲等：《企业—供应商关系与合作绩效路径模型实证研究》，《管理科学》2008年第4期。

⑥ 廖成林、仇明全、龙勇：《企业合作关系、敏捷供应链和企业绩效间关系实证研究》，《系统工程理论与实践》2008年第6期。

⑦ 曾文杰、马士华：《制造行业供应链合作关系对协同及运作绩效影响的实证研究》，《管理学报》2010年第8期。

筠等（2008）、廖成林（2008）、曾文杰与马士华（2010）的研究结果，从沟通、合作、承诺、信任、适应性与相互依赖性、信息共享几个维度中根据自己研究实际调整（见表2-5）。

表2-5　　　　　　　　供应链合作关系维度

文献	测量维度
莫尔（1994）	信任、承诺、协调、相互依赖
Ragatz等（1997）	信任、信心、共享教育与培训
Cannon（1999）	信息交换、连接业务、合法保证、合作规范、专用性投资
Naudé和Buttle（2000）	信任、需要实现、供应链集成、权力、利益
Fynes（2002）	信任、满意、沟通、合作、依赖性、承诺、适应性
Fynes（2004）	信任、承诺、合作、沟通、适应性
Woo和Ennew（2004）	合作、氛围、适应性
Fynes等（2005a）	信任、适应、沟通、合作
Fynes等（2005b）	信任、承诺、适应性、沟通、合作、相互依赖性
Benton和Maloni（2005）	信任、承诺、合作、冲突、冲突解决
B. Schulze（2006）	信任、满意、承诺
S. L. Golicic（2006）	信任、承诺、依赖
潘文安（2007）	信任、承诺、依存度、弹性
戴化勇（2007）	信任、承诺、相互依赖性
张杰（2007）	依赖、契约、专用性资产投资、专用性人力资源投资、信任、信息共享
李随成等（2007）	关系的持久性和强度（包括契约强度、合作时间）、关系的倾向性（合作信任度、合作多样性、信息沟通程度）、合作稳定性和柔性（协调性、适应性）
武志伟（2007）	关系强度、公平性、持久性、沟通性、多样性、灵活性
付丽茹（2008）	关系强度、持久性、沟通性、多样性、灵活性、公平性
陈莹（2008）	关系强度、关系公平性和关系持久性
廖成林（2008）	信任、承诺、协作、交流
Duffy（2008）	信任、承诺、关系准则、冲突解决
Fynes等（2008）	信任、沟通、合作、适应
Qin Su等（2008）	沟通、信任、合作、适应性、氛围
林筠等（2008）	信任、信息共享、承诺和依赖，合作作中介变量
宋永涛等（2009）	交流、信任、合作、适应性和关系氛围
曾文杰、马士华（2010）	信任、沟通、承诺、适应和合作
李国栋（2010）	信任、适应、承诺和协作

续表

文献	测量维度
石朝光（2010）	信任、合作、沟通
李连英（2012）	信任、承诺、适应性、沟通、合作与相互依赖
江成城（2012）	关系信任和制度信任
李胜芬（2013）	信任、沟通、承诺和合作
张宏（2014）	承诺、信息共享、沟通、信任和依赖
彭正龙（2014）	信任、依赖和信息共享

二 供应链合作关系与合作绩效关系

SCP 质量的优劣最终反映在对实现企业目标的影响上，一方面，高质量的合作关系会明显促进关系资本的积累和价值实现；另一方面，高质量的合作关系促使合作企业表现出良好的合作绩效。因此，对合作绩效的作用是企业关系理论界的核心研究问题，不同学者选择了不同的绩效变量，如供应链绩效[1][2]、财务绩效[3]、市场绩效[4][5]、运营绩效[6][7]、质量绩效[8][9]、竞争优势[10]等。大量实证研究都支持 SCP

---

[1] Benton, W. C., M. Maloni, "he Ifluence of Pwer Diven Byer/Sller Rlationships on Spply Cain Satisfaction" [J]. *Journal of Operations Management*, 2005, 23（1）: 1 – 22.

[2] 苏勇：《供应链合作伙伴关系管理及其与供应链绩效关系的研究》，博士学位论文，吉林大学，2009 年。

[3] 赵泉午、王青、黄亚峰：《制造业供应链伙伴关系与企业绩效的实证研究》，《华东经济管理》2010 年第 11 期。

[4] Cannon, J. P. and P., "Buyer – Seller Relationships in Business Markets" [J]. *Journal of Marketing Research*, 1999, 36（4）: 439 – 460.

[5] 廖成林、仇明全、龙勇：《企业合作关系、敏捷供应链和企业绩效间关系实证研究》，《系统工程理论与实践》2008 年第 6 期。

[6] 赵泉午、王青、黄亚峰：《制造业供应链伙伴关系与企业绩效的实证研究》，《华东经济管理》2010 年第 11 期。

[7] 彭正龙、何培旭：《制造企业供需双方关系、承诺与合作绩效间路径模型研究》，《华东经济管理》2014 年第 2 期。

[8] Fynes, B., C. Voss, "The Moderating Effect of Buyer – supplier Relationships on Quality Practices and Performance" [J]. *International Journal of Operations & Production Management*, 2002, 22（6）: 589 – 613.

[9] 张敏、房鑫海、董敏等：《供应链关系质量、供应链管理对农产品质量安全的影响——基于广东省样本企业的实证分析》，《农业经济与管理》2013 年第 1 期。

[10] 潘文安：《基于供应链整合的伙伴关系与企业竞争优势研究》，博士学位论文，浙江大学，2007 年。

有助于改善合作绩效的观点,我们将具有代表意义的 SCP 对合作绩效的研究总结于附录一。

三 供应链合作关系提高组织绩效的机理

在发现供应链合作关系能够促进企业绩效后,学者进一步解析这一促进过程,即解释"为什么"会提高企业绩效,这些研究主要分别从交易费用角度、资源依赖角度、组织学习角度进行。

(一) 基于交易费用视角

交易费用理论最早由科斯(Coase,1937)提出。他认为:"企业利用内部生产以获取利益的主要原因是从外部采购会有损失。"并指出,在市场交易中,买卖双方为了找到均衡价格,所必须付出的代价就是交易费用,包括谈判、制定和执行的时间和费用。进一步地,威廉姆森细化和发展了这一理论,总结出交易费用的决定因素[1],这些因素分为两类:一类因素是交易主体行为的两个基本特征,即与"经济人"假设相区别的"契约人"概念以及交易费用理论的两个假定前提:有限理性和机会主义假设,这两个特征增加了交易的复杂性,也增加了市场交易费用,如搜寻信息的费用、签订详细合约的额外费用等。另一类因素是交易特征,分为资产专用性、交易不确定性和交易重复发生的频率三个维度,交易费用与这三个交易特征密切相关。基于交易费用理论,科斯和威廉姆森指出,现实中存在企业、市场、中间组织形式(存在于企业与市场之间的各种契约安排)三种典型的交易组织形式。供应链合作伙伴关系即是威廉姆斯所说的中间组织形式,可以看作是一种交易双方长期合作方式。

在企业的总成本中,交易费用占有很大的比重,并对交易效率有很大影响。建立合作关系有助于降低交易费用,具体体现在以下四个方面:

第一,专用性资产投资。是指合作双方共同投资的一些专用性资

---

[1] Williamson, O. E., "*The Economic Institutions of Capitalism: Firms, Markets, Relational Contracting*" [M]. China Social Sciences Pub. House, 1999.

产，包括工厂地址的布局、信息系统的对接、相关专业人员等①，而这些专用性资产增加了其转换合作伙伴的成本、双方风险均等，可以减少一定的履约风险，从而也降低了交易费用。

第二，交易频率。随着建立战略合作关系，双方长期交往，交易次数增加，了解加深，信息交流通畅，机会主义行为减少，大大降低交易成本。②

第三，信任。在战略合作伙伴关系、长期交往、共享信息和专用性资产投资等基础上，供应链各方可能会建立较强的信任关系，这种信任关系有两方面的作用：减少机会主义行为以及有效降低各方之间的信息不对称。

第四，交易的不确定性。建立供应链合作关系能够降低交易的不确定性，可以从两个方面分析：一方面各方能够快速及时地共同面对市场变化，从而供应链整体抗风险能力和应变能力强于单个企业；另一方面各方之间的信任、信息共享和有效沟通能够降低各方之间信息不对称，同时，资产专用性风险的降低也能够降低各方之间相互依赖的不对称性。③

可以看出，交易成本理论从资产专用性、交易的不确定性以及交易频率三个方面描述伙伴关系的形成机理，它所强调的是这三种原因的存在使一些企业通过建立伙伴关系来降低交易成本，伙伴关系的存在在一定程度上可以降低供应链整合过程中信息搜寻成本和关系整合成本，因此，从交易成本角度看，建立伙伴关系有助于整合能力的提升。

（二）基于资源依赖理论视角

作为企业竞争优势内因论的代表，资源依赖理论萌芽于20世纪

---

① Johnson, J. L., "Strategic Integration in Industrial Distribution Channels: Managing the Interfirm Relationship as a Strategic Asset" [J]. *Journal of the Academy of Marketing Science*, 1999, 27 (1): 4 – 18.

② Frohlich, M. T., R. Westbrook, "Arcs of Integration: An International Study of Supply Chain Strategies" [J]. *Journal of Operations Management*, 2001, 19 (2): 185 – 200.

③ Zhao, X., B. Huo, W. Selen et al., "The Impact of Internal Integration and Relationship Commitment on External Integration" [J]. *Journal of Operations Management*, 2011, 29 (1): 17 – 32.

40年代，70年代后被广泛应用到组织关系的研究，强调通过合作达到公司价值的最大化。该理论认为，组织为了生存必须依赖资源，而为了取得资源，组织必须与外部资源的控制者互动，因此，组织必须依赖其所处的环境。对于供应链合作关系，从资源依赖理论视角看，企业参与供应链合作关系是为了不断获取自身发展所必需的外部资源，降低外部环境的不确定性和依赖程度。这是因为，企业的资源和能力可成为企业成长方向的来源，也是企业利润的基础。[1] 换言之，当企业通过其资源和能力的累积，而发展出竞争优势时，企业可以获得良好的利润。企业所拥有的独特资源是竞争优势的主要来源[2]，但企业也可能会面临欠缺关键资源的情况，在这种情况下，企业除可以由内部自行发展外，也可以通过建立合作伙伴关系的方式拥有伙伴的独特资源，以创造或维持竞争优势，具体的动机包括学习伙伴的关键能力和快速引进新技术。康辛斯和麦克法兰（Konsynski and McFarlan，1990）也认为，在当今信息发达的时代里，资源已不需要经由并购的方式，为取得其他组织的资源而只需要企业之间结成联盟，建立合作伙伴关系即可共享彼此的信息。[3] 博伊德（Boyd，1990）也用资源依赖理论建立模型进行实证研究，结果显示，当环境不确定性提高时，组织间会加强联结，以保障自身能获取稀缺性资源。[4] 因此，获得互补性资源、以降低不确定性与依赖性，才是形成供应链合作关系的主要原因，拥有互补性资源是选择供应链合作伙伴最重要的标准之一。[5]

---

[1] Grant, R. M., "Chapter 1—The Resource – Based Theory of Competitive Advantage: Implications for Strategy Formulation" [M]. Knowledge and Strategy, Zack M H, Boston: Butterworth – Heinemann, 1999.

[2] Black, J. A., K. B. Boal, "Strategic Resources: Traits, Configurations and Paths to Sustainable Competitive Advantage" [J]. *Strategic Management Journal*, 1994, 15 (S2): 131 – 148.

[3] Konsynski, B. R., F. W. McFarlan, "Information Partnerships – shared Data, Shared Scale" [J]. *Harvard Business Review*, 1990, 68 (5): 114 – 120.

[4] Boyd, B., "Corporate Linkages and Organizational Environment: A Test of the Resource Dependence Model" [J]. *Strategic Management Journal*, 1990, 11 (6): 419 – 430.

[5] Glaister, K. W., P. J. Buckley, "Strategic Motives For International Alliance Formation" [J]. *Journal of Management Studies*, 1996, 33 (3): 301 – 332.

企业之间的合作可以让企业因为分享资源而克服资源的限制，可以比独资等其他方式更快进入市场。①

综上所述，在特定环境中，企业必须通过外部环境取得所需的必要资源，企业经营绩效的好坏取决于能否顺利取得所需的资源。资源的稀缺性和不易移转性，决定了企业向外寻求资源必须付出相应的代价，因此，交换便成为企业在需求资源时最可行的方案。但是，企业的交换对象常常处于不对等的状况，要获得所需资源，企业需要长期承诺的方式与伙伴合作，如此便形成了合作伙伴关系。

（三）组织学习角度

面对日益激烈的市场化竞争环境，越来越多的企业意识到必须加强自身的学习和创新能力。组织学习的概念最早追溯到马奇和西蒙（March and Simon, 1958）的研究，后由 Agryris 和 Schon 在 1978 年正式提出。组织学习是通过组织中人与人之间的交互作用以及正式或非正式的集体探索，不断地应用既有知识和开拓新知识，从而不断改变组织行为的过程。圣吉（Senge, 1991）就曾指出，比竞争对手学习得更快的能力是企业唯一持久的竞争优势。② 而供应链合作关系中的各个成员间具有高度的互补性，它们之间相互学习，可以提高企业和整条供应链的效率。

显然，建立供应链合作关系的动因和过程也可以从组织学习的视角进行分析。供应链中的各个企业掌握着不同方面的信息和知识，并且这些信息和知识具有高度的互补性。根据组织学习和知识管理的理论，供应链中的知识也同样可以分成两类：显性知识和隐性知识。③ 如何促进这两类知识在供应链中成员间的共享、整合和创新，是提高供应链成员自身绩效和提高供应链运作效率的关键环节。企业通过学

---

① James, G., J. K. David, "Explaining Interfirm Cooperation and Performance: Toward a Reconciliation of Predictions from the Resource – based View and Organizational Economics" [J]. *Strategic Management Journal*, 1999, 20 (9): 867 – 888.

② Senge, P. M., "The Fifth Discipline, The Art and Practice of the Learning Organization" [J]. *Performance Instruction*, 1991, 30 (5): 37.

③ Nonaka, I., "A Dynamic Theory of Organizational Knowledge Creation" [J]. *Organization Science*, 1994, 5 (1): 14 – 37.

习和了解供应商所提供的原材料的质量、种类、数量、时间等信息和客户订单来组织生产，并建立一种独特的学习机制；通过学习和了解客户的需求，及时调整企业的生产计划和产品开发计划；通过同时将供应商和客户纳入技术创新、产品开发和设计中，进行互动学习，最终开发出高质量、满足客户多样化、个性化需求的产品。因此，通过供应链中成员间互动学习，对供应链上下游企业在信息、流程等方面进行整合，可以减少对原材料需求的不确定性，加快技术创新的速度，降低产品开发和制造的成本，更好地为客户提供高质量、个性化的产品与服务。①

四　供应链合作关系前因变量

根据系统论的观点，系统的输出是系统要素、要素间联系与外部环境共同作用的产物，因此，供应链系统的合作效果受节点企业自身素质、节点企业间协调机制和外部环境的共同影响。本书按照影响因素的来源和性质将影响供应链合作关系的因素划分为三类：一是来源于合作伙伴关系建立初始选择伙伴企业自身的可控制因素；二是来源于合作企业双方互动过程的可协调因素；三是来源于供应链企业之外的环境、政策等不确定性因素。

（一）合作伙伴关系形成因素——企业自身因素

供应链合作关系形成影响因素主要从选择匹配的合作伙伴开始，是形成良好合作关系的基础，对合作伙伴的企业显性因素和企业隐性因素两大类。

1. 企业显性因素

潜在的合作伙伴的能力是非常重要的影响因素。合作者必须有能力与你合作，合作才有价值，才有基础。合作伙伴选择时主要考虑其活跃程度、市场实力、技术水平、生产能力、销售网络、市场主导地位等，这方面的研究比较丰富，主要分为供应商选择因素和销售商选择因素。

---

① 马文聪、朱桂龙：《环境动态性对技术创新和绩效关系的调节作用》，《科学学研究》2011年第3期。

比如，对供应商选择因素，迪克森（Dickson，1966）通过分析170份对采购代理人和采购经理的调查结果，认为质量是影响供应商选择的最重要因素，其次是交货、历史效益、保证、生产能力或设施、价格、技术能力和财务状况等因素[①]；韦伯等（Weber et al.，1991）梳理了74篇相关供应商选择文献后发现，价格是讨论最多的，依次是交货、质量、生产能力或设施、地理位置、技术能力等[②]；Sethuraman等（1998）认为，产品的供应能力（包含有产品品质、新产品开发、完整的产品线）及产品周转率是影响伙伴关系的主因；Yahya和Kingsman（1999）通过对16位富有经验的经理和主管的调查，发现影响因素依次是交货、质量、设施、技术能力、财务状况、管理和响应因素[③]，与迪克森给出的评价准则差别不大。马士华（2005）在《供应链管理》一书中提出了合作伙伴选择的综合评价指标体系，包括企业业绩、业务结构与生产能力、质量系统和企业环境。可以看出，成本、质量和交货能力是选择供应商的三个基本条件，是影响合作伙伴关系建立的基本显性因素。

销售商选择要求因素：研究表明，制造商在选择销售商时，着重考虑的影响因素有销售能力和销售成本。[④] Sethuraman等（1998）认为，声誉、市场渗透能力（包含有技术能力、对市场的专业知识、存货管理、控管能力）及财务能力是影响伙伴关系的主因。赵晓煜等（2002）总结出制造企业选择分销商通常必须考虑的因素有分销商的市场范围、产品政策、地理区位优势、产品认识、预期合作程度、财

[①] Dickson, G. W., "An Analysis of Vendor Selection Systems and Decisions" [J]. *Journal of Purchasing*, 1966, 2 (1): 5–17.

[②] Weber, C. A., J. R. Current, W. C. Benton, "Vendor Selection Criteria and Methods" [J]. *European Journal of Operational Research*, 1991, 50 (1): 2–18.

[③] Yahya, S., B. Kingsman, "Vendor Rating for an Entrepreneur Development Programme: A Case Study Using the Analytic Hierarchy Process Method" [J]. *Journal of the Operational Research Society*, 1999: 916–930.

[④] Mohr, J., N. John, "Communication Strategies in Marketing Channels: A Theoretical Perspective" [J]. *Journal of Marketing*, 1990, 54 (4): 36–51.

务状况及管理水平、促销政策和技术、综合服务能力八项因素。①

2. 企业隐性因素

除上述对合作伙伴的显性要求因素外，兼容也是成功的合作关系需要具备的重要条件，很多学者从合作企业兼容的角度分析了影响合作关系的因素来源。例如，威尔逊（Wilson，2001）认为，一些促使伙伴关系成功的变量，来自合作企业自身的包括声誉、无法收回的投资、绩效满意等。张秀萍（2005）提出，基于产品特点和量级匹配等原则来选择供应商和客户，发现企业文化、信誉、信用状况是选取合作伙伴的重要依据。② 宋华等（2008）实证研究发现，企业本身的文化背景和处事方式是合作企业间冲突解决方式的重要影响因素，并最终影响着供应链合作关系的发展方向。③ 汤普金斯（Tompkins）顾问公司指出，组织结构或组织文化的改变是伙伴关系成败的一个要求。付丽茹（2008）则验证了活力型企业文化、柔性组织结构、企业声誉三个因素影响供应链合作关系质量。④ 以上研究关注了合作伙伴的企业文化、信誉、企业组织结构等对形成良好合作伙伴关系的影响。

3. 核心企业因素

一般来说，每一个供应链都有一个核心企业起主导作用，核心企业影响供应链战略合作伙伴关系的因素主要有企业规模和行业影响力、产品开发能力、市场占有率、主导产品结构等。此外，还应包括商业信誉、经营思想与合作精神，组织结构和文化凝聚是供应链合作长远、健康发展的基础。而具有优秀文化的核心企业，可以通过自身的影响力，把企业的价值观和行为方式辐射到其他合作企业，价值观可以作为连接企业的无形纽带，文化中呈行为形态的员工工作方式、

---

① 赵晓煜、汪定伟：《选择分销商的模糊综合评判方法》，《管理工程学报》2002年第2期。

② 张秀萍：《供应链竞争力》，中国人民大学出版社2005年版。

③ 宋华、徐二明、胡左浩：《企业间冲突解决方式对关系绩效的实证研究》，《管理科学》2008年第1期。

④ 付丽茹：《供应链合作关系及其隐性影响因素研究》，博士学位论文，首都经济贸易大学，2008年。

社会交往习惯、应付事变的方式则会对企业合作过程产生重要影响。①

（二）合作伙伴关系的稳定、持续因素

已有研究表明，对任何系统，稳定性都极为重要，一方面稳定性是系统科学中的重要概念并在社会系统和自然界广泛存在；另一方面不可控或不稳定的系统在实践中长期维持较困难。对于供应链合作关系的稳定、持续因素，本书从关系稳定因素、稳定方法以及关系协调出发，对不同视角下合作关系稳定、持续影响因素进行综述。

1. 关系稳定性研究

Inkpen 和 Beamish（1997）提出，伙伴关系的稳定是指彼此间关系未发生无法预料的突然终止，即强调关系的维持②；刘益等（2006）将关系稳定性定义为供应链各企业间寻求发展亲密的交互关系以通过协作和协作努力创造价值的倾向，这种协作和协作努力使双方建立起长期的合作关系，产生了协同效应。③ 可以看出，稳定性强调了关系的维持和密切程度。合作关系稳定性研究成果主要包括：

(1) 合作关系稳定性影响因素。威尔逊（2001）提出，一些促使伙伴关系成功的变量主要包括：信任、社会性契约、替代性伙伴的比较程度、共同目标、全力/依赖、技术、适应性结构性契约、合作以及承诺等；刘朝刚、马士华（2007）认为，信任是合作保持稳定的基础，关系密切度是维持合作稳定的重要因素，合作者满意度对合作稳定性有决定性影响，网络效应及"套牢"对合作稳定性也有一定影响。④ 林方等（2007）通过修正传统的 Logistic 模型，综合考虑了上下游企业之间的依赖程度对供应链稳定性的影响。⑤ 于红莉、卢文思

---

① 马士华：《论核心企业对供应链战略伙伴关系形成的影响》，《工业工程与管理》2000 年第 1 期。

② Inkpen, A. C., P. W. Beamish, "Knowledge, Bargaining Power, and the Instability of International Joint Ventures" [J]. *Academy of Management Review*, 1997, 22 (1): 177 - 202.

③ 刘益、曹英：《关系稳定性与零售商感知的机会主义行为——直接影响与供应商承诺的间接影响》，《管理学报》2006 年第 1 期。

④ 刘朝刚、马士华：《供应链合作的稳定性分析》，《科技管理研究》2007 年第 2 期。

⑤ 林方、黄慧君：《供应链上下游企业完全依赖关系的稳定性研究》，《工业工程》2007 年第 1 期。

(2011) 认为，供应链企业间信息的对称性、信息的共享程度直接决定着供应链的稳定程度。① 以上研究关注了信任关系强度、关系密切度、合作满意度、网络效应、信息共享、依赖程度、参与程度、沟通程度等特征对供应链合作关系运行稳定性的影响。

(2) 提高稳定性方法。应保胜等（2005）提出增加需求预测的时间区间，以便增加下游企业的订货率，从而有效地抑制"牛鞭效应"，提高整个供应链的稳定性。权小锋等（2007）经过强化学习算法、生物学角度以及计算机仿真研究，认为在供应链中通过互惠利他型企业的行为扩散，能使企业间合作达到一种稳定状态，而且建立的这种互惠利他机制还能提高稳定状态下的供应链整体盈利空间。② Marko 和 Borut（2008）等应用线性控制理论研究库存策略、订货策略以及需求预测对供应链稳定性的影响③；张文静等（2007）提出，利用不同的库存策略并选择合理的订单平滑参数能够减小需求放大程度，对提高供应链关系的稳定性有一定影响④；IP 等（2011）应用系统动力学和移动平均数测量供应链绩效和稳定性。⑤ 以上研究基于系统论视角关注提高关系稳定性的方法。

2. 关系协调研究

研究发现，决策不确定性、伙伴的机会主义行为和交往双方的近似程度是影响合作关系的重要因素。⑥ 也与交易主体的机会主义行为和有限理性特征相一致。为此，如何尽可能降低合作企业机会主义行

---

① 于红莉、卢文思：《供应链稳定性架构研究》，《长春大学学报》2011 年第 5 期。

② 权小锋、尹洪英：《基于互惠合作的供应链合作关系稳定机制研究》，《物流技术》2007 年第 8 期。

③ Jakšič, M., B. Rusjan, "The Effect of Replenishment Policies on the Bullwhip Effect: A Transfer Function Approach" [J]. European Journal of Operational Research, 2008, 184 (3): 946 – 961.

④ 张文静、王海燕：《Bowman 库存策略下的供应链稳定性及需求放大分析》，《东南大学学报》（自然科学版）2007 年第 2 期。

⑤ IP, W. H., S. L. Chan, C. Y. Lam, "Modeling Supply Chain Performance and Stability" [J]. Industrial Management & Data Systems, 2011, 111 (8): 1332 – 1354.

⑥ Lee, D., J. H. Pae, Y. H. Wong, "A Model of Close Business Relationships in China (guanxi)" [J]. European Journal of Marketing, 2001, 35 (1/2): 51 – 69.

为,保证利益分配合理性,促进合作关系的稳定、持续发展,成了学者研究的重要领域。

(1) 协调行为机制研究。集中式的供应链往往可以采用集中决策来协调,分散的供应链由于成员较多则需要选择合适的协调机制(如契约、承诺等)来满足绝大多数成员的利益[1];分布式决策供应链的协调机制可细分为委托—代理理论、价格协调机制、合同机制和库存控制机制四类。[2] 在供应链整合期,限制新加盟企业的机会主义行为的解决措施是实施负激励,即在所订立的合同中规定违约的惩罚措施,以使该合作成员的违约成本大大高于从违约行为中所得利益。同时运用可信承诺、触发策略可限制企业的机会主义行为,从而促使供应链企业形成长期的合作关系。[3] 另外,构建均势供应链的构架可以减少合作伙伴的机会主义行为,控制转换成本,有利于供应链运作的稳定性。[4]

(2) 协调利益重要性研究。共同的利益、利益分配是供应链合作最重要的动力,也是影响合作关系的极为重要的因素。[5] 合作利益分配不均是导致产品合作开发失败的六大因素之一[6],而合作利益分配的合理性[7]、公平性[8]则是维系长期供应链伙伴关系的关键因素。卜

---

[1] Sahin, F., E. Robinson, "Flow Coordination and Information Sharing in Supply Chains: Review, Implications, and Directions for Future Research" [J]. *Decision Sciences*, 2002, 33 (4): 505–536.

[2] 邱灿华、蔡三发、沈荣芳:《分布式决策供应链的协调机制实施研究》,《同济大学学报》(社会科学版) 2005 年第 5 期。

[3] 林旭东、朱顺泉:《供应链企业收益分配的博弈模型研究》,《价值工程》2004 年第 3 期。

[4] 孙洪杰、廖成林:《基于共生理论的供应链利益分配机制研究》,《科技进步与对策》2006 年第 5 期。

[5] 陈勇:《影响供应链合作伙伴关系的因素研究》,《工业技术经济》2009 年第 11 期。

[6] Bruce, M., F. Leverick, D. Littler et al., "Success Factors for Collaborative Product Development: A Study of Suppliers of Information and Communication Technology" [J]. *R&D Management*, 1995, 25 (1): 33–44.

[7] 李瑞涵、赵强、吴育华:《合作理论及其稳定性分析》,《天津大学学报》2002 年第 6 期。

[8] 李辉、李向阳、孙洁:《供应链伙伴关系管理问题研究现状评述及分析》,《管理工程学报》2008 年第 2 期。

祥龙（2012）也论证了农产品供应链利润分配是否公平与合理是农产品供应链成员间能否形成稳定、长久合作关系的关键。①

（3）协调利益机制研究。学者对于合作利益协调的定量研究，国外学者多从最小成本的角度来评估利益分配问题。例如，Gavirneni（2001）研究了包含一个供应商和多个销售商的典型的供应链利润分配问题。② Giannoccaro（2004）通过改变契约参数实现合作利益合理分配。③ 国内学者则以数学模型进行定量研究居多。张炳轩等（2001）提出了一种供应链分配模型，指出团体惩罚机制对供应链产出的分配契约起有益的补充作用，可以克服"搭便车"问题，达到帕累托最优。④ 叶怀珍等（2004）设计了按投入资源多少、承担风险大小及效用乘积最大分配收益的三种方案的利益平衡机制。⑤ 柳键、马士华（2004）基于博弈分析，通过合约比较探讨了利益共享合约的优越性。⑥ 齐源、张琼（2006）以供应链管理中最小库存成本模型为基础，探讨合作企业最优利益均衡的实现机制。⑦ 李晓辉等（2010）⑧ 提出，动态合作中利益分配机制的设计要点，通过建立基于多人合作博弈的利益分配模型构建了利益分配的机制和方案。于红莉、卢文思（2011）⑨ 提出了设计供应链利益调节机制和公平分配机制应该遵循

---

① 卜祥龙：《农产品供应链联盟的利润分配博弈分析》，《物流技术》2012 年第 7 期。
② Gavirneni, S., "Benefits of Cooperation in a Production Distribution Environment" [J]. *European Journal of Operational Research*, 2001, 130 (3): 612–622.
③ Giannoccaro, I., P. Pontrandolfo, "Supply Chain Coordination by Revenue Sharing Contracts" [J]. *International Journal of Production Economics*, 2004, 89 (2): 131–139.
④ 张炳轩、李龙洙、都忠诚：《供应链的风险及分配模型》，《数量经济技术经济研究》2001 年第 1 期。
⑤ 叶怀珍、胡异杰：《供应链中合作伙伴收益原则研究》，《西南交通大学学报》2004 年第 1 期。
⑥ 柳键、马士华：《供应链合作及其契约研究》，《管理工程学报》2004 年第 1 期。
⑦ 齐源、张琼：《基于不同信息模式的供应链合作企业利益均衡探讨》，《情报杂志》2006 年第 3 期。
⑧ 李晓辉、周永源、高俊山：《动态合作的利益分配机制设计》，《技术经济与管理研究》2010 年第 S2 期。
⑨ 于红莉、卢文思：《供应链稳定性架构研究》，《长春大学学报》2011 年第 5 期。

的原则。施晟等（2012）①提出，应在农产品供应链中建立合理的合作剩余分配机制，使人力、物力和智力资源在不同行为主体之间实现有效配置，并通过明晰的产权界定实现激励相容，从而让交易各方都有积极性维持供应链的合作关系。

合作关系的稳定、持续是合作实施的主要阶段，核心内容是采取有效的维系协调方法，达到合作各方的行为的协同状态，使资源得以统筹安排配置，共同承担风险、分担收益，达到供应链整体利益最大化，这是供应链最本质的问题。从这一角度说，协调是供应链合作关系的关键，合理的协调行为、利益机制是影响供应链合作关系稳定、持续的重要因素。

（三）合作关系支撑因素——外部环境因素

在合作伙伴关系影响因素中，较少的学者开始关注外部不确定性环境对合作关系的影响。例如，Chung – Jen Chen（2003）、约翰等（2000）指出，伙伴特征和联盟形式的选择受环境因素的影响②③；本书主要从环境条件、支持技术、市场结构和市场竞争四个方面来对供应链企业所处的外部环境进行描述。

环境条件，包括宏观经济条件、国家产业政策条件、国家法律条件等。一般而言，对于国家扶持的产业，由于行业的发展性比较强，供应链合作成员企业能获得同步迅速成长，成员间的合作也趋向于越稳定。在实证研究过程中，本书只涉及食品加工企业，相对于其他行业，国家对食品行业监管力度越来越大，对相关法律法规越来越完善严格，因此可以认为，对企业行为影响比较大。

支持技术，是指供应链合作过程中的信息管理系统及信息支持等技术的总称。Balakrishnan 和 Wernerfelt（1986）指出，技术的发

---

① 施晟、周洁红：《食品安全管理的机制设计与相关制度匹配》，《改革》2012 年第 3 期。

② Chen, C., "The Effects of Environment and Partner Characteristics on the Choice of Alliance Forms" [J]. *International Journal of Project Management*, 2003, 21 (2): 115 – 124.

③ Mentzer, J. T., S. Min, Z. G. Zacharia, "The Nature of Interfirm Partnering in Supply Chain Management" [J]. *Journal of Retailing*, 2000, 76 (4): 549 – 568.

展对供应链企业合作中有效信息沟通提供了坚实的物质基础；供应链合作企业依赖这些支持技术来沟通信息，以便更好地为顾客服务。[1] 建立了良好支持技术的供应链合作企业稳定性就比较大，企业一般也不会轻易打破这种合作，也使企业的 SCM 更为有效和高效。

任何企业都是在一定的市场环境下生存的，其所处的市场环境对其业务的运作将会产生极大影响。因此，市场结构和竞争因素也会对供应链企业合作关系的稳定性产生一定的影响。例如，坎农等（Cannon et al.，1990）研究了市场结构对供应链合作稳定的影响，指出过度竞争的市场结构，合作关系极不稳定，而对于竞争程度很小的行业，企业之间的合作就比较稳定[2]；陈莹等（2008）发现，融资环境的恶化可能会使在合作关系中处于优势的企业利用其所处的有利地位减少合作对本企业资源的占用，甚至更多地占用合作方的资源，以减少外部融资环境的变化给企业带来的资金压力，从而降低了合作关系的公平性，导致合作关系的不稳定。[3]

总体来说，由于这类因素的不可控性较强，这方面的研究比较少也比较分散。

五　供应链管理理论小结、启示

如前所述，虽然大多数研究证实供应链合作关系能促进企业绩效，但也有少数不相一致的观点，如潘文安（2007）研究发现，合作关系对企业竞争优势存在正向影响，但其直接效果不大，其主要原因与许多企业所建立的伙伴关系"质量"不高有关[4]；戴化勇（2007）以农业产业链为例进行实证，发现供应链合作关系对产业链管理行为

---

[1] Balakrishnan, S., B. Wernerfelt, "Technical Change, Competition and Vertical Integration" [J]. *Strategic Management Journal*, 1986, 7 (4): 347–359.

[2] Cannon, J. P. and P., "Buyer–Seller Relationships in Business Markets" [J]. *Journal of Marketing Research*, 1999, 36 (4): 439–460.

[3] 陈莹、李心丹：《不同经济环境下企业间关系质量的影响因素研究》，《求索》2008年第8期。

[4] 潘文安：《基于供应链整合的伙伴关系与企业竞争优势研究》，博士学位论文，浙江大学，2007年。

存在正向影响，同时对产业链管理绩效存在正向影响，但与企业质量安全管理效率的关系不明显（产品质量、价格、成本）[1]；展进涛等（2012）基于江苏省、山东省猪肉加工企业的问卷调查发现，供应链管理行为对企业的质量管理行为的影响存在不同的作用方式和机制，供应链协作关系对加工工序管理没有直接影响，供应链整合能力普遍较弱。[2] 究其原因，认为与合作关系质量不高有关[3]，可能是我国食品安全问题频发的一个重要原因[4][5]，也说明供应链合作关系问题未引起相关学术界、实践界在中国情境下研究食品安全问题的重视，是我们需要关注的方向。

本章小结

本章系统地回顾了本书研究所涉及诚信、企业诚信、供应链核心企业、组织伦理、供应链管理等方面的理论观点及最新研究进展。

首先，通过对企业诚信、供应链核心企业文献研究综述，分析了研究的不足之处，阐明了本书研究的切入点。

其次，通过对企业诚信内涵相关理论回顾，界定了本书企业诚信内涵，即所谓企业诚信，可从名词和动词两个方面解释，从名词角度看，企业诚信是企业行为遵循诚信规则的企业运营水平的静态描述，是动态的企业诚信发展过程中的某一时刻的构建结果的陈述；广义的企业诚信作动词解释，是企业对股东、员工、供应商、顾客、政府、

---

[1] 戴化勇：《产业链管理对蔬菜质量安全的影响研究》，博士学位论文，南京农业大学，2007年。

[2] 展进涛、徐萌、谭涛：《供应链协作关系、外部激励与食品企业质量管理行为分析——基于江苏省、山东省猪肉加工企业的问卷调查》，《农业技术经济》2012年第2期。

[3] 潘文安：《基于供应链整合的伙伴关系与企业竞争优势研究》，博士学位论文，浙江大学，2007年。

[4] 戴化勇：《产业链管理对蔬菜质量安全的影响研究》，博士学位论文，南京农业大学，2007年。

[5] 展进涛、徐萌、谭涛：《供应链协作关系、外部激励与食品企业质量管理行为分析——基于江苏省、山东省猪肉加工企业的问卷调查》，《农业技术经济》2012年第2期。

社区等内外部利益相关者履行契约、兑现承诺的实际行为与动态过程，是企业不断谋取利益相关者信任、提升信任水平的过程。并在诚信内涵界定的基础上，对与此相对应的企业诚信测度的两种思路进行辨析，为后文企业诚信动词行为角度内涵和对应的过程评估思路确定奠定了理论基础。

最后，通过对组织伦理和供应链管理相关理论研究的系统回顾，确定了企业伦理型领导作为企业道德水平的表征变量，供应链合作关系（SCP）作为供应链核心企业的供应链管理能力的表征变量，为后文的实证分析论证建立了理论基础。

第三章 食品供应链核心企业食品安全行为分析

为研究食品供应链核心企业诚信影响因素和构建运营中的相关协调机制问题,首先必须了解核心企业在食品供应链系统中所处的地位和角色。食品供应链相比一般供应链具有很多的差异和特点,同时,食品供应链中的核心企业与一般供应链中的核心企业相比又不同。在本章中,首先分析了核心企业在一般供应链中的地位和作用;其次,基于对目前供应链运营的外部环境变化以及对食品供应链与一般供应链的联系和区别的分析,探讨食品供应链中核心企业的作用;最后,在此基础上,剖析本章研究重点——本书界定为核心企业的食品加工企业的食品安全行为的驱动因素。

第一节 核心企业在一般供应链中的地位和作用分析

供应链是通过某种共同利益所产生的凝聚力把众多具有独立经济地位的相关企业联系起来而构建的。其中,核心企业的影响力决定了供应链整体竞争能力的强弱,在供应链的运营过程中,核心企业的地位和作用大致可以概括为以下四个方面。[1][2]

---

[1] 曹柬:《绿色供应链核心企业决策机制研究》,博士学位论文,浙江大学,2009年。
[2] 马士华:《论核心企业对供应链战略伙伴关系形成的影响》,《工业工程与管理》2000年第1期。

一　核心企业是供应链战略制定及协调管理中心

供应链完整的生命周期包含建立、运行、解散几个阶段，这其中的组织发起、运行中的沟通协调以及解散后的善后处理等工作，作为供应链"盟主""大脑"的核心企业都发挥着联系和协调的作用。除必备的核心市场资源和核心竞争力之外，核心企业还需要具备以下能力：首先是产业洞察力。是指联系生产机会与现有资源，制订供应链长、短期战略计划的能力，也是供应链发现市场、利用市场甚至培养市场的关键能力。其次是系统组织能力。是指确定供应链所有成员企业的主要活动范围、制订运作计划，以使各节点企业各司其职、团结合作的能力。最后是系统协调能力。是指对成员企业之间的具体事务实施指导经营的能力，如资源整合、利益分配、信息流通、冲突协调等。

二　供应链技术创新或产品研发中心

市场的激烈竞争导致产品生命周期越来越短，企业为了适应这种竞争要求，就不得不经常推出新产品，给企业创造新的增长点，这对企业的产品开发能力提出了较高要求。从供应链角度来说，就是核心企业的产品开发能力决定着整个供应链企业群体的命运，产品开发能力越强，就能够不断地推出新品种，不断引导用户产生新的消费热点，即企业产品在市场上发展的能力不断得到延续。相反，假如一个企业产品开发和导向能力很弱，在市场竞争中就很难使企业保持长期发展的势头，当然，也就很难增强与其他成员企业维持良好合作关系的信心，也很难让它们愿意进行资金投入改善产品质量等问题，对供应链发展的负面影响可想而知。

三　供应链信息交换中心

来自供应链下游的需求信息经由各级分销商层层传递到核心企业，再经过核心企业分解处理形成订单发送给上游供应商。订单完成后，再依据相反的方向将供货信息从上游企业传递到核心企业，经核心企业处理再传递给下游企业。如此，核心企业就起着供应链信息集成交换中心的作用，供需信息在此交融，经过处理后产生的各类信息再反馈给其他各个成员企业。为实现供应链成员间信息的交流、共享达到物流顺畅、产品增值的目的,从而提高供应链运营效率,核心企业的信息交换中心作用至关重要。

四 供应链物流集散调度中心

在制造产品过程中,各类原材料或中间品物流从不同渠道经由各级上游供应商流向核心企业,核心企业加工成成品后再流向销售商并最终到达用户手中,如此便形成了物料流。在这个过程中,核心企业作为集散中心,起着对物流的集散、配送进行"调度"的作用:向供应商发出物料需求指令,向销售商发出供货指令,从而保证各个节点企业都能在正确的时间、正确的地点得到正确的型号和正确的数量的零部件或产品,既不造成缺货,又不造成库存积压,把对供应链总成本的影响减至最小限度。为此,核心企业对物料流的控制、调度水平与产品能否增值密切相关。

第二节 食品供应链中核心企业作用分析

食品供应链是在一般供应链的基础上发展而来的,相对于一般供应链来说,因为产品的特殊性,食品供应链有其特殊性①,进而核心企业发挥的作用也有所不同。

一 食品供应链特点

通常来说,食品从最初的农产品种植(或养殖)到加工、流通,最后被消费者食用,需要经过了一个相当长的链条式演变过程。相对于一般供应链,食品供应链有着不同的特点。

首先,食品供应链横跨第一、第二、第三产业,因此,较长且复杂。整个过程覆盖种植、养殖、屠宰、生产加工、流通以及餐饮管理等环节,由此涉及的参与主体包括初级农产品种植或养殖者、食品生产加工商、运输和仓储运营商、零售商、餐饮提供商,等等,其中任

---

① 张煜、汪寿阳:《食品供应链质量安全管理模式研究——三鹿奶粉事件案例分析》,《管理评论》2010 年第 5 期。

何一方都与食品安全问题紧密相关,一旦发生安全问题,涉及面广,影响范围大。为此,食品供应链的复杂结构对食品供应链的运作效率和管理效率都提出了很高的要求。

其次,食品的生化特性,使不安全因素隐性地影响着食品质量。农产品作为食品的基本原料,在生产过程中容易受到自然环境、"三废"污染以及化学添加剂等人为因素的影响。了解这些因素对食品质量水平的影响需要一定的专业技能、设备和专业知识支撑。

再次,食品链生产储运时间要求严格。食品的易腐性和不易保存性,导致食品链虽然横跨三个产业,却对食品生产、加工、物流运输等环节提出了严格的时间要求。

最后,食品既是其食用性,也是食品链最重要的属性。作为最终供人类食用维持生命的食品,其质量管理的疏忽很容易引起灾难性事故。由于食用性,食品安全具有较强的公共性和社会性特征,从而决定了食品质量的安全管理模式有别于其他产品链,即必须以保障安全为首要目标。因此,在食品供应链中,质量安全的要求贯穿整个链条,食品安全风险也贯穿始终。

二 我国食品供应链的核心企业类型

从供应链角度看,核心企业可以位于供应链中的任一环节:生产环节、流通环节、加工环节和销售环节,相对于我们目前的食品供应链,不同环节的核心企业具有不同的特点。

(一)位于供应链不同环节的核心企业类型分析

首先是生产环节的核心企业。这个环节的核心企业集中在大型种植、养殖基地,如各类"农户+合作组织+龙头企业"模式的农产品公司,这些生产模式集成了分散农户的规模、减少了分散生产的机会主义行为,提高了分散农民的议价能力,为农业发展起到了一定作用。总体来说,目前这些新的生产组织模式还在不断地健全发展中,这个环节的核心企业在交换信息、物流衔接、组织协调、资金结算和保证质量等方面的作用还比较有限,对供应链的影响力也比较弱。

其次是流通环节的核心企业。这个环节的核心企业主要是指我国农产品批发市场,是初级农产品在不同城市间流通的主要节点,其规模庞大、发展迅速,但是,目前经营水平还十分落后,不能对入场产品进行有效管理、检测和监督,也不对问题产品承担经营责任。因此,虽然目前我国农产品批发市场等分销环节主体具备核心企业条件,但因为其经营特点不对产品质量承担责任,没有发挥核心企业的全部作用,因而不是真正意义上的供应链核心企业。

再次是销售环节的核心企业。这个环节的核心企业能够具备核心企业能力的主要是有一定规模的连锁超市、农贸市场等,总体规模较大。但是,因为功能上大多是作为一个销售节点存在的,不对产品质量承担责任,也不完全发挥核心企业的作用,因此,也就不能成为真正意义上的供应链核心企业。

最后是加工环节的核心企业。这个环节的核心企业主要是食品加工企业。因为对产品质量承担责任和品牌化程度较高的特点,我国食品加工企业实际扮演着供应链核心企业的角色。相对来说,这些食品加工企业发展水平较高、规模大,具备一定的担当核心企业的能力。

(二)不同类型供应链核心企业的比较

综合上面所述可以看出,核心企业可以处在食品供应链的不同环节,在我国目前的食品供应链中,不同类型的核心企业组建的食品供应链具有不同的发展特点。表3-1对这种差异进行了汇总。

表3-1　　我国四种核心企业类型的食品供应链发展情况

核心企业所在	种养环节	分销环节	加工环节	零售环节
主要业态	种养基地 合作组织	批发市场 物流配送中心	食品加工企业	超市 农贸市场
产品种类	初级农产品	初级农产品 简单加工品	加工食品	综合
品牌化程度	低	无	高	无
是否赔偿安全事故	是	否	是	否
设置检测程序	不设置	设置较少	设置	设置较少
目前平均规模	较小	较大	较大	较大
市场集中度	低	较高	较高	高

资料来源:笔者整理。

从表 3-1 中可以看出，处在种养环节和分销环节的核心企业组成的初级农产品供应链，产品品牌化程度较低，检测程序较少；处在加工环节的核心企业组成的食品供应链，产品品牌化程度较高，一般都具有基本检测程序；另有处于分销和零售环节的核心企业组成的食品供应链，核心企业不承担食品安全责任，相关责任落在种养和加工企业之上，核心企业责任不完全。因此，综合来说，目前我国的初级农产品供应链以种养企业充当核心企业，承担较为完全的核心企业作用，尤其是食品安全方面；而以分销、零售环节为核心企业的供应链，虽然可能更具备核心企业能力，但却因为没有发挥食品质量安全控制的作用，不履行完全的食品安全责任，因此，没有真正发挥核心企业的作用。食品加工企业充当核心企业，这是我国大多数食品供应链现状，也是我们的研究对象。

三　食品供应链中核心企业作用分析

外部监管力度的不断加大，消费者食品安全意识的不断增强，导致食品供应链中核心企业的作用也越来越突出。在食品供应链的构建和运营过程中，核心企业除承担一般供应链核心企业的作用外，还扮演着如下特殊角色：

（一）食品安全责任的主导者

食品供应链中，收益最大化依然是系统整体运营的核心目标，但是，需要建立在保障食品安全的前提之上，这是食品供应链各个主体必须履行的社会责任，也是整个供应链持续稳定运行的基础。在这个过程中，有些参与主体可能会为了追求短期自身利益最大化，忽视食品安全责任，因为食品供应链的特点，导致供应链其他主体的利益都会受到损害。这就需要核心企业充分发挥"链主"的主导作用，从供应链系统整体利益出发，采取行之有效的措施，倡导供应链成员形成共同的食品安全责任观，保障食品安全。

（二）供应链食品安全控制行为的主要实施者

食品安全问题涉及供应链的各个环节，每个环节都可能会出现质量问题，这就要求供应链整体质量控制工作必须充分贯彻到供应链中各个环节。因此，核心企业"链主"的作用尤其重要，需要核心企业对供应链的整体监控、协调,才能保证供应链其他成员企业的全力协作,才能保证供应链质量管理工作的顺利展开。通过核心企业实施的各种食品质量安全控制行为,来控制、协调整个供应链运行,最终达到保障食品安全的目的。

(三)供应链食品安全风险损失的主要承担者

与一般供应链相比,食品供应链更需要接受外部环境的引导与约束,外部环境中的主体对象主要包括政府职能部门、媒体、消费者以及生产相同功能产品的其他食品供应链系统,其对食品供应链运营所产生的压力、动力等因素,一般会首先反馈到核心企业,并由核心企业承担、处理。另外,整个食品供应链中的每个环节都存在各种风险,每个环节都可能发生食品安全事件,一旦发生食品安全事件,由于供应链的食品品牌一般是核心企业的品牌,消费者、媒体、政府等首先会将主要责任归咎于核心企业,使核心企业成为食品安全风险的聚焦点和风险损失的主要承担者。

第三节 食品加工企业食品安全行为驱动因素分析

从上面分析可以看出,食品供应链核心企业对食品安全和供应链的发展起着举足轻重的作用,可以说甚至影响着食品行业的发展。基于本书的研究目的和我国食品供应链发展现状,本书以生产终端品牌产品的食品加工企业作为核心企业进行研究,从供应链整体视角,分析食品加工企业食品安全行为。食品企业的食品安全行为是指食品生产企业为保证自己所生产的产品必须符合国家对食品的相关规定而采取的各种行为及措施的总称。对此,我们主要基于供应链外、内行为驱动因素两方面分析。①

---

① 王书玲、谢守祥:《论现代"经济人"分析范式下的企业食品安全行为》,《河北学刊》2014年第3期。

一 供应链外行为驱动因素

对于食品加工企业的供应链外行为驱动因素，本书主要从企业求利本质、契约性质进行分析。

（一）求利利己：食品生产企业食品安全行为的内因驱动

我们从企业概念和形成原因进行分析。首先，对于企业概念主要有两种观点，第一，科斯的观点，"企业的显著标志是对价格机制的替代"，是为节省交易费用产生；第二，詹森和麦克林的观点，企业是一种法律虚构，是一种为劳动所有者、物质投入和资本投入的提供者、产品的消费者之间的"一组契约关系"充当连接点的组织。其次，对于企业形成的原因，代表性观点有三种：第一，提高劳动效率。马克思指出，简单协作与单个劳动之间，是一种"$1+1>2$"的协同放大关系，表现为协同劳动可以加速工作进度、加速产品形成、激起劳动者的竞争心、积聚众多的劳动力和生产资料等。第二，以阿尔钦和德姆塞茨为代表，协作群生产可以节约生产成本与监督成本之和。第三，威廉姆森丰富了科斯的交易成本观点，认为交易参与者的有限理性和机会主义以及环境的不确定性等特点，必须用企业形式保障交易不受机会主义行为的损害而顺利进行。

综合上述，可以得出：人们发明和创造企业的目的是"求利"，为了更好地实现以最小的投入获得更大产出的愿望，这是无可厚非的，有了利润，企业才能不断持续发展下去。无论何时，利润动机都深深地根植于现代企业行为中，对企业行为有很强的影响，利润标准在大多数企业的目标等级中仍是排在最前面的。因此，求利利己，必然也是食品加工企业的食品安全行为的内因驱动。

（二）为己利他：食品生产企业食品安全行为的外在规制

作为因"求利"而存在的企业，必须采用一定的方式、途径，才能实现收益大于成本的利益增进。

1. 企业求利的前提取决于是否有物可利他人

"人类几乎随时随地都需要同胞的协助，要想仅仅依赖他人的恩惠，那是一定不行的。他如果能够刺激他们的利己心，使有利于他，并告诉他们，给他作事，是对他们自己有利的，他要达到的目的就容易多了。"① 在市场经济条件下，食品生产企业是否提供了满足消费者身体健康需要的安全的食品，是否有利于消费者，这是企业获利的前提。作为人们的日常生活必需品，食品需要重复购买的概率很大，同时，大部分食品行业处于竞争性市场，有种类繁多的替代品或近似品，倘若企业在求利的过程中，不能生产出一定数量的满足消费者需要的安全食品，消费者采取"退出购买"、转向其他竞争者的策略是最优选择。因此，食品生产企业要想最终实现"求利"的目的，一方面必须要提供一定数量的能够满足消费者需要的安全的食品；另一方面必须立足于双赢，切实履行各项承诺，唯有这样，才能实现其生产食品的"惊险的跳跃"，即企业坚持诚信原则。

2. 企业求利的多少取决于生产成本与交易成本的节约

安全寻求者是最大的消费群体，安全食品市场前景广阔，但相对来说，在政府管制下，没有免费的安全食品，安全食品生产成本偏高，这就需要食品生产企业注重总体成本的降低，切实关注交易成本的重要性。实践也证明，生产安全食品，确实能够为企业带来效益，以食品行业 HACCP 体系认证为例，HACCP 体系能够帮助供应企业减少原材料检查等与投入相关的成本、利润增幅较大，企业留住现有客户的能力增强，拥有了更大的市场份额，满足了客户的多样化需求、客户满意度、产品销量和税前利润率都有所提高，消费者对产品质量的信心提高，产品质量管理水平得到提高等。因此，企业要想增加求利的份额，既要注重节约生产成本，也要注重节约交易成本，因为它对企业长远利益影响更大。

3. 企业求利活动取决于其他利益相关者的认可程度

一般认为，企业的本质是利益相关者的契约集合体，这些利益相关者对企业进行监督和制约，企业的决策行为必须要考虑他们的利益或接受他们的约束。食品问题涉及民生大事，根据《中华人民共和国食品安全法》规定，食品生产者、食品消费者和监管者是食品行业食

---

① ［英］亚当·斯密：《国民财富的性质和原因的研究》，商务印书馆1972年版，第131页。

品安全的第一层次利益相关者,能从根本上影响食品行业本身的生存与发展。因此,对于食品安全负有直接责任的食品生产企业,其求利活动必须接受监管者、消费者的约束和监督。

第一,政府监管行为。食品安全具有信息不对称、外部性以及公共产品特性,需要政府运用强制力干预以保证食品安全的实现。政府对食品安全的管制,主要体现在政府制定相关法律法规,根据法规对企业进行监管,保证诚信企业生产经营,查处违规企业,对于企业处罚的结果以及处罚经验,记录在案。如果发现法律法规不完善的情况,就更新这些规则。近几年来,我国逐步健全食品安全监管体制机制,健全法制,严格标准,完善监测评估、检验检测体系,强化地方政府监管责任,加强监管执法。监管力度空前加大,监管体制的不断完善,迫使食品生产企业诚信经营,生产安全食品。

第二,消费者食品安全选择行为。影响消费者安全食品选择行为的主要因素是食品安全意识和对安全食品的支付意愿。

消费者的食品安全意识使他们的消费行为具有一定的选择性,认为安全的食品,才可能成为食品行业的生长点,也才能引导食品生产者的投资取向。近年来,消费者食品安全意识越来越深入人心,对食品安全状况十分关注。消费者日益增强的食品安全意识具有强大的导向、监督、动力作用,促使食品生产者努力提高食品质量,引导食品行业的健康发展。

消费者的支付意愿(WTP)是指消费者接受一定数量商品或劳务所愿支付的代价,是企业改善食品安全的主要动力之一,消费者食品安全支付意愿越大,安全食品给企业带来的利益越大。研究显示,消费者对不同安全食品表现出较强的购买意愿,愿意为此支付较高的价格。而且,消费者普遍认为,价高质优,企业对产品的高保证代表高品质,增强了消费者的购买意愿。为此,消费者在选择食品时表现出从众性以及通过关注质量认证标识、价格和品牌等,来规避食品安全风险。

由此可见,食品生产企业要想长久求利,必须接受不断完善、力度不断加大的政府管制和食品安全关注日益增强的消费者的监督,在其约束下寻求利益最大化，这是一种不以企业个体意志为转移的外在规制，即求利利己必先利他。而利他必然要求企业在交易过程中切实履行各项承诺，努力建构良好信用关系，不断降低交易成本，即企业诚信经营。

（三）博弈均衡：食品生产企业诚信行为的边际抉择

既然求利必先以利他为手段，那么，当两者发生矛盾冲突时，企业会怎么做？会为己不择手段或为了利他不惜损己？还是努力寻找两者的均衡点？现实中频频发生的食品安全问题该作何解释？

从企业自身来说，食品生产企业有自己生存发展需要，需要不断地获取利润以发展壮大自己，因此，企业需要具有市场取向，衡量成本收益的关系。为此，企业会采取各种手段，如降低生产成本、加强市场营销等正当手段，也可能采用各类违法手段，如不安全食品、假冒仿制等，来实现最大化利益。同时，食品企业生产受到外部其他利益相关者主要是政府和消费者等的外部规制，当政府监管力度弱、消费者食品安全意识薄弱、安全食品支付意愿较低以致企业生产安全食品成本高而收益偏低时，企业也可能会采取假冒仿制等手段；当政府监管力度强、消费者食品安全意识、安全食品支付意愿较高，从而生产安全食品成本高而收益也高时，激烈竞争之下，企业发现求利必先满足利他规制且能得益时，会采取正当手段生产安全食品。即食品生产企业对于政府部门和消费者的诚信取决于各方的行为策略[1]，是食品生产企业综合平衡企业、政府和消费者三方的利益，做出的一个制衡的选择。在政府管制越严格、消费者越重视食品安全、企业持续发展需要越强烈的情况下，企业就越倾向于生产安全食品。近几年频频发生的食品安全事件也是由于消费者对食品安全意识和辨别方法知识匮乏、投诉成本高而最后形成的政府部门不监管、食品企业诚信缺失、消费者不投诉的纳什均衡的结果。也可以说，食品生产企业利他守信的限度就是企业因利他而产生的边际成本等于边际收益的均衡点。

---

[1] 桑秀丽、肖汉杰、王华：《食品市场诚信缺失问题探究——基于政府、企业和消费者三方博弈关系》，《社会科学家》2012年第6期。

二 供应链运行有效性驱动因素

核心企业是供应链企业群体的"原子核",通过某种共同利益所产生的凝聚力,把一些"卫星"企业吸引在自身周围,将供应链构建成一个网链状结构。① 基于此,李季芳(2008)借鉴物理学"圆周运动"原理,剖析供应链管理机理(见图3-1),探讨供应链有效运行的必备条件,剖析核心企业和战略伙伴关系,发现供应链的有效运行,主要取决于核心企业自身综合素质及其前提下的核心企业对节点企业的纵向约束。即核心企业在做好自己优势的同时兼顾对战略合作伙伴的协调管理,只有两者的协同同步,才能保证供应链的有效持续运行。当然,这一协调工作需要成本,只有协调的成本小于协调所带来的收益,供应链才能正常运行。特别是当供应链涉及企业众多时,一个完全对等的协调机制可能是最平等的,但不一定是最有效的,甚至不一定是可行的,因为这可能造成很高的交易成本,使供应链无法实现。因此,在做好自己优势的前提下,基于自身利益诉求的核心企业主导建立的节点企业必须遵守的约束机制在供应链管理中就显得尤为重要。

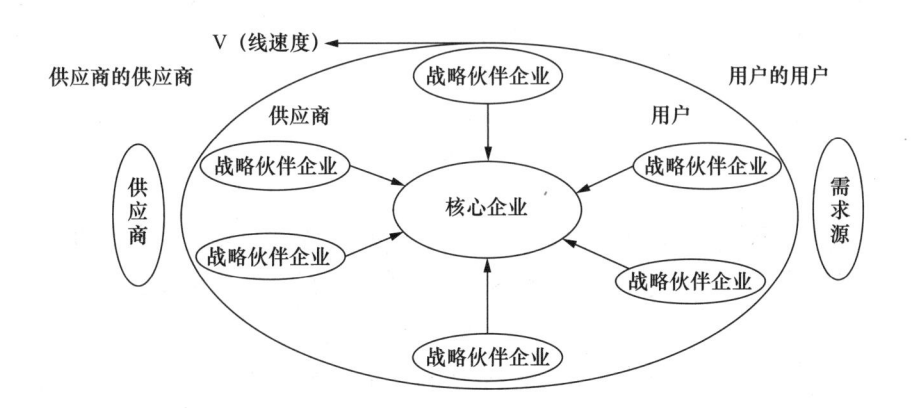

图3-1 供应链管理形成机理:战略伙伴围绕核心企业做圆周运动

资料来源:李季芳:《供应链管理下的战略合作企业关系探讨》,《山东经济》2008年第3期。

---

① Christine, H., "Supply Chain Operational Performance Roles" [J]. *Integrated Manufacturing Systems*, 1997, 8 (2): 70-78.

交易成本理论指出,战略联盟中经常发生机会主义,只要有需要且条件允许,联盟成员就会实施机会主义。尤其在目前我国诚信形势、诚信制度环境都较差,供应链的信任与合作处于低度的信任和浅层次的合作状态下。[①] 可以说,三聚氰胺、瘦肉精事件的发生直接原因是作为核心企业的三鹿集团、双汇集团供应链管理不当所致。[②③④] 而适当的规范机制可促进联盟中诚信的发展,对供应链信任有正向影响。[⑤]

核心企业在设计诚信约束机制时,应注意满足:①参与约束。从参与企业角度,机制的设计应注意使参与企业有利可图;从核心企业角度看,机制设计应注意对加盟供应链企业有一定选择标准,毕竟这是整个供应链稳定存在的基础。②个人理性约束。博弈论认为,人是理性的,即人人都会在给定的约束条件下最大化自身的利益,机制的设计应注意协调好供应链上各节点企业的利益分配,注意相对弱势企业的利益诉求。③激励相容约束。机制的设计应促使参与企业诚信交易,只有诚信交易,才能保证自身利益的最大化,彼此之间形成相互依存的利益分配格局,核心企业获得最大的资源整合效应。

本章小结

相关文献研究表明,组织目标产生于组织各参与者之间的相互作用,企业的基本目标是长期生存,即决策的目标是组织的安全水平最

---

① 谢卓君:《供应链信任对其绩效影响的实证研究》,博士学位论文,华南理工大学,2007年。

② 张煜、汪寿阳:《食品供应链质量安全管理模式研究——三鹿奶粉事件案例分析》,《管理评论》2010年第5期。

③ 于富生、梁帆:《"三鹿奶粉"事件引起的思考——以成本与利润问题分析为例》,《天津大学学报》(社会科学版)2010年第12期。

④ 《双汇"地震",震痛的供应链》,http://news.sina.com.cn/o/2011-04-29/002622377622.shtml。

⑤ 谢卓君:《供应链信任对其绩效影响的实证研究》,博士学位论文,华南理工大学,2007年。

大化，也就是说，组织在不确定的未来生存的概率。在长期生存的前提下，企业是在利润限制下追求销售额最大化，而所谓的利润最大化应该被获取令人满意的利润这样一个目标所代替。企业是在组织安全的情况下追求利益最大化。在目前政府监管力度不断加大、消费者食品安全意识不断增强的形势下，在企业、政府和消费者三方博弈趋向新的均衡的过渡过程中，企业坚持诚信是市场经济中获取利益最大化的唯一途径。也就是说，企业利他守信的最终目的并不是尽社会义务，而是追求自身利益最大化，追求更长久地获利。[①] 同时，供应链的有效运行，需要核心企业对其他节点企业采取适当的限制行为。综合来说，外部环境的变化和食品供应链核心企业的角色决定了核心企业的行为策略是链外诚信，链内约束。这是企业长久发展的唯一选择。

通过企业求利本质、契约性质以及供应链有效性剖析，本章分析了食品供应链核心企业食品安全行为驱动因素，不禁提出疑问：链外诚信，链内约束。食品供应链核心企业诚信行为到底受哪些影响因素？和其供应链管理之间是什么关系？如何设计合理的诚信约束机制？等等。所有这些问题，都为下一步研究提出了方向，以此为基础，下文将对上述问题展开针对性的实证研究。

[①] 汪晓春：《企业的"诚信"与市场规则》，《经济管理》2002年第19期。

第四章 食品供应链核心企业诚信行为影响因素理论模型与假设

第一节 研究目的与内容

在第三章,我们对食品供应链核心企业食品安全行为进行了理论探讨。并提出疑问:食品供应链核心企业诚信行为影响因素是什么?本章将围绕这一问题展开研究。根据本书第二章对企业诚信的分析,我们认为,企业诚信可能同时受到代表企业道德水平的企业伦理型领导以及代表企业供应链管理能力和水平的供应链合作关系两方面因素的影响。接下来,本章将对这两种关系进行详细的理论分析。同时,伦理型领导最新研究在目前聚焦组织内传统组织变量(如工作满意度、组织承诺等)领导效能的基础上,拓展探讨伦理型领导对外部利益相关者的影响效果,表现为对组织层面的领导效能。但已有研究较少且不够深入,为此,本章将同时探索企业伦理型领导影响供应链合作关系的理论依据。也就是说,本章将分别构建"企业伦理型领导—企业诚信""供应链合作关系—企业诚信""企业伦理型领导—供应链合作关系"的理论路径。此外,还将通过理论分析,寻找对上述关系具有调节效应的变量。

第二节 本书中各变量结构维度与研究层面

本节主要检验企业伦理型领导（Ethical Leadership，EL）、供应链合作关系（Supply Chain Partnership，SCP）和企业诚信（Corporate integrity，CI）的维度结构。

一 伦理型领导

由前所述，对于伦理型领导的维度，有整体单维度结构、二因素结构、三因素结构、四维度结构以及多维度结构等，在这些结构维度实证测量中，学术界还没有完全统一的看法。

对于布朗等（2005）提出的单因素伦理型领导结构及开发的相关量表，在西方文化情景中应用较多，均认可该量表的测度结果以及量表的信度、效度，然而，该单维度量表结构过于单一，在管理实践应用中很难依据施测结果做出决策。而且研究人员在考察样本时较少关注到国家文化差异，这说明被广泛使用的伦理型领导量表的区分效度还不够充分，该量表的合理性和普适性还有待验证。

印度学者 Khuntia 等（2004）的二因素结构是在 Kanungo 和 Mendonca（1998）提出的三维度概念（领导者的动机、领导者的影响方式和领导者的个人特质）的基础上开发的。该研究样本由340名中层管理者组成，主要来源于印度4家企业，由这340名中层管理者对其上级的伦理型领导行为进行评价，数据经过因子分析，提炼出授权、激励和个人特质两个维度。虽然相比 Kanungo 和 Mendonca（1998）的研究而言，Khuntia 等（2004）的研究得出了两个维度并开发出量表是一种进步，但通过分析，可以发现，该研究和 Kanungo（1998）等的概念分析是一致的，并无本质区别，而开发的量表研究样本的单一性以及文化背景的独特性，导致该量表仍不适用于广泛推广。

De Hoogh 等（2008）针对高层管理者提出的公平、分权和角色澄清三维度伦理型领导结构，需注意的是，该量表的调查对象是高层管理者，以及以中小企业作为实证样本，存在高层管理者与下属员工间关系过于直接的不足，此种局限导致少有其他学者基于该伦理型领导量表进行实证研究。

Resick 等（2006）针对不同文化环境下（包含62个不同国家或地区）伦理型领导的结构维度进行了研究，结果发现，在所有文化情境下，伦理型领导包含正直、利他、集体激励和鼓励四个维度，这四个维度具有较好的文化普适性。这一结论在马丁等（2009）的研究中，通过对455位美国中层管理者以及398位德国中层管理者的比较研究也进一步得到了验证，表明了伦理型领导四维度结构的合理性。钟敏（2013）通过我国文化情境下验证，证明该量表中国情境下与原问卷的构思相一致，四个因子共解释86.184%的变差。①

Kalshoven（2011）、G. Yukl 等（2013）、Eisenbei（2014）等提出的多维度结构，是基于布朗等（2005）、De Hoogh 等（2008）量表开发而来，且由于开发时间较短，有待进一步验证。其他维度结构研究，要么定性研究尚未量化不可适用，要么特殊情景下开发不适于借鉴。

因此，本书决定采用 Resick（2006）的四维度结构进行研究。

（1）正直。正直是个人品质的基本组成部分，意味着无论外界压力如何，个体都需要具备做出决策和从事正确的道德行为的能力。因此，正直被认为是领导能力的一个重要方面②，行为正直对领导者可信度感知很重要③，是下属接受领导愿景的关键因素，是伦理型领导的直接组成部分。领导的正直特质提供了引导领导信念、决策和行为的基础。

（2）利他。利他是指伦理型领导者聚焦于更大的善，在管理中以人为本，能够意识到他们的行为对他人的影响，因此，使用他们具有的社会性权力去服务集体利益，而不是领导者的自我利益。利他主要关心共同的目标，包括整合他人的权利和需求，参与人行为旨在帮助

---

① 钟敏：《伦理型领导对员工创造力影响的实证研究》，硕士学位论文，浙江大学，2013年。

② Posner, B. Z., W. H. Schmidt, "Values and the American Manager" [J]. *California Management Review*, 1992 (26): 202 - 216.

③ Dirks, K. T., D. L. Ferrin, "Trust in Leadership: Meta - analytic Findings and Implications for Research and Practice" [J]. *Journal of Applied Psychology*, 2002, 87 (4): 611 - 628.

他人而不期待任何外在报酬或考虑个人福利,是领导行为的伦理基础,也是伦理型领导的重要特征。

(3) 集体激励。集体激励是指管理者激励下属把组织的利益超越于个人利益之上①,从而使双方共同致力于企业目标,既包括领导与下属之间在智力和情感上的承诺,也包含激励下属朝领导者为团队所设立的愿景目标努力,鼓舞下属为了群体、组织或社会利益超越个人利益。

(4) 鼓励。这个维度类似于变革性领导的理想化影响和个性化关怀维度,涉及鼓励提出问题、独立思考和创新,并公正、公平地对待下属,是下属感知领导者意图的重要影响因素。

二 供应链合作关系

由第二章可知,虽然不同理论对供应链合作关系评价有着各自不同的解释,但文献研究对衡量供应链合作关系质量的纬度的归纳也逐渐趋向一致,主要包括相互依赖程度、信息沟通程度、相互合作程度与信任程度等。通过研究综合大量国内外文献,本书从食品供应链核心企业角度测度供应链合作关系,结合对企业实地调研与访谈,选择了对自变量供应链合作关系进行测量的五个要素:信任、承诺、沟通、合作与相互依赖。

(1) 信任。信任是指合作企业相信对方会采取对自己有利的行为,不会做出对自己不利的举动。分为合同信任、竞争力信任和善良信任三个维度,其中,合同信任代表企业的履行契约能力;竞争力信任代表企业完成某项任务的能力;善良信任代表企业相信合作方的道德承诺。

(2) 沟通。沟通是指企业间以正式或非正式的方式分享有意义的、及时的信息。沟通行为的三个维度是:沟通质量、信息分享的形式及范围、企业间计划和目标制定的参与程度等。

(3) 相互依赖。相互依赖表示合作方需要通过保持交易关系来达成自己期望的商业目标。是多种因素的作用结果,如一方对另一方市场战略的承诺程度、关系解除的难度及成本等。

---

① Kanungo, R. N., M. Mendonca, "Ethical Leadership in Three Dimensions" [J]. *Journal of Human Values*, 1998, 4 (2): 133 – 148.

（4）承诺。承诺是资源交易关系中的交易双方相互依存的一个重要因素，是交易伙伴相信此合作关系非常重要，愿意付出全部努力去维持和发展。也可以说，是买卖双方为维持一个有价值关系的持续性欲望，主要由情感性承诺、经济性承诺和持续性承诺三个层面组成。承诺也牵涉专用性资产投资，这些投资可以稳定双方关系，并减少其他机会主义行为。

（5）合作。合作是指企业共同工作以达成双方共同目标的情况。合作并不表示不再有冲突。同时，合作与默许不同，合作是主动的，而默许是被动反应的。

三 企业诚信

根据前面企业诚信维度所述，对企业诚信测度有过程行为评估和结果评估两种思路，基于对企业诚信的定义有名词和动词两种解释，兼有诚信发展行为观的趋势考虑，诚信，更重要的是对个体或组织的行为感知。本书测度企业诚信，采取过程行为评估思路。前面的理论基础部分对相关测量维度进行了总结，可以看出，众多学者基本都是基于"企业利益相关者契约体"的企业性质对利益相关者行为的思路来测度企业诚信，国内有代表性的企业诚信的内涵维度分别是潘东旭、周德群（2006）的物质支撑、制度约束、时间维度内涵理论探讨。[①] 姚延波等（2014）运用扎根理论实证旅游企业诚信内涵分为规范诚信、能力诚信和情感诚信三个维度，但没有进一步开发量表，且是针对旅游企业，普适性差。[②] 陈丽君（2009）通过行为表现的视角来测量企业诚信，在文献研究、访谈的基础上构建我国文化背景下"企业诚信"，构思要素如下：其一，组织是持续导向、负责有德的，指组织关注长期利益，勇于承担社会责任，对其股东、员工、客户、社会等各种利益相关者负责，并提供持续回报。其二，组织是诚实守规、公平竞争的，即组织将以遵守商业伦理和规则的方式进行诚实公

---

① 潘东旭：《现代企业诚信影响因素：理论与实证》，博士学位论文，中国矿业大学，2004年。
② 姚延波、张丹、何蕾：《旅游企业诚信概念及其结构维度——基于扎根理论的探索性研究》，《南开管理评论》2014年第1期。

平竞争。其三,组织是言行一致、信守承诺的,指组织在商业往来中对利益相关者守诺。经问卷访谈实证、探索性因子分析、组织的持续导向和负责有德分离出两个因素:一是更加关注持续地对股东利益的回报;二是组织社会责任的承担,即对员工、消费者、社会的安全、健康等责任的承担。因此,企业诚信测度为诚实守规、守信履约、持续回报和社会责任四个维度。国外学者认为,对诚信的判断认知建立在对他人或组织观察到的行为之上(Mayer et al., 1995)[1],国外学者对企业诚信测量基本都是借鉴梅耶等(Mayer et al., 1995)的人际诚信维度(诚实、善意、能力)根据自己研究实际和样本(顾客)情况调整而来。其中有所区别的是:考德威尔等(Caldwell et al., 2003)在借鉴梅耶等(Mayer et al., 1995)的人际诚信维度基础上,认为信任企业是因为企业隐含社会契约,企业诚信是企业对利益相关者职责行为表现履行程度判断,是利益相关者信任的基础,基于此认识,根据企业利益相关者伦理职责行为,通过判断企业职责行为执行程度判断诚信度,数据来源于不同国家的 MBA 学生 339 个样本,要求被访者指出判断企业诚信的重要因素,从而提出并验证了企业诚信六维度 32 个题项,诚实沟通、相互友善、质量保证、胜任力、财政平衡、遵纪守法,具有跨文化适应性,不同学者进行了引用,如格莱特(Gullett, 2009)引用考德威尔等(2003)的研究用于供应商—销售商之间诚信判断认知以作为信任的基础[2]等。综上所述,为了降低复杂性,并聚焦所要解释的现象,研究者都是有目的地基于梅耶等(1995)的人际诚信维度调整若干维度进入模型,本书也沿着此思路选择特定的企业诚信维度。

本书所说企业诚信的内涵是企业对股东、员工、供应商、顾客、政府、社区等内外部利益相关者履行契约、兑现承诺的实际行为与动态过程。是基于企业对利益相关者行为观角度解释企业诚信,其实质

---

[1] Mayer, R. C., J. H. Davis, F. D. Schoorman, "An Integrative Model of Organizational Trust" [J]. *Academy of Management Review*, 1995, 20 (3): 709–734.

[2] Gullett, J., L. Do, M. Canuto-Carranco et al., "The Buyer-Supplier Relationship: An Integrative Model of Ethics and Trust" [J]. *Journal of Business Ethics*, 2009, 90 (3): 329–341.

是企业对利益相关者契约体本质的职责行为履行程度判断,也与陈丽君(2009)、考德威尔等(2003)研究构思相契合。

在确定维度前,我们首先需要明确本书采用的分析取向。前述企业诚信的测度是基于利益相关者的角度的,包括内外利益相关者,如员工、股东、供应商、顾客、政府、社区等。本书研究食品供应链核心企业诚信行为,主要想测度食品加工企业对外展现诚信行为的影响因素,因此,主要针对外部利益相关者(顾客、政府、消费者等)而言,而不包括内部利益相关者(主要是员工、股东等),这既是大多数文献关注焦点,也与现实关注相一致。另外,前面所述食品生产者、食品消费者和监管者是食品行业食品安全的第一层次利益相关者,能从根本上影响食品行业本身的生存与发展,因此,外部利益相关者中政府、消费者是本书主要关注的对象。

通过研究综合大量国内外文献,我们主要参考适合中国情景的陈丽君(2009)企业诚信研究并结合考德威尔等(2003)的研究,在企业实地调研与访谈基础上,本书选择了企业诚信维度进行测量的四个要素:质量保证、遵纪守法、诚实守规和守信履约。

(1)质量保证(Quality Assurance, QA),是指为实现预期结果对质量标准的理解程度和坚持程度。是生产者对用户在产品质量方面提供的担保,保证用户购买到的产品在寿命周期内质量可靠(中国质量协会)。

在文献讨论企业诚信和质量保证之间的关系时,隐含着组织的职责是组织要确保组织系统、流程生产高质量的产品。Steel 和 Lloyd(1988)发现,质量改进措施会对信任认知产生积极影响。在组织和人际信任的讨论中,Reed(2000)确定了质量改进实践和信任之间具有重要相关性。Lewicki 和 McAllister(1998)也验证了诚信和质量项目成功之间的相互关系,指出诚信需要质量项目的成功实现。Bhattacharya 和 Devinney(1998)验证了质量信赖对信任的重要性。Caldwell、Gruys 和 Thornton(2003)[①] 强调了人力资源设置中确

---

① Caldwell, C., G. C. Thornton, M. L. Gruys, "Ten Classic Assessment Center Errors: Challenges to Selection Validity"[J]. Public Personnel Management, 2003, 32(1): 73-88.

保质量标准实现作为建立信任先决条件的重要性。Caldwell 等（2003）调查结果表明，质量改进努力符合组织守信框架内涵。Hancke（1998）[①] 在法国的一项组织研究证实，公司遵循质量改进实践也增强了外界对它们的信任关系。Seiders 和 Berry（1998）[②] 指出，服务质量等同于企业诚信，也等同于组织的公平。

（2）遵纪守法。即对适用法律的理解和遵守程度。也是判断诚信的两个关键因素：组织能力和诚实的证明。组织治理的任务要求组织行为不仅是合法的，而且是诚信值得信赖的，如果它们希望被视为是诚信值得信赖的话，组织有道德义务遵守法律精神和条文规定。

（3）诚实守规。诚实守规和守信履约维度主要参考了陈丽君在中国情景下实证结果，诚实守规，即组织以遵守商业伦理和规则的方式参与诚实公平竞争。

（4）守信履约。表示言行一致、信守承诺，是指组织在商业往来中对利益相关者遵守诺言。

第三节 核心企业诚信行为影响因素理论假设

一 伦理型领导与企业诚信之间的关系假设

对于企业伦理道德[③]与企业诚信这两个概念，两者相生相伴，均包

[①] Hancké, B., "Trust or Bierarchy? Changing Relationships between Large and Small Firms in France" [J]. *Small Business Economics*, 1998, 11 (3): 237-252.

[②] Seiders, K., L. L. Berry, "Service Fairness: What It Is and Why it Matters" [J]. *The Academy of Management Executive*, 1998, 12 (2): 8-20.

[③] 伦理与道德尽管在内涵上的确存在一定的区别，比如，伦理是主体在处理内外关系时的规范，强调"应然"，道德是主体所接受并内化的认识和要求，是主体真正信奉并在社会活动中体现出来的行为规范，偏重于"实然"（王艳艳和赵曙明，2007）。然而，如果不是以概念考究精致见长的哲学角度开展研究（胡宁，2010），伦理与道德两者在词源含义上是等同的（孔南钢，2011），尤其对于组织管理理论而言，伦理与道德表述经常替换使用（潘东旭和周德群，2006；陈丽君，2009；朱福明，2010；赵立，2012）。基于此，本书将企业道德与企业伦理看作同义概念使用。

含共同的本质内涵，而且如果适当扩大概念范围的话，两者甚至可以在一定程度上等同。因此，在一些研究中，一些学者对伦理和诚信作为同样的概念使用，如李亮学（2004）直接将两者作为一个概念使用。[①] 范南（2004）将诚信视为经济生活中的一种伦理，认为诚信既是一种道义伦理要求，也是一种社会伦理规范。[②] "诚信行为指按伦理道德所要求的规范来强制自己，诚信行为就是伦理行为或道德行为。"[③] 从社会来说，诚信是普遍性、基本的底线伦理，不是"高不可攀或资源稀缺的伦理层次"，这是因为，毕竟高层次的道德需求和道德供给不可能在规模和数量上成为大众主流。

伦理道德是当代背景下企业核心竞争力的重要内生变量，是企业实现可持续发展的竞争优势的来源。企业在生产经营过程中是否具备了诚信意识，决定了企业的行为。王新平、张琪等（2012）通过对近几年发生的食品质量安全事件分析，发现食品安全事件的发生，除政府监管不力外，一个很重要的原因在于企业自身，都是由于相关从业人员、食品生产者缺乏足够的质量意识、社会道德和法律意识导致的，暗示了企业伦理道德对企业诚信的决定作用。周斌（2010）基于供应链视角，认为供应链企业之间诚信关系演进受内在动力因素和外在环境因素两方面影响，外部因素通过内因起作用，"企业内部伦理"是其中的内部因素之一，如果企业内部伦理良好，就可以使供应链整体"熵"值减少到最小，而供应链整体"熵"值逐渐变小的动态过程就是企业之间诚信关系演进的过程。[④]

郭建新（2007）认为，诚信交易过程需要一些条件限定，分别为明晰的产权归属、合法的契约缔结、有效的制度安排、对称的信息共享、公共权力的维系等。从某种程度上说，如果满足这些限定条件，

---

① 李亮学：《信用伦理研究》，博士学位论文，湖南师范大学，2004年。
② 范南：《信用理论、制度与实践问题研究》，博士学位论文，东北财经大学，2004年。
③ George, R. T. D., *Competing with Integrity in International Business*. Oxford University Press, 1993: 6–7.
④ 周斌：《供应链企业间诚信关系的演进研究》，硕士学位论文，江苏大学，2010年。

确实可以构成一个比较完备的诚信制度。但是,我们知道,一切制度的设计与安排最终都要通过参与人的行为体现出来,在诚信交易中,不能忽视人为因素的复杂性,不能单单根据一些限定交易条件预设来解释失信问题。因此,限定条件解释失信问题仅仅能出现于理论中的理想状况。笔者提出,诚信交易过程中必须关注主体性动机,也就是关注交易主体是否具有守约守信的道德品质。① Steinmann 等(2001)认为,导致企业非伦理行为的原因有三大类:一是外部环境因素,如经济制度造成的压力;二是组织上的局限性,包括劳动分工、决策权限的分散、等级命令制等组织结构因素和文化因素;三是经理者的道德因素②,实际上,企业各级领导者的伦理道德水平在很大程度上决定了企业的伦理道德水平。潘东旭等(2006)认为,应从"提升经营者道德素质,营造诚信的企业文化"方面考虑提高企业的诚信水平。不言而喻,笔者赞同道德之于诚信的作用。然而,由于道德的不稳定和不可测量的特性,很难作为单独变量测度进入实证研究。因此,在他们研究企业诚信影响因素模型中,没有包含与道德相关的变量。本书研究中,我们将相对成熟的、可测度的企业伦理型领导作为表征道德的替代变量,能有效地解决这一问题。

领导者要引领企业走向成功,必须努力争取组织内外部方方面面的尊重和信任。基于此,当前学者已开始思考领导对员工、顾客、股东等各利益相关者所应承担的伦理责任,尝试整合微观层面的行为(如个人领导)对宏观层面(如企业社会责任、企业行为)的影响。③姜雨峰和田虹(2014)对伦理型领导与企业社会责任的相关关系进行了实证研究,明确了伦理对企业承担社会责任的重要性④;王菁、徐

---

① 郭建新:《信用:一种经济伦理的诠释维度》,《江苏社会科学》2007 年第 3 期。
② 霍尔斯特·施泰因曼、阿尔伯特·勒尔:《企业伦理学基础》,上海社会科学院出版社 2001 年版。
③ House, R., D. Rousseau, M. Thomas - Hunt, "The Meso Paradigm: A Framework for the Integration of Micro and Macro Organizational Behavior" [J]. *Research in Organizational Behavior*, 1995, 17 (3): 71-114.
④ 姜雨峰、田虹:《外部压力能促进企业履行环境责任吗?——基于中国转型经济背景的实证研究》,《上海财经大学学报》2014 年第 6 期。

小琴（2014）实证研究发现，伦理型领导对促进产品责任、员工责任、环境责任、诚信公正、公益责任均具有显著的正向影响。[①]

领导的作用是引导和激发被领导者向着一定的目标努力，在扮演这种角色时，领导者影响着公司文化和组织的伦理价值观。大多数企业员工会将企业中的重要他人，如领导者，作为自己伦理行为的指导。而企业内员工的非伦理行为又会对企业的可持续发展产生极大的危害。组织失信问题会给供应链成员企业、消费者甚至整个社会造成巨大的危害，也是一种"不良行为"。因此，我们认为，企业伦理型领导对企业失信的不良行为也会产生积极影响。另外，根据社会交换理论与社会学习理论，人们会通过观察他人的行为，从而决定是否学习或模仿该行为，如果员工感受到管理者以一种伦理的方式对待他们，他们也会以同样的方式对待工作。因此，可以推测，企业良好的伦理型领导能够给企业带来伦理行为。

因此，提出如下假设：

H4-1：伦理型领导显著影响企业诚信。

伦理型领导各子维度也表现出类似的积极结果。

（一）正直与企业诚信的关系

正直是中国传统文化中一直所推崇的价值观念，即能够坚持正道，意味着有勇气坚持自己的信念。在组织行为领域中，领导者的正直表明领导者为人真诚坦率、公正无私，信任且能公平、公正地评价下属。研究发现，管理人员表现出正直、诚实行为，能促进下属对组织的认同，进而促进下属努力工作以及一些亲社会行为，如组织公民行为、进谏行为等[②]，从而有助于组织道德行为的实现。

（二）利他与企业诚信的关系

Kanungo（2009）指出，领导者为了表现出伦理性，必须从事有

[①] 王菁、徐小琴：《伦理与社会责任——来自企业层面的实证分析》，《伦理学研究》2014年第6期。

[②] Avolio, B. J., W. L. Gardner, F. O. Walumbwa et al., "Unlocking the Mask: A Look at the Process by Which Authentic Leaders Impact Follower Attitudes and Behaviors" [J]. *The Leadership Quarterly*, 2004, 15 (6): 801–823.

益于他人的行为，并且避免不当行为或危害他人的行为。利他是指领导对待下属慷慨大方，友善、关心下属并重视下属的利益。研究表明，领导者的利他行为，一方面有助于建立与下属的良好关系，如高质量的领导与成员关系；另一方面领导者的利他行为能够激发员工的工作动机，并能积极参与组织的创新过程，从而有助于组织目标的实现。

（三）集体激励与企业诚信的关系

领导者的集体激励，表现在领导者与下属、同事之间的沟通交流方面，通过沟通交流，使其重视集体利益，以团队、集体为主；并帮助下属建立自信；善于组建团队。其中，还涉及领导者和下属之间智力与情感上的承诺，激励下属朝领导者为团队所设立的愿景目标努力，并认同所在团队或组织的行为、价值观。

（四）鼓励与企业诚信的关系

鼓励，表现在对下属或追随者鼓励以及对员工士气的提高方面。研究证明，领导的鼓励、授权，能让下属产生胜任感，增强下属信心、独立能力[①][②]，体现了领导者对下属的认同和尊重[③]，是下属感知领导意图的重要影响因素，从而有助于更好地达成组织目标。

综上所述，伦理型领导者通过个人行动和人际互动向下属展示何为恰当的、合乎规范的行为，并通过关心下属利益、鼓励、建立公平公正的工作环境等方式，引导员工行为，引导下属认同组织价值观、目标，将员工个人目标导入到组织目标发展轨道当中，实现员工和企业的"双赢"。从员工角度来看，根据社会信息加工理论，员工通过观察工作环境中的合乎规范的行为，会倾向于规范自己的行为，表现出组织倡导要求的行为，从而有助于企业诚信行为的出现。

---

① Zhang, R., Z. Rezaee, "Do Credible Firms Perform Better in Emerging Markets? Evidence from China" [J]. *Journal of Business Ethics*, 2009, 90 (2): 221 – 237.

② IP, P. K., "Is Confucianism Good for Busindss Ethics in China? [J]. *Journal of Busindss Ethics*, 2009, 88 (3): 463 – 476.

③ Kanungo, R. N., A. M. Mendonc, *Ethical Dimensions of Leadership* [J]. London: Sage, 1996.

因此，假设 H4-1 可以细化成以下子假设：

H4-1a：伦理型领导展现出的正直特质积极显著影响企业诚信各子维度；

H4-1b：利他行为积极显著影响企业诚信各子维度；

H4-1c：集体激励积极显著影响企业诚信各子维度；

H4-1d：鼓励积极显著影响企业诚信各子维度。

二　供应链合作关系与企业诚信的关系假设

除道德品质外，能力是另一个影响企业诚信的主要因素，很多企业诚信研究使用"企业诚信能力"来表述。例如，管晓永（2004）将诚信品质看作企业实现诚信的主观要素和必要条件，将诚信能力看作企业诚信实现的客观要素和充分条件。[①] 本书界定企业诚信的内涵是：所谓企业诚信，可从名词和动词两个方面解释，从名词角度看，企业诚信是企业行为遵循诚信规则的企业运营水平的静态描述，是动态的企业诚信发展过程中的某一时刻的构建结果的陈述；广义的企业诚信作动词解释，是企业对股东、员工、供应商、顾客、政府、社区等内外部利益相关者履行契约、兑现承诺的实际行为与动态过程，是企业不断谋取利益相关者信任、提升信任水平的过程。根据本书研究目的，这其中主要涉及食品加工企业面对的消费者、政府，以及商业往来中主要涉及的主要利益相关者的行为，主要从提供高质量的产品、经营行为符合相关法律法规、商业往来中公正公平遵守规则和践行承诺几个方面分析，这就需要企业在客观上具备某种能力作为基础，实际上就是企业诚信经营管理能力[②]，对于本书研究样本界定食品供应链核心企业来说，主要是指核心企业的供应链管理能力，从某种意义上说，曾经发生的一些食品知名企业事件的直接原因是核心企业的供应链管理不当所致[③]，这也是我们研究本书目的之一。毕竟，

[①] 管晓永：《中小企业信用评价因素研究》，博士学位论文，浙江大学，2005年。

[②] 齐平、王丹：《我国国有企业诚信经营能力的理性分析》，《经济纵横》2009年第10期。

[③] 《双汇"地震"，震痛的供应链》，http://news.sina.com.cn/o/2011-04-29/002622377622.shtml。

供应链成员企业间的合作是供应链管理的核心,也是供应链取得成功的关键。而供应链管理本质是合作关系管理,因此,本书选用供应链合作关系作为衡量核心企业"供应链管理能力"因素的变量。

另外,供应链合作关系质量的优劣最终反映在对实现企业目标的影响上,高质量的合作关系会明显促进关系资本的积累和价值实现,促使合作企业表现出良好的合作绩效。因此,对供应链合作绩效的研究也是企业关系理论界的核心研究问题,良好的供应链合作关系能够促进销售增长,促进市场绩效,提高产品质量,提高企业运营绩效[①],增加客户满意度,进而促进公司声誉和企业竞争优势的提升,供应商合作伙伴越稳定,企业业绩越好。而研究也发现,企业诚信显著积极影响企业经营业绩(Degerge,2001)和企业形象(陈丽君,2009;李森和刘媛华,2012)[②][③];越具有竞争优势的企业越具有良好的企业诚信(陈丽君,2009),高质量的供应链合作关系给组织带来的积极结果与企业诚信对企业的影响不谋而合。我们知道,行为导致结果。为此,我们猜测,良好的供应链合作关系可能会促进企业诚信行为的发生,进而得到良好的合作绩效。基于此,我们可以提出以下假设:

H4-2:供应链合作关系显著积极影响企业诚信。

供应链合作关系不同维度也表现出类似的市场绩效、顾客绩效、质量绩效等积极结果。

(一)信任与企业诚信关系

信任能够显著影响企业间合作的建立、发展以及合作的类型,是合作产生的一个非充分但必要条件。从文献研究来看,托马斯等(Thomas,1996)研究指出,供应链合作关系中的信任可提高企业赢

---

① 叶飞、李怡娜:《供应链伙伴关系、信息共享与企业运营绩效关系》,《工业工程与管理》2006年第6期。

② 陈丽君:《诚信的本质、评价和影响机制研究视角下的中西方诚信》,经济科学出版社2009年版。

③ 李森、刘媛华:《企业诚信对消费者行为的影响——基于突变理论模型的实证研究》,《消费经济》2012年第3期。

利能力和成功的概率，还能降低交易成本①；布拉达克（Bradach，2002）研究表明，信任对提高供应链的快速反应能力有帮助；潘文安与张红（2006）研究发现，信任对合作绩效具有非常显著的影响②；张旭梅等（2009）提出，企业间信任对合作绩效具有正相关关系；李连英（2012）③ 以交货、生产成本、产品质量、生产灵活性作为合作绩效，发现信任对营销渠道批零合作绩效有显著正向影响；曹永辉（2013）④ 以产品质量、产品成本和客户服务水平作为测度合作绩效的变量，发现信任对产品质量和客户服务水平具有正向影响作用。

可以看出，信任是供应链伙伴关系的核心，信任与产品质量、交易成本、顾客满意、竞争力等密切相关，促进联合行动，对企业间合作关系的影响也最深远。同样，信任对于核心企业行为的影响是不言而喻的；而且，核心企业和合作伙伴之间建立信任，可以增强一方配合另一方工作的主动性，为双方长期合作关系的建立打下基础，所有这些，都会直接或间接影响到核心企业对外展现出来的诚信行为，比如质量保证、遵纪守法等，毕竟食品质量需要各个环节的配合才能保证。只有不断加强核心企业和合作伙伴之间的信任程度，才会有助于促进双方的合作关系，保持双向合作行为的协同，进而保证核心企业诚信行为的产生和持续。因此，提出以下假设：

H4-2a：信任积极显著影响企业诚信各子维度。

（二）承诺与企业诚信关系

企业之间的合作关系其实是对未来的一种承诺，并且这种承诺可以默契或公开达成。承诺是供应链关系合作的基础，是指双方采取行动时均以相互共同利益而不是自我利益为出发点，可减少不确定性与

---

① Thomas, D. J., Griffin, "Coordinated Supply Chain Management" [J]. *European Journal of Operational Research*, 1996, 94 (1): 1-15.

② 潘文安、张红：《供应链伙伴间的信任、承诺对合作绩效的影响》，《心理科学》2006年第6期。

③ 李连英：《蔬菜营销渠道合作关系与合作绩效研究》，博士学位论文，华中农业大学，2012年。

④ 曹永辉：《供应链合作关系对供应链绩效的影响——基于长三角企业的实证研究》，《经济与管理》2013年第2期。

机会主义。承诺代表双方都愿意成为对方重要的或值得信赖的合作伙伴，可使企业不用担心合作伙伴的背叛与投机行为，并正向地影响双方的合作行为，降低合作伙伴离开关系的倾向。林筠等（2008）认为，承诺通过间接合作对合作绩效具有间接影响；叶飞、徐学军（2009）认为，供应链伙伴之间的关系承诺对运营绩效有正向影响；李连英（2012）发现，承诺对蔬菜营销渠道批零合作绩效有显著正向影响；彭正龙（2014）认为，承诺对合作绩效具有显著的正向影响，供需双方关系的各因素通过承诺意愿和承诺行动对合作绩效产生不同程度的作用。承诺促进合作绩效的实现。

综上所述，承诺可看作是一种沉淀成本，它使合作双方相互信任而不会采取机会主义行为，可提高满意度，减少沟通成本，促进合作关系的长期和谐发展，最终提高双方的合作绩效，促进核心企业诚信行为。

因此，依据上述理论，提出如下研究假设：

H4-2b：承诺显著积极影响企业诚信各子维度。

（三）沟通与企业诚信关系

对于沟通与合作绩效的联系，有效的沟通有助于供应链功能的有效发挥；有利于供应链成员修正和统一企业战略目标；稳定合作关系；沟通顺畅，能提高相互理解程度，增加目标一致的感知；反之，则容易使成员企业之间产生误解与摩擦，甚至产生恶性冲突；随着组织间合作程度的增强，沟通已变成企业之间合作成功的核心因素；同时，沟通能力也反映了企业和内外部环境交换信息的能力，合作企业之间的沟通能够增进双方的了解，有助于合作绩效的提升。李连英（2012）以交货、生产成本、产品质量、生产灵活性测度合作绩效进行研究，发现沟通对合作绩效显著正向影响。

可以看出，沟通在供应链合作关系中作为一个关键的关系竞争力因素，有助于供应链中各成员企业战略目标的修正和统一，有助于彼此消除隔阂、分歧和摩擦,进而稳定彼此的合作关系①,对供应链上下游企业的绩效有明显的改善作用。② 因此,我们推测也可能促进核心企业的诚信行为。因此,依据上述理论,提出如下假设:

H4-2c:沟通显著积极影响企业诚信各子维度。

(四) 合作与企业诚信关系

合作是指企业之间为了达到共同的目标而进行协同工作,供应链企业之间的"合作"则是指供应链企业之间在设计、流程、计划和质量等多方面的合作,正式的合作可以获取互补性资源、提高企业的核心竞争力等。良好的合作意味着合作各方都会努力发挥自身优势以促成对方实现目标。合作强调功能的相对独立性和目标的共同性,即共同价值观或顾客所需产品。

合作是供应链合作关系中的主导行为。这方面的文献研究有:在生产安排、新产品/流程、有关价值方面的信息交换等进行合作,可有助于降低生产成本,提高生产或流程的创新能力③;有效的合作行为对合作效率有积极的正向影响,合作可提高关系成功的概率,合作过程中的管理经验对合作绩效存在着显著正向影响,企业间合作经验越丰富,企业之间的合作绩效将获得很大提高④;合作对合作绩效有显著正向影响。既然合作对供应链合作关系、合作绩效有显著的正向促进作用,从食品供应链角度来说,食品问题的发生在食品供应链每个环节都有可能,最终在核心企业生产的带有核心企业标志的成品中体现出来,核心企业成为最大的责任者。因此,供应链企业间良好的

---

① Anderson, J. C., Narus, "A Model of Distributor Firm and Manufacturer Firm Working Partnerships" [J]. *The Journal of Marketing*, 1990, 54 (1): 42-58.

② Paulraj, A., A. A. Lado, I. J. Chen, Inter-organizational Communication as a Relational Competency: Antecedents and Performance Outcomes in Collaborative Buyer-supplier Relationships" [J]. *Journal of Operations Management*, 2008, 26 (1): 45-64.

③ Landeros, R., R. M. "Monczka, Cooperative Buyer/Seller Relationships and a Firm's Competitive Posture" [J]. *Journal of Purchasing and Materials Management*, 1989, 25 (3): 9-18.

④ Kale, P., H. Singh, J. H. Dyer, "Alliance Capability, Stock Market Response, and Long Term Alliance Success: The Role of the Alliance Function" [J]. *Strategic Management Journal*, 2002, 23 (8): 747-767.

合作能促进双方合作关系的良好发展,对核心企业的诚信行为也应该有重要的保证作用。据此,提出如下假设:

H4-2d:合作显著积极影响企业诚信各子维度。

(五)相互依赖与企业诚信关系

相互依赖是指合作各方为了达到预期的共同目标而相互需要的程度。企业之间进行合作的主要原因之一是获取对方的资源以获得利益①,是双方之间具有互补性,是彼此需要对方所贡献的资源和技能以弥补自己的不足。②

对于企业之间的相互依赖,学者多强调资源的依赖性和互补性,这里的资源既包括有形资源也包括无形资源,其中,技术的依赖性和互补性尤其重要,表现在它们之间具有关联性,这种关联性代表企业与伙伴之间在技术内嵌化过程中的关系,也反映了该技术对双方企业的经营绩效和竞争优势所带来的影响。在合作伙伴之间,除资源的依赖性和互补性外,利益也是维系双方依赖程度的一个非常重要的构面。一个企业可能有多个供应链合作企业,但因为与不同合作企业之间的利益依赖程度不同,很可能导致企业对不同合作企业重视程度不同。一般来说,合作企业之间的利益关系主要通过对相互间利益变化的敏感程度来反映,即企业经济状况的变化对其他供应链合作企业的影响的大小。除此之外,合作企业之间的依赖关系还体现在情感方面的依赖,这主要是由于企业间长期合作或者企业之间关键员工的情感关联所产生的,这种情感上的关联会引起企业领导对少数合作企业的格外关注和重视。

在相互依赖与合作绩效的影响研究方面,如果合作双方相互依赖程度很高,且每一方都具有一定的实力,即合作双方处于实力均衡状态、合作双方收益均等,有利于增强合作氛围,促进合作各方对合作

---

① Kogut, B., "Joint Ventures: Theoretical and Empirical Perspectives" [J]. *Strategic Management Journal*, 1988, 9 (4): 319-332.

② Kanter, R. M., "Collaborative Advantage: The art of Alliances" [J]. *Harvard Business Review*, 1994, 72 (4): 96-108.

关系的承诺①；合作企业之间建立在相互依赖基础上的关系要比一般的交易关系更具竞争优势；同时，合作关系中专用性资产的投资增强了双方相互依赖的程度，可缩短新产品的开发周期，最终提高合作双方间的合作绩效②；Gulati 与 Sytch（2007）从相互依赖性的对称性与非对称性两个方面，指出不对称相互依赖背后的行动逻辑是实力，而对称性相互依赖背后是嵌入性的行动，如联合行动、信任与信息交换，并通过研究表明，联合行动水平与信息交换质量在对称性相互依赖与合作绩效间具有中介效应③；供应链中买方的依赖性有助于供应链的一体化。总体来看，相互依赖是合作关系存在的重要原因，企业间相互依赖性水平的提高有助于企业之间建立长久的合作关系④，进而提高市场绩效、质量绩效、运营绩效等合作绩效，促进核心企业诚信行为发生和持续。

因此，提出如下假设：

H4-2e：相互依赖显著积极影响企业诚信各子维度。

三　伦理型领导与供应链合作关系的关系及假设

"当企业作为一个社会主体与另外一个社会主体进行交往时，伦理思想会影响其实际行为。"⑤

组织在作为个体独立运营的同时，也往往嵌入在某一集群生态网络之中，与其他组织发生着竞争合作关系。随着企业嵌入社会关系网络程度的加深，除有效领导企业内部成员外，企业还必须以利益相关者的视角，打破内部利益相关者思维局限，同时关注企业行为对外部利益

---

① Dwyer, F. R., P. H. Schurr, S. Oh, "Developing Buyer–Seller Relationships" [J]. *Journal of Marketing*, 1987, 51 (2): 11–27.

② Dyer, J. H., "Effective Interfirm Collaboration: How Firms Minimize Transaction Costs and Maximize Transaction Value [J]. *Strategic Management Journal*, 1997, 18 (7): 535–556.

③ Gulati, R., M. Sytch, "Dependence Asymmetry and Joint Dependence in Interorganizational Relationships: Effects of Embeddedness on a Manufacturer's Performance in Procurement Relationships" [J]. *Administrative Science Quarterly*, 2007, 52 (1): 32–69.

④ Wong, A., D. Tjosvold, P. Zhang, "Developing relationships in Strategic Alliances: Commitment to Quality and Cooperative Interdependence" [J]. *Industrial Marketing Management*, 2005, 34 (7): 722–731.

⑤ 孙智英：《信用问题的经济学分析》，中国城市出版社2002年版，第13页。

相关者的影响，应对不断增多的企业与外部利益相关者之间的互动。在这种形势下，忽视互动背景和企业的关键合作竞争关系，孤立探讨企业自身的伦理型领导，已不能有效地反映伦理型领导的真实价值；提升企业的伦理型领导水平，需要统筹考虑企业对组织内外利益相关者的伦理影响，进而实现全方位的伦理型领导效能。组织领导力能有效促进与他人合作，追随者感知到的领导者的道德品德比如诚实守信，能积极促进利益相关者的伦理行为，领导者采用伦理的方法运用于组织间的领导已逐渐引起关注。为此，借助自身具备的伦理领导力，探索企业引领其所属行业或供应链上的利益相关者实现合作竞争，促进共同和谐发展，已成为伦理型领导研究视角由个体层面向组织层面转变中的又一新热点。

另外，在中国儒家文化传统影响下，人们一直重点强调关系的发展、维护和开发[1][2]，这些关系依赖于互惠、正直和个人道德标准的最高水平，为避开正式结构的制约以一个快速、有效的方式获得可靠、准确的信息提供了机会。[3] 在中国文化环境下，一方面公司间的关系（如供应商/买家关系）没有得到重视进而不能得到很好的相互理解，另一方面中国儒家思想的核心是君子（道德的人），是指靠美德赢得他人。[4] 在中国，人们自然而然会想到要在一个名声好的领导者手下工作，这样的人可信赖、讲道德。[5] 因此，我们认为，伦理领导观念在中国环境下尤其重要，特别是在有很多冲突范围的供应链企业关系中。

伦理型领导包含个人领导（对人的影响）和公司领导（对一个组

---

[1] Hwang, D. B., P. L. Golemon, Y. Chen et al., "Guanxi and Business Ethics in Confucian Society Today: An Empirical Case Study in Taiwan" [J]. *Journal of Business Ethics*, 2009, 89 (2): 235–250.

[2] Wong, M., "Guanxi Management as Complex Adaptive Systems: A Case Study of Taiwanese ODI in China" [J]. *Journal of Business Ethics*, 2010, 91 (3): 419–432.

[3] Luo, Y., "Industrial Dynamics and Managerial Networking in an Emerging Market: The Case of China " [J]. *Strategic Management Journal*, 2003, 24 (13): 1315–1327.

[4] Ip, P. K., "Is Confucianism Good for Business Ethics in China?" [J]. *Journal of Business Ethics*, 2009, 88 (3): 463–476.

[5] Luo, Y., "Industrial Dynamics and Managerial Networking in an Emerging Market: The Case of China" [J]. *Strategic Management Journal*, 2003, 24 (13): 1315–1327.

织的影响），伦理型领导者的名誉影响所有其他人看法（如员工），当然也包括关键的外部利益相关者；布朗和同事对伦理型领导的定义是领导者"通过个人行为、相互间关系清晰阐述规范适当的行为，并使用双向沟通、决策制定、奖赏或惩罚引导、促进追随者的行为"，在社会环境中伦理型领导关注伦理和伦理方式。有学者认为，组织间领导行为对双方关系质量起着关键作用[1]，讲伦理的、受人尊敬的领导者能够以合乎伦理的方式影响追随者对伦理价值观的认知，进而促进所有合作成员的蓬勃发展。[2]

当公司拥有其他合作伙伴认为很有价值的资源时，共同利益和相互信任对他们之间的互动变得很重要。[3] 依据社会交换理论分析组织间关系问题，一个企业（或主要决策者）进行伦理型领导能给其他合作伙伴带来相互承诺和信任的良好预期，并以此制定促进互惠和伦理关系的规范协议。

根据客户关系营销理论，假设买方对交易关系有效性的认知对旨在避免冲突的卖家（如供应商）来说是一种潜在的竞争优势，比如价格竞争。因此，我们认为，企业的伦理互惠行为能够促进其他合作伙伴交互伦理和承诺的感知，进而增强对双方关系稳定性的信心。

所以，综合社会交换理论和客户关系营销理论应用于供应链企业合作环境中，我们认为，伦理型领导对供应链企业间关系的影响可以很好地解释为：领导者展示出的相关的伦理努力越好，和其他合作伙伴关系越好，越能很好地相互理解、沟通。

Wakefield（2008）等使用来源于一个美国大型电信公司以及韩国的五家联合公司的159个虚拟团队的样本研究发现，团队领导者通过

---

[1] Connelly, D. R., "Leadership in the Collaborative Interorganizational Domain" [J]. *International Journal of Public Administration*, 2007, Volume 30 (11): 1231 – 1262.

[2] Luo, Y., "Industrial Dynamics and Managerial Networking in an Emerging Market: The Case of China" [J]. *Strategic Management Journal*, 2003, 24 (13): 1315 – 1327.

[3] Domenico, M. L. D., P. Tracey, H. Haugh, "The Dialectic of Social Exchange: Theorizing Corporate – Social Enterprise Collaboration" [J]. *Organization Studies*, 2009, 30 (8): 887 – 907.

支持协调行为可以缓解群体间任务冲突。① 此结论与布朗所主张的建立在信任、公平基础上的伦理型领导对组织内、组织间的追随者有积极影响的观点相一致。另外，希尔（Hill）和同事的研究也总结出在供应商—采购商关系中伦理型领导能缓解双方冲突。② 特别是在强调人际关系和君子原则的中国儒家文化下，伦理型领导变得更为重要，公司领导有良好的道德，在商业实践中讲伦理，使用伦理方法来构建商业网络，这是成功的必要条件。Mo、Simon 和 Wang（2012）在中国文化背景下，研究伦理型领导之于组织间冲突管理的作用，发现伦理型领导与组织间冲突（关系冲突和任务冲突）水平负相关。③

因此，在中国文化环境下，我们认为，食品供应链核心企业的伦理型领导可能会影响其他外部利益相关者的认知，进而对供应链合作关系质量具有重要的促进作用。

基于此，提出如下假设：

H4-3：伦理型领导显著影响供应链合作关系。

根据前面伦理型领导四维度的阐释，伦理型领导各子维度也表现出类似的积极结果。因此，假设 H4-3 可以细化成以下子假设：

H4-3a：伦理型领导展现出的正直特质积极显著影响供应链合作关系各子维度；

H4-3b：利他行为积极显著影响供应链合作关系各子维度；

H4-3c：集体激励积极显著影响供应链合作关系各子维度；

H4-3d：鼓励积极显著影响供应链合作关系各子维度。

四 供应链合作关系作为伦理型领导影响企业诚信的中介作用假设

上述论述在阐述了伦理型领导对供应链合作关系积极影响的同时，

---

① Wakefield, R. L., D. E. Leidner, G. Garrison, "Research Note—A Model of Conflict, Leadership, and Performance in Virtual Teams" [J]. *Information Systems Research*, 2008, 19 (4): 434-455.

② Hill, J. A., S. Eckerd, D. Wilson et al., "The Effect of Unethical Behavior on Trust in a Buyer-supplier Relationship: The Mediating Role of Psychological Contract Violation" [J]. *Journal of Operations Management*, 2009, 27 (4): 281-293.

③ Mo, S., S. A. Booth, Z. Wang, "How Do Chinese Firms Deal with Inter-Organizational Conflict?" [J]. *Journal of Business Ethics*, 2012, 108 (1): 121-129.

也从另一个方面阐述了供应链合作关系对企业诚信的积极影响,因此,我们预测,SCP可能在伦理型领导影响企业诚信的关系中具有中介作用。

基于此,提出如下假设:

H4-4:供应链合作关系发挥中介作用;

H4-4a:供应链合作关系在管理人员正直特质影响企业诚信中发挥中介作用;

H4-4b:供应链合作关系在利他行为影响企业诚信中发挥中介作用;

H4-4c:供应链合作关系在集体激励影响企业诚信中发挥中介作用;

H4-4d:供应链合作关系在鼓励维度影响企业诚信中发挥中介作用。

五 市场竞争程度的调节作用假设

在市场环境中生存与发展,公司必须面对竞争的影响。在竞争环境下,公司必须关注改善现有经营过程,设计创新产品,提高经营过程稳定性和产品质量。竞争程度的不断加剧,加深了公司对聚焦于顾客的设计和服务对于公司获得顾客满意度重要性的认识。供应链合作关系相关研究普遍认可SCP是一种促进销售增长、促进市场绩效、提高产品质量、提高企业运营绩效[①]、增加客户满意度进而促进公司声誉和企业竞争优势提升的重要方式,供应链合作关系越稳定,企业业绩就越好。因此,在竞争程度不断加剧的形势下,企业为获取优势,会加大投入SCP,更有效地实施SCP,致使供应链合作关系改善带来的企业诚信的改善更显著。同样,竞争越激烈,企业可能会更注重对外展示伦理行为,更注重以道德伦理的要求进行决策,向社会公众和顾客表达愿意积极承担社会责任的信号,以获取顾客满意度。因此,当竞争激烈程度加大时,企业管理人员会更倾向于对外展示伦理型领导行为,注重组织伦理建设。

[①] 王姗姗:《供应链伙伴关系与企业绩效实证研究》,硕士学位论文,电子科技大学,2012年。

基于此，提出如下假设：

H4-5：竞争程度具有调节作用；

H4-5a：企业所面临的竞争程度正向调节伦理型领导对企业诚信的影响；

H4-5b：企业所面临的竞争程度正向调节供应链合作关系对企业诚信的影响。

六 本书理论假设汇总

至此，本书所有理论假设总结如表4-1所示，主效应3对13条、中介效应4条以及调节效应2条。

表4-1　　　　　　　　本书理论假设

类别	编号	假设
H4-1 伦理型领导显著 影响企业诚信	H4-1a	伦理型领导展现出的正直特质积极显著影响企业诚信各子维度
	H4-1b	利他行为积极显著影响企业诚信各子维度
	H4-1c	集体激励积极显著影响企业诚信各子维度
	H4-1d	鼓励积极显著影响企业诚信各子维度
H4-2 供应链合作关系 显著影响企业诚信	H4-2a	信任积极显著积极影响企业诚信各子维度
	H4-2b	承诺显著积极影响企业诚信各子维度
	H4-2c	沟通显著积极影响企业诚信各子维度
	H4-2d	合作显著积极影响企业诚信各子维度
	H4-2e	相互依赖显著积极影响企业诚信各子维度
H4-3 伦理型领导显著 影响供应链 合作关系	H4-3a	伦理型领导展现出的正直特质积极显著影响供应链合作关系各子维度
	H4-3b	利他行为积极显著影响供应链合作关系各子维度
	H4-3c	集体激励积极显著影响供应链合作关系各子维度
	H4-3d	鼓励积极显著影响供应链合作关系各子维度
H4-4 供应链合作关系 发挥中介作用	H4-4a	供应链合作关系在管理人员正直特质影响企业诚信中发挥中介作用
	H4-4b	供应链合作关系在利他行为影响企业诚信中发挥中介作用
	H4-4c	供应链合作关系在集体激励影响企业诚信中发挥中介作用
	H4-4d	供应链合作关系在鼓励维度影响企业诚信中发挥中介作用

续表

类别	编号	假设
H4-5 竞争程度具有 调节作用	H4-5a	企业所面临的竞争程度正向调节伦理型领导对企业诚信的影响
	H4-5b	企业所面临的竞争程度正向调节供应链合作关系对企业诚信的影响

第四节 核心企业诚信行为影响因素理论模型构思

本书理论模型构思如图4-1所示①,主要研究伦理型领导对企业诚信的影响（H4-1）、供应链合作关系对企业诚信的影响（H4-2），以及伦理型领导是否促进供应链合作关系的实施（H4-3）、供应链合作关系是否在伦理型领导和企业诚信之间发挥中介作用（H4-4）②，同时验证竞争程度是否对H4-1、H4-2具有调节作用（H4-5）。此外，为深入剖析，本书进一步假设了各变量不同子维度之间的关系。

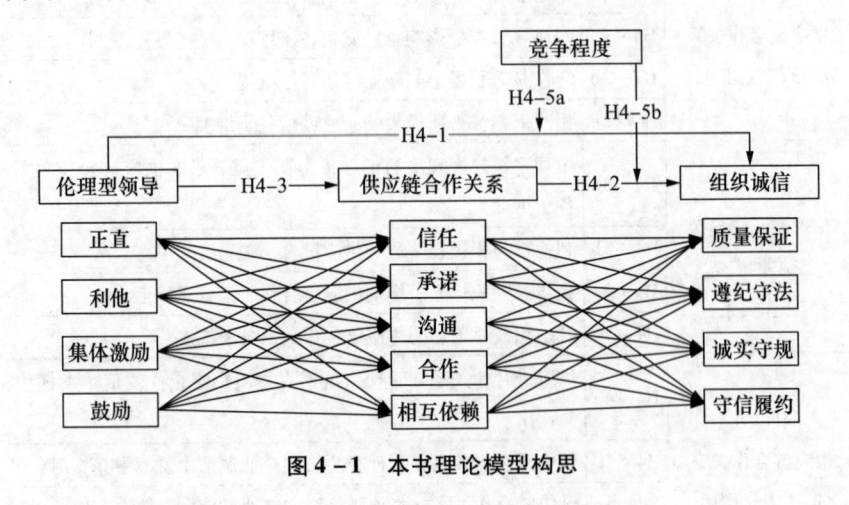

图4-1 本书理论模型构思

---

① 为减少模型复杂性，各子维度之间关系标识没有标出。
② 为突出重点，H4没有标示。

本章小结

现实中，不同企业表现出不同的信誉、口碑，有的企业信誉很好，有的则信誉很差，为什么这些企业的诚信水平会表现出高低不同，企业大为什么不一定信誉好？即到底哪些因素影响企业诚信水平？这些是在对食品供应链核心企业行为进行分析后需要解释的议题，本章在对可能对企业诚信产生影响的因素进行剖析之后，提出了有待验证的假设。

如前文所述，对于理论界而言，企业诚信的前因变量，尚缺少细致严谨的理论分析。企业诚信研究文献表明，影响企业诚信的两大因素是企业诚信意愿（企业道德水平）和企业诚信能力（企业经营管理能力），这对我们基于供应链视角研究核心企业诚信提供启示。而对于道德水平，该变量难以测量，学术界也没有开发出成熟的测度量表，通过对企业伦理文献梳理，我们选择与之具有相似内涵的另一变量——企业伦理型领导代替；对于管理能力，相对应的则是供应链核心企业的供应链管理能力，我们用SCP来代替。另外，企业伦理型领导、SCP都是相对成熟的研究领域，两者都会对个人或组织产生积极效应。因此，我们推测两者对改善企业诚信也可能具有一定的相关关系，为此提出相应假设（H4-1、H4-1a—H4-1d、H4-2、H4-2a—H4-2d）。除此之外，我们发现，市场竞争环境也有可能调节H4-1、H4-2的关系，故而提出调节作用假设（H4-5、H4-5a、H4-5b）。

对于伦理型领导研究者而言，采用伦理方法运用于组织间的伦理型领导研究已逐渐引起关注，借助自身具备的伦理型领导力，探索企业引领其所属行业或供应链上的利益相关者实现合作竞争，促进共同和谐发展，已成为伦理型领导研究视角由个体层面向组织层面转变中的又一新热点，本书在这些研究的基础上，进一步探讨伦理型领导对促进SCP的影响，提出假设（H4-3、H4-3a—H4-3d）。

传统伦理型领导效能的研究大多聚焦于个体层面，而本书出于特定的研究目的，基于组织层面考虑伦理型领导，这也是伦理型领导研究的最新趋势。在伦理型领导研究由个体层面向组织层面演进中，本书伦理型领导的结果变量为：企业诚信与供应链合作关系，很好地响应了这一研究趋势的发展。

第五章 食品供应链核心企业诚信行为研究方法和数据收集

统计调查研究法具有研究过程易于管理、数据收集整理简单、数据质量较高、抽样样本可控、变量间关系易于分析、可进行数据组间比较分析等多个优点。在前文所提出的理论假设与概念模型基础上，本书采用统计调查研究法，通过设计调查问卷，对食品加工企业管理者进行抽样调查，获取企业诚信行为相关数据资料。

第一节 测量工具与问卷设计

一 企业诚信

如前所述，与目前大多数结果角度评价企业诚信研究不同，本书基于过程行为评估思路，采取组织与外部利益相关者取向，不涉及个人和内部利益相关者取向。陈丽君（2009）基于过程行为评估思路，开发了中国情景下企业诚信量表。我们认为，该量表很好地体现了中国文化情景，且问卷构思和本书企业诚信内涵一致，问卷效度、信度均达到标准要求，可用于本书。然而，基于本书外部利益相关者的分析取向和食品生产者、食品消费者和监管者是食品行业食品安全的第一层次利益相关者现实以及本书研究目的，陈丽君（2009）量表对本书并不充分。另一些学者Caldwell等（2003）同样对企业诚信进行测度，该研究组成诚信内涵和本书相契合，也是基于利益相关者角度从履行行为和表现两个方面测度企业诚信，因此，同时考虑该量表。Caldwell等（2003）所用量表也是包含内外利益相关者，我们只保留外部利益相关者特别是对监管者、消费者取向条目。这样，构成新量表如表 5-1 所示，包括 4 个子维度 20 个题项。转化成 5 级李克特量表，企业评价行为发生频率"1"代表"从不"，"2"代表"较少"，"3"代表"一般"，"4"代表"经常"，"5"代表"总是"。同时，为降低社会赞许性和社会敏感性，检验答题者答题质量，问卷中诚实守规（包括 CS1、CS2、CS3、CS4、CS5）测度设计了反向题项。

表 5-1　　　　　　　　　　企业诚信测度题项

子维度	测量条目	测度依据
质量保证 QA	QA1 产品比竞争对手更符合行业领先标准 QA2 企业拒绝生产假冒商品，即使可能因此获得丰厚利润 QA3 企业总是拒绝选择价廉但对消费者产生危害的原材料 QA4 企业从不向公众隐瞒关于产品的完整信息	陈丽君 (2009)、 Caldwell 等 (2003)
遵纪守法 LC	LC1 一旦有争议出现，就在法律方面释疑 LC2 始终努力遵守法律，所作所为总是与相关的法律保持一致 LC3 关于法律问题方面的信息向可能受影响的各方解释清楚（包括供应商和顾客） LC4 法律培训着重于避免侵犯他人权利 LC5 管理的重点在于"做好"，而不仅仅是遵守法令、法规、条例	
诚实守规 CS	CS1 为提高商品品质，企业曾借用他人技术专利未支付费用 CS2 企业在商业往来中曾发生蓄意欺诈事件 CS3 企业曾因拖欠税款等款项而接受相应的惩罚 CS4 为了迅速打开市场，企业曾未经授权而使用他人商标 CS5 企业曾向外界披露不真实的经营状况信息	
守信履约 SX	SX1 企业总按期缴纳物业等管理费用，从不拖延偿付租金 SX2 企业总是及时按期缴纳水、电、气等费用 SX3 企业严格按照会计、统计、税法进行审计统计和纳税 SX4 企业按期提交各种资料（项目计划书、财务报表等） SX5 企业自觉履行各类合同，很少出现违约情况 SX6 企业不惜停产投建环保设施，以减少对环境污染	

二 伦理型领导

伦理型领导是指领导者通过个人行动和人际互动从而向追随者展示何为恰当的、合乎规范的行为，并通过双向沟通、强化和决策，激发追随者的这类行为。测度量表本书采用 Resick 等（2006）的研究，由四个维度构成，即正直、利他主义、集体激励和鼓励，包含领导者的伦理意识和对伦理行为的管理准则，量表共包括 15 个正向题项，采用 5 级李克特点正向评价方式，见表 5-2。需要说明的是，本书研究目的是探究伦理型领导对企业诚信行为以及供应链合作关系的影响，不适合普通员工仅从企业内部下属角度评价，故而本书采用管理人员自评方式，将条目转化成 5 级李克特量表，请企业管理人员根据量表描述行为判断自己表现如何，"1"代表"不好"，"2"代表"不太好"，"3"代表"一般"，"4"代表"较好"，"5"代表"好"。同时，为降低社会赞许性，我们首先让答卷人对描述特质重要程度进行

表 5-2　　　　　　　　伦理型领导测度题项

子维度	测量条目	测度依据
正直 （INY）	INY1 充分信任他人	Resick 等 （2006）
	INY2 为人真诚坦率	
	INY3 待人公平、公正	
	INY4 诚实守信	
利他 （ALT）	ALT1 慷慨大方	
	ALT2 待人友好	
	ALT3 关爱他人，有同情心	
	ALT4 为人谦逊	
集体激励 （COL）	COL1 善于社交，多与他人沟通交流	
	COL2 善于帮助下属建立自信，以更好地去完成任务	
	COL3 以团队、集体为本	
	COL4 善于启发、引导下属的工作动机，并激励下属	
	COL5 善于组建团队	
鼓励 （ENC）	ENC1 给他人以鼓励	
	ENC2 有效提高员工士气	

判断（不用于统计分析，仅为降低赞许性），"1"代表"非常不重要"，"2"代表"不太重要"，"3"代表"一般"，"4"代表"比较重要"，"5"代表"非常重要"，然后再自评自己表现如何（详见附录二问卷）。

三 供应链合作关系

供应链合作关系是指供应商与制造商或分销商与制造商为了实现某个特定的目标，在一定时期内共享信息、共担风险、共同获利的协议关系。一般多采用供应链关系质量（Supply Chain Relationship Quality, SCRQ）来表示关系好坏程度，即供应链关系中双方参与一个积极的、长期的合作关系的程度。对此，爱尔兰都柏林大学教授 Brian Fynes 的研究比较深入，认为测度供应链合作关系质量包括6个维度：沟通、合作、承诺、信任、适应性与相互依赖性或适当修改删减；我国学者如廖成林（2008）等保留了承诺、适应性、信任与协作4个指标衡量供应链合作关系；曾文杰等（2010）以我国制造业企业为例，经过初步测试后，选择了信任、沟通、承诺、适应和合作5个指标度量供应链合作关系。此后，供应链合作关系测度也多是参考 Brian Fynes 研究（2002；2005；2005a；2008），同时借鉴林筠等（2008）、廖成林（2008）、曾文杰与马士华（2010）的研究结果，从沟通、合作、承诺、信任、适应性与相互依赖性、信息共享几个维度，根据自己的研究实际进行调整。[1][2][3][4][5] 本书同样沿着此研究思路，综合大量国内外文献，根据本书研究的目的以及对企业实地调研访谈，选择供应链合作关系进行测度的5个要素：信任、承诺、沟通、合作与相互依

---

[1] 李国栋、李忆、王付雪：《供应链伙伴关系对供应商绩效的影响问题研究》，《广西社会科学》2010年第11期。

[2] 石朝光：《基于产业链视角的蔬菜质量安全管理研究》，博士学位论文，南京农业大学，2010年。

[3] 张宏：《供应商伙伴关系对制造企业采购成本影响的实证分析》，《统计与决策》2014年第8期。

[4] 江成城：《供应链伙伴关系提升供应链绩效的研究——伙伴关系特性为调节变量》，《科技管理研究》2012年第16期。

[5] 李胜芬、孙文红：《供应链合作关系对供应链协同及绩效影响的实证研究》，《燕山大学学报》（哲学社会科学版）2013年第1期。

第五章 食品供应链核心企业诚信行为研究方法和数据收集

赖。问卷主要参考 Brian Fynes（2002；2005；2005a；2008），保留信任、承诺、沟通、合作、相互依赖维度，这样构成的量表如表5-3所示，包含5项子维度19条题项，将条目转化成5级李克特量表，让填答人先筛选确认公司最主要或最重要的一个合作伙伴（可以是上游供应商或下游销售商），然后对于与该伙伴的关系评价，根据实际情况，选择最符合的项，"1"代表"非常不赞同"，"2"代表"不太赞同"，"3"代表"不确定"，"4"代表"比较赞同"，"5"代表"非常赞同"。

表5-3　　　　　　　供应链合作关系测度题项

子维度	测量条目（简写）	测度依据
信任 （TRU）	TRU1 在与该伙伴的合作中，我们建立了良好的商业信用	Brian Fynes （2002，2005a， 2005，2008）
	TRU2 我们认为需要时，该伙伴提供帮助	
	TRU3 我们完全可以信任该伙伴	
	TRU4 该伙伴非常诚实可靠	
承诺 （COT）	COT1 与该伙伴的合作关系值得我们付出最大努力去维持	
	COT2 我们打算长期维持与该伙伴的合作关系	
	COT3 为维持与该伙伴的合作关系，我们非常愿意做出一些承诺	
沟通 （COM）	COM1 除正式交流渠道外，还与该伙伴频繁地进行非正式信息交流	
	COM2 我们会将任何可能对该伙伴产生帮助的信息提供给对方	
	COM3 只要对另一方有帮助，我们双方都愿意提供私有信息	
	COM4 当发生对对方产生影响的事件或变化时，及时相互通报	
合作 （COO）	COO1 在产品设计方面，我们与该伙伴进行紧密合作	
	COO2 在流程设计方面，我们与该伙伴进行紧密合作	
	COO3 在预测和生产计划方面，我们与该伙伴进行紧密合作	
	COO4 在质量实践方面，我们与该伙伴进行紧密合作	
相互依赖 （INT）	INT1 如果我们终止与该伙伴合作，将很难找到替代者	
	INT2 我们在很大程度上依赖于该伙伴来实现经营目标	
	INT3 如果该伙伴终止与我们的合作，将很难找到替代者	
	INT4 该伙伴在很大程度上依赖于我们来实现其自身的经营目标	

四 市场竞争程度

对于市场竞争程度,目前尚未有统一的测量量表,多数看作环境动态性的一个子维度[①②],或者以赫芬达尔指数(Herfindahl index)来衡量。范间翮(2013)借鉴上述研究,采用4个题项测度市场竞争程度,经验证 Cronbach'a 系数达到 0.793,具有较高的效度。[③] 本书同样沿着此思路,借鉴范间翮的研究结果,如此,竞争程度包含4个题项(见表5-4)。

表5-4 市场竞争程度测度条目

变量	测量条目(简写)	测度依据
竞争程度 (CD)	CD1:公司业务领域的竞争者数量非常多	王同庆(2012)、 张群祥(2012)、 范间翮(2013)
	CD2:公司业务领域的竞争者相似程度大	
	CD3:公司推出新产品或服务时,竞争对手迅速跟进	
	CD4:新对手不断进入市场	

第二节 控制变量

企业诚信相关研究中,企业诚信受企业规模、时间、类型、盈利情况、道德水平、地区、行业等多方面因素影响,本书不再赘述。为聚焦研究问题,准确辨明伦理型领导、供应链合作关系对企业诚信的作用形式,借鉴其他文献研究,本书把市场竞争程度作为调节变量(参见本书第四章第三节),以企业规模、企业年龄、企业类型和企业利润作为控制变量进行研究。

---

① 王同庆:《动态环境下嵌入式网络关系和网络能力对服务创新的影响》,博士学位论文,山东大学,2012年。
② 张群祥:《质量管理实践对企业创新绩效的作用机制研究》,博士学位论文,浙江大学,2012年。
③ 范间翮:《企业质量信用及影响因素研究》,博士学位论文,浙江大学,2013年。

第三节 预调研和量表检验

虽然我们选用的是相对成熟的量表,但考虑到中外情景(文化、环境、理解等方面)、应用行业以及样本选择的不同,本书在问卷设计时根据实际访谈仍进行了一定的改动,并在小样本调查部分,对以上各变量所包含的因子和指标进行了探索性因子分析、可靠性检验,提炼出能够有效地测度上述变量的量表,以进行大样本调查。

一 预调研实施

预调查分为网络调研和纸质两种方式进行,网络问卷主要通过从事食品行业朋友、同学、亲戚关系对网络链接小范围扩散,因样本主要限定于食品加工企业,问卷没有公开,采用问卷星企业付费版,同时为保证问卷有效性,问卷采取了答题人甄别机制:问卷首页对答题人身份进行排查,题目"您工作的行业是?"只有选择食品行业,才能进行下一步作答,否则不能进行,保证了答题者的行业性符合要求;纸质主要是笔者前往企业发放收集,如徐州绿健乳业、维维豆奶、石家庄三元食品有限公司等,预调研问卷于2015年2月2日开始发放,至2015年3月5日(中间适逢春节),最后收到纸质有效问卷40份,网络有效问卷86份,两种方式共收回有效问卷126份。根据统计分析要求,预试分量表份数应为问卷中最大量表的题项数的5倍,本书问卷量表中企业诚信量表为20个题项,因此,预调研问卷份数符合统计要求。

二 预调研量表质量评价方法

由于变量的不可直接观察性,我们需要应用各种间接指标对感兴趣的变量进行测量,更需要对开发出的测量指标进行评价,以确保它们能够有效地、稳定地反映要研究的对象。通常从效度和信度两方面来评价一个测量指标质量的高低。

(一)效度

在统计学中,效度被定义为测量的正确性,即指标是否能够达到其所要测量的抽象概念，效度系数越高，表示测量结果与要研究的内容越吻合，就越能够测量到想到测量的变量。问卷量表的效度检验主要评价量表的准确度、有效性和正确性，主要包括内容效度和结构效度。

内容效度是指测量内容在多大程度上反映或代表研究者所欲测量的变量，内容效度是建立结构效度的基础和必要前提，因为较高内容效度的测量指标包含结构或变量的关键成分。实践中，尽管对于内容效度的评价可以从定性与定量两种方式进行，但定量方法只能找出缺乏内容效度的指标，而不能发现测验内容上的缺陷（陈晓萍等，2008）。因此，本书主要采用定性方法来评价内容效度。定性评价方法就是领域内专家就某个变量的测量指标与自己对变量的主观判断，如果几位专家同时认可所有测量指标都很好地反映变量，或认为不存在遗漏指标，表明现有测量指标体系具有内容效度。

（二）信度

信度主要是指测量结果的稳定性和一致性，即测量结果是否可靠，反映被调查者是否保持一贯性等特征。问卷量表的信度即问卷量表的可靠性，反映问卷量表的一致性程度，通常采用 Cronbach's α 系数来判断，Cronbach's α 系数越高，说明问卷中每个分量表的信度越高。实际运用中，预调查分量表的 Cronbach's α 系数在 0.5—0.6 之间可以接受，在 0.7 以上表示可信度较高。

三 测量指标效度分析

按照正式量表修订流程（吴明隆，2010），对初始量表进行修订以确定最终量表。对于指标结构效度，一般运用探索性因子分析对变量进行检验。在进行因子分析之前，需要通过 KMO 检验和 Bartlett 球形检验来判断问卷调查所得的数据是否适合做因子分析，一般认为，当 KMO 值大于 0.70 时，Bartlett 球形检验达到显著水平，可以进行探索性因子分析（吴明隆，2010）。检验结果如表 5-5 所示。自变量、因变量和调节变量的 KMO 值均大于 0.7，Bartlett 球形检验卡方值较大，且统计值显著（$p < 0.000$），表明该量表适合做因子分析，下面借助软件 SPSS 22.0，采用探索性因子分析中的主成分分析方法对 4

个变量进行因子分析。结果见表 5-5,表明研究涉及的 4 个主要变量适合做因子分析。

表 5-5　　初始量表 KMO 值和 Bartlett 球形检验

	KMO 检验	Bartlett 球形检验		
		χ^2 值	自由度	P 值
供应链合作关系	0.893	1139.925	171	0.000
伦理型领导	0.881	678.325	105	0.000
企业诚信	0.891	1115.703	190	0.000
竞争程度	0.712	104.917	6	0.000

(一) 供应链合作关系探索性因子分析

按照前面的理论分析和实际访谈,供应链合作关系变量包含 5 个维度,分别为信任、沟通、承诺、合作、相互依赖,设计的指标题项共 19 个。运用主成分分析法,对变量量表进行因子分析,并采用方差最大化正交旋转为因子旋转方式提取因子。总方差解释率和因子负荷矩阵结果如表 5-6 和表 5-7 所示。供应链合作关系提取 5 个因子的总方差解释率为 67.530%,解释率较高。

表 5-6　　供应链合作关系初始题项因子的总方差解释率

成分	初始特征值			提取载荷平方和			旋转载荷平方和		
	总计	方差(%)	累计(%)	总计	方差(%)	累计(%)	总计	方差(%)	累计(%)
1	7.328	38.571	38.571	7.328	38.571	38.571	2.999	15.784	15.784
2	2.467	12.985	51.556	2.467	12.985	51.556	2.942	15.486	31.270
3	1.204	6.339	57.895	1.204	6.339	57.895	2.819	14.838	46.108
4	0.931	4.901	62.796	0.931	4.901	62.796	2.400	12.634	58.741
5	0.900	4.735	67.530	0.900	4.735	67.530	1.670	8.789	67.530

表 5 – 7　　　　供应链合作关系初始题项的因子负荷矩阵

题项	成分				
	1	2	3	4	5
COT2	0.801	0.096	0.183	0.235	0.093
TRU1	0.731	0.105	0.240	0.155	0.101
COT3	0.683	0.114	0.238	0.306	0.245
COT1	0.558	0.055	0.385	0.022	0.412
INT1	0.077	0.857	0.038	0.243	-0.010
INT3	0.119	0.844	0.084	0.214	-0.023
INT2	-0.006	0.815	0.195	0.094	0.085
INT4	0.181	0.722	-0.064	0.062	0.325
COO2	0.050	0.102	0.803	0.177	0.182
COO3	0.365	-0.030	0.774	0.071	0.157
COO1	0.263	0.166	0.697	0.160	0.066
COO4	0.423	0.040	0.566	0.145	0.161
COM3	0.254	0.209	0.003	0.745	0.077
COM1	-0.005	0.307	0.204	0.734	0.179
COM4	0.406	0.096	0.213	0.616	0.228
COM2	0.464	0.222	0.269	0.557	-0.122
TRU2	0.226	0.055	0.304	0.411	0.300
TRU3	0.136	0.137	0.176	0.160	0.831
TRU4	0.308	0.122	0.375	0.220	0.579

通过表 5 – 7 发现，原量表中"TRU1 在与该伙伴的合作中，我们建立了良好的商业信用"归属到承诺维度下面，而"TRU2 我们认为需要时，该伙伴提供帮助"因子负荷小于 0.5。通过分析和专家访谈发现，"TRU2 我们认为需要时，该伙伴提供帮助"大家理解不一，不好界定需要的范围，而"TRU1 在与该伙伴的合作中，我们建立了良好的商业信用"基于过去合作经验判断做出未来预期、承诺，更适合放到承诺维度。因此，删除 TUR2，而 TUR1 则调整到承诺维度下面。删除 TRU2 后重新对供应链合作关系量表进行因子分析，总方差解释率升高到 69.479%，结果如表 5 – 8 和表 5 – 9 所示。18 个题项

较好地分布在 4 个潜在因子上且因子负荷值均大于 0.5，因此，量表具有较好的收敛和区别效度。

表 5-8 供应链合作关系初始题项删除 TRU2 后因子的总方差解释率

成分	初始特征值			提取载荷平方和			旋转载荷平方和		
	总计	方差(%)	累计(%)	总计	方差(%)	累计(%)	总计	方差(%)	累计(%)
1	7.023	39.016	39.016	7.023	39.016	39.016	3.059	16.995	16.995
2	2.459	13.661	52.677	2.459	12.661	52.667	2.926	16.258	33.253
3	1.203	6.684	59.361	1.203	6.684	59.361	2.769	16.386	48.639
4	0.929	5.163	64.524	0.929	5.163	64.524	2.187	12.148	60.787
5	0.892	4.955	69.479	0.892	4.955	69.479	1.565	8.692	69.479

表 5-9 删除部分题项后供应链合作关系因子负荷矩阵

题项	成分				
	1	2	3	4	5
COT2	0.817				
TRU1	0.726				
COT3	0.713				
COT1	0.566				
INT1		0.851			
INT3		0.845			
INT2		0.824			
INT4		0.720			
COO2			0.807		
COO3			0.772		
COO1			0.703		
COO4			0.571		
COM3				0.780	
COM1				0.724	
COM4				0.591	
COM2				0.552	
TRU3					0.845
TRU4					0.574

(二)伦理型领导探索性因子分析

按照前面的理论分析和实际访谈,伦理型领导变量共包含4个维度,分别为正直、利他、集体激励和鼓励,设计的指标题项共15个。运用主成分分析法,对变量量表进行因子分析,并采用方差最大化正交旋转为因子旋转方式提取因子。总方差解释率和因子负荷矩阵结果如表5-10和表5-11所示。伦理型领导提取4个因子的总方差解释率为61.541%,解释率较高。

表5-10　伦理型领导初始题项因子的总方差解释率

成分	初始特征值			提取载荷平方和			旋转载荷平方和		
	总计	方差(%)	累计(%)	总计	方差(%)	累计(%)	总计	方差(%)	累计(%)
1	5.850	39.000	39.000	5.850	39.000	39.000	2.400	15.997	15.997
2	1.395	9.300	48.300	1.395	9.300	48.300	2.385	15.899	31.896
3	1.050	6.998	55.298	1.050	6.998	55.298	2.334	15.562	47.458
4	0.936	6.243	61.541	0.936	6.243	61.541	2.112	14.083	61.541

表5-11　伦理型领导初始题项的因子负荷矩阵

题项	成分			
	1	2	3	4
COL5	0.793			
COL2	0.689			
COL1	0.677			
COL3	0.605			
ALT4		0.782		
ALT3		0.755		
ALT1		0.526		
INY1		0.524		
ENC2			0.691	
ENC1			0.682	
ALT2			0.599	

续表

题项	成分			
	1	2	3	4
COL4			0.579	
INY4				0.771
INY2				0.726
INY3				0.584

由表 5-11 发现，在中国情景下，伦理型领导 4 个维度没有变化，但其中一些题项理解发生变化，"INY1 充分信任他人"和利他（ALT）维度聚拢在一起；而"COL4 善于启发、引导下属的工作动机，并激励下属"以及"ALT2 待人友好"和鼓励 ENC 维度聚拢在一起。再次通过分析和专家访谈发现，在中国情景下，信任他人的理解和正直没有必然联系，而"善于启发、引导下属的工作动机，并激励下属"和"待人友好"则更适合测度鼓励维度。因此，本书伦理型领导 4 个维度不变，只是各维度下题项发生微调，15 个题项较好地分布在 4 个潜在因子上且因子负荷值均大于 0.5，因此，量表具有较好的收敛和区别效度。

（三）企业诚信探索性因子分析

按照前面的理论分析和实际访谈，企业诚信变量包含 4 个维度，分别为质量保证、遵纪守法、诚实守规、守信履约，设计的指标题项共 20 个。运用主成分分析法，对变量量表进行因子分析，并采用方差最大化正交旋转为因子旋转方式提取因子。总方差解释率和因子负荷矩阵结果如表 5-12 和表 5-13 所示。企业诚信提取 4 个因子的总方差解释率为 59.244%，解释率可以接受。但是，各维度下包含题项不统一（见表 5-13），和原来设计有一定差距，为此，需要在不降低解释率的情况下参照正式量表修订方法删除题项（吴明隆，2010）[①]：一是载荷大于 0.5，且没有跨纬度现象；二是同一个因子下不同测度题项都存在时按照保留多项原则。

---

① 吴明隆：《问卷统计分析实务 SPSS 操作与应用》，重庆大学出版社 2010 年版。

表 5-13   企业诚信初始题项因子的总方差解释率

成分	初始特征值			提取载荷平方和			旋转载荷平方和		
	总计	方差(%)	累计(%)	总计	方差(%)	累计(%)	总计	方差(%)	累计(%)
1	7.915	39.573	39.573	7.915	39.573	39.573	3.440	17.199	17.199
2	1.594	7.970	47.543	1.594	7.970	47.543	3.354	16.769	33.968
3	1.330	6.652	54.196	1.330	6.652	54.196	2.531	12.653	46.621
4	1.010	5.049	59.244	1.010	5.049	59.244	2.525	12.623	59.244

表 5-13   企业诚信初始题项的因子负荷矩阵

题项	成分			
	1	2	3	4
QA2	0.704	0.074	0.101	0.472
QA4	0.670	-0.103	0.081	0.197
QA1	0.607	0.387	0.008	0.040
LC4	0.581	0.425	0.198	0.006
CS5	0.504	0.481	0.295	0.079
QA3	0.504	0.361	0.244	0.321
CS2	0.495	0.357	0.225	-0.025
SX2	0.495	0.059	0.429	0.274
SX1	0.436	0.319	0.420	0.249
LC5	0.007	0.768	0.274	0.143
LC3	0.127	0.740	0.139	0.193
LC1	0.160	0.710	0.204	0.178
LC2	0.338	0.596	0.106	0.146
SX4	0.094	0.107	0.752	0.105
SX5	0.061	0.397	0.668	0.230
SX6	0.302	0.339	0.634	0.169
SX3	0.503	0.192	0.526	0.160
CS4	0.190	0.107	0.115	0.865
CS3	0.219	0.213	0.184	0.723
CS1	0.063	0.193	0.178	0.717

首先，为保证统计数据合理，按照因子载荷 >0.5，并且没有跨

两个因子的原则，删除 CS2、CS5、SX1、SX2、SX3 题项，原量表剩下 15 个题项，重新进行因子分析，如表 5-14 和表 5-15 所示，解释率上升为 63.699%。

表 5-14　删除部分题项后企业诚信题项因子的总方差解释率

成分	初始特征值			提取载荷平方和			旋转载荷平方和		
	总计	方差（%）	累计（%）	总计	方差（%）	累计（%）	总计	方差（%）	累计（%）
1	5.873	39.151	39.151	5.873	39.151	39.151	3.039	20.260	20.260
2	1.537	10.245	49.395	1.537	10.245	49.395	2.426	16.171	36.432
3	1.224	8.161	57.556	1.224	8.161	57.556	2.298	15.319	51.751
4	0.921	6.143	63.699	0.921	6.143	63.699	1.792	11.948	63.699

表 5-15　删除部分题项后企业诚信初始题项的因子负荷矩阵

题项	成分			
	1	2	3	4
LC5	0.803	0.133	-0.018	0.221
LC3	0.730	0.206	0.087	0.133
LC1	0.722	0.162	0.163	0.205
LC2	0.591	0.142	0.332	0.145
CS4	0.089	0.888	0.168	0.106
CS3	0.211	0.745	0.187	0.172
CS1	0.194	0.708	0.086	0.145
QA4	-0.114	0.152	0.755	0.165
QA2	0.134	0.468	0.700	0.054
LC4	0.436	-0.004	0.590	0.235
QA1	0.452	0.049	0.583	-0.026
QA3	0.399	0.326	0.487	0.223
SX4	0.096	0.100	0.143	0.815
SX5	0.410	0.269	0.023	0.659
SX6	0.373	0.202	0.277	0.606

对表 5-15，按照因子载荷 >0.5 原则，删除 QA3；再按照同一因子下保留多项原则，可以看到，在第三因子下一共 5 个题项，其中 4 个题项属于质量保证维度，1 个题项（LC4）原属于遵纪守法维度（且载荷低跨双维度：质量保证和遵纪守法），故而删除 LC4。然后再重新进行因子分析，解释率达到 66.005%，调整后因子载荷如表 5-16 所示。至此，探索性因子分析完毕，解释率由最初的 59.244% 上升为 66.005%，企业诚信维度结构基本稳定，企业诚信量表最终保留 13 个题项（见表 5-16）。

表 5-16 最后删除部分题项后企业诚信初始题项的因子负荷矩阵

题项	成分			
	1	2	3	4
LC5	0.793	0.160	-0.107	0.218
LC3	0.744	0.185	0.075	0.138
LC1	0.734	0.141	0.141	0.214
LC2	0.607	0.168	0.245	0.150
CS4	0.108	0.868	0.224	0.110
CS3	0.220	0.746	0.183	0.174
CS1	0.186	0.743	0.036	0.143
QA4	-0.063	0.135	0.752	0.186
QA2	0.190	0.422	0.744	0.078
QA1	0.504	-0.013	0.613	0.000
SX4	0.097	0.124	0.075	0.815
SX5	0.423	0.226	0.054	0.665
SX6	0.396	0.164	0.288	0.619

（四）竞争程度探索性因子分析

竞争程度变量 KMO 值为 0.712，属于中等范围（吴明隆，2010），适合进行因子分析。经主成分分析后，有 1 个因子特征值大于 1，其累计方差解释比例达到 55.545%（见表 5-17），各条目在因子上的载荷值如表 5-18 所示。因子载荷结果证明了竞争强度的实际结构维度与理论相一致。

表 5-17　　竞争程度初始题项因子的总方差解释率

成分	初始特征值			提取载荷平方和		
	总计	方差（%）	累计（%）	总计	方差（%）	累计（%）
1	2.222	55.545	55.545	2.222	55.545	55.545
2	0.798	19.959	75.503			

表 5-18　　竞争程度探索性因子分析因子载荷

因子	题项	载荷
竞争程度	CD3 公司推出新的产品或服务时，竞争对手迅速跟进	0.756
	CD1 公司业务领域的竞争者数量非常多	0.756
	CD2 公司业务领域的竞争者相似程度大	0.744
	CD4 新对手不断进入市场	0.725

四　测量指标信度检验

运用 SPSS 22.0 对经过探索性因子分析的变量进行信度检验，检验结果如表 5-19 所示。

表 5-19　　初始量表各变量的信度检验结果

变量	子维度	测量条目	α 系数	项目与总体相关系数
供应链合作关系	信任（TRU）	2	0.666	0.501—0.501
	承诺（COT）	4	0.827	0.575—0.716
	沟通（COM）	4	0.789	0.577—0.617
	合作（COO）	4	0.811	0.578—0.624
	相互依赖（INT）	4	0.860	0.602—0.783
	供应链合作关系整体维度	18	0.902	

续表

变量	子维度	测量条目	α系数	项目与总体相关系数
伦理型领导	正直（INY）	3	0.746	0.516—0.651
	利他（ALT）	4	0.723	0.428—0.616
	集体激励（COL）	4	0.757	0.522—0.589
	鼓励（ENC）	4	0.759	0.514—0.601
	伦理型领导整体维度	15	0.884	
企业诚信	质量保证（QA）	3	0.641	0.385—0.612
	遵纪守法（LC）	4	0.787	0.507—0.653
	诚实守规（CS）	3	0.775	0.543—0.729
	守信履约（SX）	3	0.713	0.448—0.598
	企业诚信整体维度	13	0.857	
竞争程度	CD	4	0.730	0.497—0.542

由信度检验结果可以看出，各变量量表的Cronbach's α系数在0.641—0.902，表明这些量表的信度处于可接受水平。项目与总体相关系数在0.385—0.783，均大于0.3，通过检验，可以接受此量表。

第四节 量表修订与正式量表生成

根据效度和信度检验结果，以及实地被调查者和专家的反馈意见，对问卷初始量表进行修正，以保证问卷正式量表的可靠性和有效性。对初始量表的具体修改如下：

（1）供应链合作关系分量表探索性因子分析结果表明，TRU2因子负荷小于0.5，将该题项删除；通过分析和专家访谈发现，题项TRU1"在与该伙伴的合作中，我们建立了良好的商业信用"题项和信任因子关联度不大，与承诺联系密切，因此，TRU1归属到承诺因子下面。

（2）通过探索性因子分析和专家访谈发现，中国情景下食品行业伦理型领导4个维度和其他文献研究一致，量表总题项数目也没有发生变化，不过，其中一些题项理解归属发生变化，具体调整为：INY1调

第五章　食品供应链核心企业诚信行为研究方法和数据收集 / 145

整到（ALT）维度，ALT2 和 COL4 调整到鼓励（ENC）维度。调整后的量表各维度为：正直包括 INY2、INY3、INY4 3 个题项；利他包括 ALT1、ALT3、ALT4、INY1 4 个题项；集体激励包括 COL1、COL2、COL3、COL5 4 个题项；鼓励包括 ENC1、ENC2、ALT2、COL4 4 个题项。

（3）通过探索性因子分析，企业诚信量表中题项 CS2、CS5、SX1、SX2、SX3、QA3、LC4 由于因子载荷小于 0.5，或跨两维度原因，因此将此 7 个题项删除。

至此，正式问卷主要变量包含 50 个题项，对调整后的量表重新进行编码，调整后的正式问卷见附录三，设计答题时间为 10 分钟左右。

第五节　正式调研与样本概况

一　调研方案设计与数据收集

经过预调研问卷分析以及专家、企业朋友访谈后的不断修改、咨询，正式调研决定采用网络调研方式进行，网络问卷借助我国专业问卷调研网站——问卷星付费版，通过微信、短信、邮箱、腾讯、导入公司网站方式等通信平台分享问卷网址链接，因笔者大学学习食品加工专业，曾从事食品专业教学工作多年，问卷链接通过笔者、朋友、亲戚、大学同学、老师、同学、原工作单位同事以及食品专业毕业生等特定范围转发扩散，而且为保证问卷有效性和激励受访者作答并转发链接，问卷采取了以下方式：首先，调研采取了答题人身份双重甄别机制。问卷首页通过个人信息作答对答题人身份进行排查，题目"您工作的行业是？"只有选择食品行业才能进行下一步作答，否则不能进行，保证了答题者的行业性符合要求；通过行业要求后，进入另一甄别选择题"您的工作职位是？管理者/一般员工"，并分别进入不同问卷界面作答，管理层回答全部问卷，站在管理人员角度，一般员工则仅回答伦理型领导问卷部分（见附录四），验证管理层人员伦理型领导的有效性，但不用于整体分析。其次，提高作答者参与意愿。

采用问卷星企业版，放弃问卷星自己提供的抽奖方式、奖品，运用本人提供较高中奖率的手机话费抽奖（分为一等奖 200 元、二等奖 100 元、三等奖 50 元、鼓励奖 10 元）激励，从而提高作答者的参与意愿。再次，对重复答题和答题时间进行限制。为提高回收问卷的有效性，对问卷整体作答时间进行了限制，并进行同一电脑/手机限制，允许同一电脑/手机用户只能填写一次问卷。正式调研问卷于 2015 年 3 月 10 日开始发放，截至 2015 年 4 月 30 日，管理人员作答问卷初步收回 476 份。对收回问卷，根据以下规则剔除一些无效问卷：（1）问卷具有明显规律性，如连续选择同一选项等；（2）反向编码题项明显出现正向分值；（3）为保证样本集中、代表性，来源地区数量不足两位数剔除。最终得到有效问卷 354 份，主要集中在北京、天津、河北、广东、浙江、江苏等东部经济比较发达省份、城市（与本人同学、朋友、学生等关系分布有关），问卷有效率为 74.37%。另外，由于本书最终问卷包含 50 个题项，主要涉及 4 个变量 14 个子维度，依据结构方程模型对样本数量的要求，本书问卷有效数 354 份符合题项数目的 5—10 倍的一般要求，基本满足研究需要。

二 样本特征分析

本书研究对象界定为生产终端食品的食品加工企业，因此，样本主要是这些企业的不同层次管理人员，高层、中层、基层管理者比例达到 1∶2∶2，则具有一定的代表性。样本特征包括样本人口学变量特征以及样本所在企业特征两个方面，样本人口学特征从性别、文化程度、年龄、职务层次、现职年限几个方面分析，样本所在企业特征从公司类型、公司规模、公司成立时间几个方面分析。需要说明的是，根据本书研究目的和相关文献研究，特意增加企业利润增长情况作为名义变量描述企业特征。样本以及样本所在企业特征如表 5-20 所示，本次调研包含高层管理者 66 人、中层管理者 145 人、基层管理者 143 人，基本达到高层∶中层∶基层 = 1∶2∶2 比例；在企业类型上，国有企业占 31.6%，民营企业占 47.5%，外资/合资企业占 20.3%，其他占 0.6%；企业成立年限为 1—5 年的占 6.2%，5—10 年的占 24.3%，10—15 年的占 33.4%，15—25 年的占 24%，25 年以上的占

12.1%；企业规模在 100 人以下的占 11.3%，101—300 人的占 36.4%，301—500 人的占 27.1%，501—1000 人的占 13.9%，1001 人及以上的占 11.3%；企业盈利情况认定非常缓慢的占 0.6%，比较缓慢的占 10.1%，一般的占 40.4%，比较快速的占 44.9%，非常快速的占 4.0%；生产食品涉及饮料、蛋糕、饼干、奶制品、果汁、面包、肉制品等。总体来看，样本具有良好的代表性。

表 5 - 20　样本人口学变量及所在企业特征变量描述性统计分析

人口学变量	分类项目	数目	比例（%）	企业特征变量	分类项目	数目	比例（%）
性别	男	186	52.5	企业类型	国有企业	112	31.6
	女	168	47.5		民营企业	168	47.5
文化程度	初中及以下	7	2.0		外资/合资企业	72	20.3
	高中或中专	31	8.8		其他	2	0.6
	大专	46	13.0	企业规模	100 人以下	40	11.3
	本科	213	60.1		101—300 人	129	36.4
	硕士	46	13.0		301—500 人	96	27.1
	博士或博士后	11	3.1		501—1000 人	49	13.9
年龄	30 岁及以下	100	28.3		1001 人及以上	40	11.3
	31—35 岁	118	33.3	企业成立年限	1—5 年	22	6.2
	36—40 岁	89	25.1		5—10 年	86	24.3
	41—45 岁	39	11.0		10—15 年	118	33.4
	46—50 岁	6	1.7		15—25 年	85	24.0
	51 岁及以上	2	0.6		25 年以上	43	12.1
职务层次	高层管理者	66	18.6	企业盈利情况	非常缓慢	2	0.6
	中层管理者	145	41.0		比较缓慢	36	10.1
	基层管理者	143	40.4		一般	143	40.4
现职年限	5 年以下	131	37.0		比较快速	159	44.9
	5—10 年	176	49.7		非常快速	14	4.0
	10—15 年	38	10.7				
	15 年以上	9	2.6				

第六节　作答者偏差预防

根据问卷研究目的，本书调查问卷题项采用李克特5级量表进行测量，请受调查者根据自己对题项的主观理解完成作答。自我评价式的量表难以避免数据结果出现偏差，从而影响问卷测量的客观性与准确性，这就是作答者偏差。为减少这种偏差，本书采用Fowler（1988）提出的四个方面的建议，以减少对研究的负面影响：

第一，选择尽可能了解企业的员工作答。我们邀请企业管理人员填写问卷，这些作答人员相对比较了解所在公司，可以减少作答者因不了解所需答案的相关信息而带来的负面影响。

第二，不出现过于超出作答者记忆范围的问题。本问卷不涉及时间跨度很长的问题，这样，可以避免回答者记忆模糊给问卷调查所带来的负面影响。

第三，尽可能保证作答真实。问卷在指导语部分强调调查的学术性目的，承诺严格保护填写者提供的相关信息，同时本书借助网络个人独立匿名答题，进一步消除作答者顾虑，有效地减少问卷回答者因过于谨慎而不愿提供真实答案的可能。

第四，保证题项表述明确。大部分变量采用成熟量表的中文版本，企业诚信量表经过文献研究、实地调研、专家咨询、小范围预测等规范量表程序，根据预试修改问卷的语句与措辞，排除表述含糊或存在歧义的题项，这样，可以避免作答者对所提问项的不理解而带来的负面影响。

第七节　共同方法偏差预防

本书调查问卷全部由管理人员作答完成，因此，研究数据可能会存在共同方法偏差。共同方法偏差是指因为同样的数据来源或评分者、同样的测量环境、项目语境以及项目本身特征所造成的预测变量与效标变量之间人为的共变。控制共同方法偏差方法主要分为程序控制和统计控制。

首先，进行程序控制。程序控制是指研究者在研究设计与测量过程中所采取的控制措施。对此，本书对问卷以及数据收集过程做了下述努力：①保证作答者的匿名性，减少测量条款的猜度。网络匿名独立作答、问卷开头学术研究承诺以及较高中奖率的激励，从而提高作答者的参与意愿，减少作答者对测量条款和测量目的的猜测，以减少社会称许性；②改进量表条款，保证题项表述明确。由此，本书在程序控制方面一定程度上降低了共同方法方法偏差。

其次，问卷收集后，在进行数据分析时，采用统计方法对共同方法偏差进行检验和控制。本书通过哈曼（Harman）单因素检验来判断共同方法偏差的严重与否。传统的做法是把所有变量（包括自变量、因变量、调节变量）放到一个探索性因素分析中，检验未旋转的因素分析结果，确定解释变量变异必需的最少因子数，如果只析出一个因子或某个因子解释力特别大，即可判定存在严重的共同方法偏差。本书对所有变量进行因子分析，得出 14 个因子特征值大于 1，该 14 个因子可以累计解释 75.93% 的变异，其中，第一个主要因子解释力达到 25.11%，第二个主要因子解释力达到 7.70%。表明本书所使用的研究数据不存在严重的共同方法偏差。

第八节　实证分析处理流程与分析方法

研究首先运用 SPSS 22.0 查找并删除伦理型领导、供应链合作关系、企业诚信、市场竞争程度等变量是否存在异常数据，并进行正态性判断，而后进行信度检验，接着运用 AMOS 22.0 检验测验的区分效度和聚合效度。在此基础上，建立结构方程模型，借助 AMOS 22.0 软件探索潜变量之间的因果关系，并检验与完善本书所提出的初始理论模型。

本章小结

　　根据本书的研究目标及研究对象，首先，对本章选取的测量工具与问卷设计进行了阐述并结合专家咨询、企业实地访谈，形成研究的初始量表。其次，开展预调研，根据预调研回收问卷，对初始量表进行信度和效度检验，根据检验结果对初始量表进行修改，形成了正式量表。根据本书研究对象和研究目标、特点，设计调研方案，开展了网络问卷正式调研。最后，根据正式调研数据对样本特征进行分析，对影响正式调研数据有效性可能遇到的偏差问题进行了预防措施介绍，并对下一步实证处理流程方法简单介绍，为后续数据统计分析打下基础。

第六章 食品供应链核心企业诚信行为影响因素实证研究

本章在前文所提出的研究方法、数据收集的基础上，进行实证检验第四章提出的研究假设、概念模型，采用大样本统计方法加以检验，对研究结果进行对比讨论。

第一节 正态性检验

在对正式问卷量表数据进行结构方程模型分析前，需要对数据进行正态分布检验，在多维情形下，运用峰度和偏度系数法，检验量表数据的正态性。我们借助 SPSS 22.0 统计软件进行自变量、因变量、调节变量等变量量表所有条目峰度和偏度检验，检验结果如表 6-1、表 6-2 和表 6-3 所示，由检验结果可知，量表峰度绝对值最大为 2.062，偏度绝对值最大为 1.689，基本达到偏度和峰度系数绝对值小于 2 的判断标准（Kline，1998）。[①] 可以认为，量表数据近似于正态分布，符合结构方程模型对数据的要求。

---

① Kline, R.B., *Principles and Practice of Structural Equation Modeling* [M]. Guilford Press, 1998.

表 6−1　　　　　　　　　自变量量表偏度和峰度检验

分量表		题项	偏度		峰度	
			统计量	标准误	统计量	标准误
供应链合作关系	信任	TRU1	−0.153	0.130	−1.738	0.259
		TRU2	−0.090	0.130	−1.735	0.259
	沟通	COM1	−0.715	0.130	0.334	0.259
		COM2	−0.680	0.130	0.447	0.259
		COM3	−0.375	0.130	−0.267	0.259
		COM4	−0.838	0.130	0.515	0.259
	承诺	COT1	−0.541	0.130	−0.066	0.259
		COT2	−0.955	0.130	0.661	0.259
		COT3	−0.542	0.130	0.443	0.259
		COT4	−0.567	0.130	0.581	0.259
	合作	COO1	−0.731	0.130	0.267	0.259
		COO2	−0.619	0.130	−0.104	0.259
		COO3	−0.770	0.130	0.314	0.259
		COO4	−0.569	0.130	−0.505	0.259
	相互依赖	INT1	−0.324	0.130	−0.532	0.259
		INT2	−0.438	0.130	−0.495	0.259
		INT3	−0.306	0.130	−0.585	0.259
		INT4	−0.513	0.130	−0.105	0.259
伦理型领导	利他	ALT1	−0.475	0.130	−1.323	0.259
		ALT2	−0.280	0.130	−1.508	0.259
		ALT3	−0.254	0.130	−1.565	0.259
		ALT4	−0.460	0.130	−1.331	0.259
	正直	INY1	−0.686	0.130	−1.193	0.259
		INY2	−0.703	0.130	−1.134	0.259
		INY3	−0.695	0.130	−1.206	0.259
	集体激励	COL1	−0.878	0.130	0.722	0.259
		COL2	−0.673	0.130	0.741	0.259
		COL3	−0.996	0.130	1.221	0.259
		COL4	−0.819	0.130	0.722	0.259
	鼓励	ENC1	−0.243	0.130	−1.580	0.259
		ENC2	−0.288	0.130	−1.627	0.259
		ENC3	−0.368	0.130	−1.478	0.259
		ENC4	−1.032	0.130	1.356	0.259

表 6-2　　　　　　　　因变量量表偏度和峰度检验

分量表		题项	偏度		峰度	
			统计量	标准误	统计量	标准误
企业诚信	质量保证	QA1	-0.471	0.130	-1.456	0.259
		QA2	-0.546	0.130	-1.391	0.259
		QA3	-0.531	0.130	-1.295	0.259
	遵纪守法	LC1	-1.137	0.130	-0.112	0.259
		LC2	-1.179	0.130	0.021	0.259
		LC3	-1.209	0.130	0.049	0.259
		LC4	-1.189	0.130	-0.059	0.259
	诚实守规	CS1	-1.028	0.130	0.000	0.259
		CS2	-1.100	0.130	0.279	0.259
		CS3	-1.689	0.130	2.062	0.259
	守信履约	SX1	-0.755	0.130	0.271	0.259
		SX2	-0.631	0.130	0.046	0.259
		SX3	-0.471	0.130	-0.416	0.259

表 6-3　　　　　　　　调节变量量表偏度和峰度检验

分量表	题项	偏度		峰度	
		统计量	标准误	统计量	标准误
竞争程度	CD1	-1.068	0.130	1.800	0.259
	CD2	-0.683	0.130	0.293	0.259
	CD3	-0.691	0.130	0.313	0.259
	CD4	-0.532	0.130	-0.392	0.259

第二节　信度、效度检验

一　测验信度检验

在预调研阶段，通过预试问卷数据分析，已对问卷的信效度、量表构成和维度划分进行了初步检验。经修改后的正式量表已通过了预试阶段的可靠性检验,为确保正式问卷数据的有效性,在进行统计分析之前,需要进一步对正式问卷量表进行信度和效度检验。正式量表可靠性检验结果如表6-4所示,各分量表的Cronbach's α 系数均在0.7以上,各指标题项的项目与总体相关系数均大于0.3①,表明量表的可靠性较高,可接受此问卷量表。

表6-4　　　　　　　　本书信度测验结果

变量	子维度	测量条目	α系数	项目与总体相关系数
供应链合作关系	信任（TRU）	2	0.956	0.915—0.915
	承诺（COT）	4	0.841	0.658—0.705
	沟通（COM）	4	0.804	0.551—0.681
	合作（COO）	4	0.816	0.604—0.679
	相互依赖（INT）	4	0.865	0.639—0.736
	供应链合作关系整体维度	18	0.866	0.433—0.605
伦理型领导	正直（INY）	3	0.949	0.891—0.895
	利他（ALT）	4	0.950	0.874—0.890
	集体激励（COL）	4	0.773	0.547—0.599
	鼓励（ENC）	3	0.941	0.844—0.897
	伦理型领导整体维度	14	0.885	0.337—0.701
企业诚信	质量保证（QA）	3	0.958	0.900—0.920
	遵纪守法（LC）	4	0.969	0.915—0.930
	诚实守规（CS）	3	0.740	0.550—0.581
	守信履约（SX）	3	0.745	0.535—0.590
	企业诚信整体维度	13	0.904	0.449—0.774
竞争程度	CD	4	0.792	0.560—0.659

---

① ENC4（待人友好）项目与总体相关系数0.114,加上后ENC整体信度0.831,删除后整体信度上升为0.941,不符合统计要求,删去,故ENC剩下3个题项。

二 供应链合作关系 CFA 与效度检验

如前所述,结构效度又分为收敛效度和区别效度。在正式数据分析中,我们用 CFA 进行验证各变量效度。验证性因素分析(Confirmatory Factor Analysis, CFA)作为 SEM 分析的一部分,Thomopson(2004)提出,SEM 研究人员在执行分析结构模型之前,应先分析测量模型,因为测量模型可以正确地反映研究的维度或因素。本书使用的 CFA 测量模式变量缩减根据克莱因(Kline,1998)[①] 二阶段模式修正,首先检验测量模型的有效性,参照一般的研究方法,本书通过分析模型拟合程度来判断,我们选择 4 个绝对拟合指标 χ^2/df、RMSEA、GFI、AGFI 与 4 个相对拟合指标 NFI、TLI、IFI、CFI 来进行评估。通过评估,如果发现测量模型配适度是可接受的,那么再进行第二步骤,进行完整的 SEM 模型评估。

(一) 收敛效度的验证

本书对供应链合作关系各维度进行 CFA 分析,结果如表 6-5、表 6-6 与图 6-1 所示,参照拟合标准,该模型各项拟合指标均符合要求。模型的五个维度为信任、承诺、沟通、合作和相互依赖,所有子维度的负荷量均在 0.61—0.96,且显著;其组成信度分别为 0.758—0.867,平均变异数萃取量在 0.514—0.622,符合吴明隆(2013)的标准:(1)因素负荷量大于 0.5;(2)组成信度大于 0.6;(3)平均变异数萃取量大于 0.5。因此,5 个维度均具有较好的收敛效度。

表 6-5 供应链合作关系验证性因子分析拟合指标(N=354)

拟合指标	绝对拟合指标						相对拟合指标			
	χ^2	df	χ^2/df	RMSEA	GFI	AGFI	NFI	TLI	IFI	CFI
模型	200.278	125	1.602	0.041	0.940	0.918	0.940	0.971	0.976	0.976
接受标准	—	—	<2	<0.08	>0.9	>0.9	>0.9	>0.9	>0.9	>0.9

[①] Kline, R. B., *Principles and Practice of Structural Equation Modeling* [M]. Guilford Press, 1998.

表6-6　　　　　供应链合作关系量表收敛效度检验

子维度	指标	模型参数估计值				收敛效度			
		非标准化因素负荷	标准误 S.E.	C.R.(t值)	P	标准化因素负荷	SMC	C.R.组成信度	AVE 变异数萃取量
信任	TRU1	1				0.959	0.920	0.758	0.610
	TRU2	0.995	0.069	14.481	***	0.954	0.910		
承诺	COT1	1				0.735	0.540	0.843	0.573
	COT2	1.095	0.081	13.524	***	0.792	0.627		
	COT3	0.955	0.074	12.819	***	0.743	0.552		
	COT4	0.899	0.069	13.018	***	0.756	0.572		
沟通	COM1	1				0.611	0.373	0.807	0.514
	COM2	1.236	0.111	11.139	***	0.807	0.651		
	COM3	1.162	0.115	10.137	***	0.692	0.479		
	COM4	1.118	0.105	10.642	***	0.744	0.554		
合作	COO1	1				0.704	0.496	0.816	0.527
	COO2	0.998	0.086	11.615	***	0.702	0.493		
	COO3	1.089	0.087	12.461	***	0.764	0.584		
	COO4	0.952	0.079	12.015	***	0.730	0.533		
相互依赖	INT1	1				0.826	0.682	0.867	0.622
	INT2	0.893	0.057	15.746	***	0.774	0.599		
	INT3	1.052	0.06	17.515	***	0.852	0.726		
	INT4	0.726	0.053	13.679	***	0.692	0.479		

注：***表示在1%的显著性水平下显著。

（二）区分效度的验证

区别效度分析是验证不同的两个构面相关在统计上是否有差异。本书采用 AVE 方法进行区分效度的检验，将 AVE 与维度相关系数平方进行比较，如果 AVE 大于相应子维度间的相关系数平方，则表示各维度间有良好的区分效度（吴明隆，2013）[①]，根据图 6-1 相关系数和表 6-6 中 AVE 数值，整理数据结果如表 6-7 所示，从表中看出，AVE 值远大于相关系数平方，表明测验具有良好的区分效度。

[①] 吴明隆：《结构方程模型——Amos 实务进阶》，重庆大学出版社2013年版。

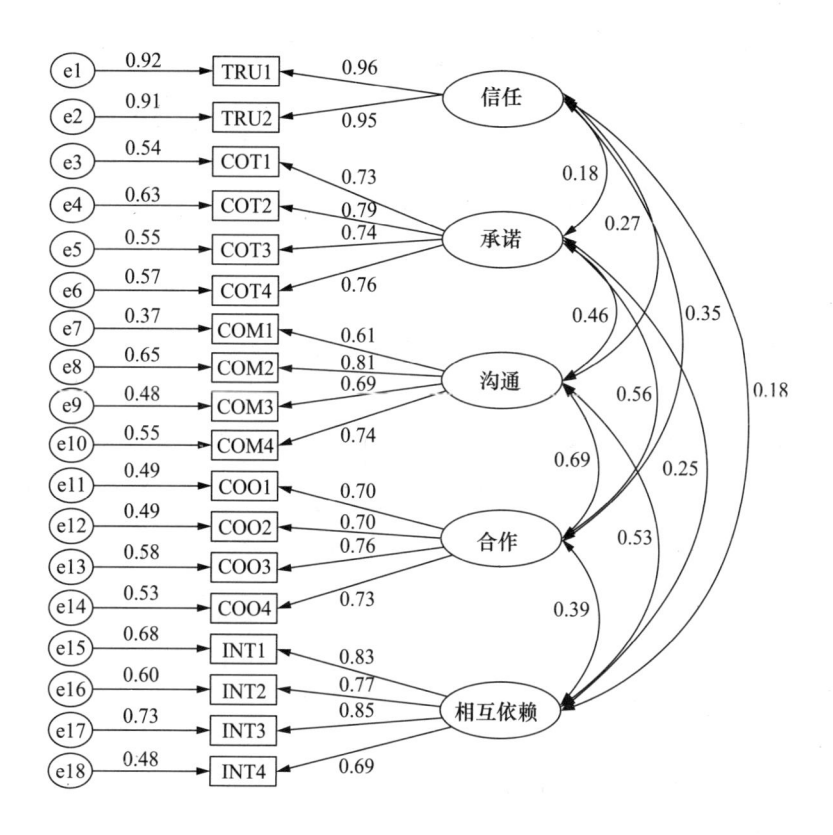

第六章 食品供应链核心企业诚信行为影响因素实证研究 / 157

图 6-1 供应链合作关系验证性因子分析结果

表 6-7 供应链合作关系量表区分效度检验（AVE 方法）

	信任	承诺	沟通	合作	相互依赖
信任	**0.610**				
承诺	0.032	**0.573**			
沟通	0.073	0.212	**0.514**		
合作	0.123	0.314	0.476	**0.527**	
相互依赖	0.032	0.063	0.281	0.152	**0.622**

注：表中黑色数字为 AVE 值，其他为相关系数平方值。

三 伦理型领导 CFA 与效度检验

与前文相似，对伦理型领导进行 CFA 验证，结果如表 6-8、表 6-9 和图 6-2 所示，参照拟合标准，该模型各项拟合指标均符合要求。

表 6-8　　伦理型领导验证性因子分析拟合指标（N=354）

拟合指标	绝对拟合指标						相对拟合指标			
	χ^2	df	χ^2/df	RMSEA	GFI	AGFI	NFI	TLI	IFI	CFI
模型	91.385	71	1.287	0.029	0.963	0.945	0.978	0.993	0.995	0.995
接受标准	—	—	<2	<0.08	>0.9	>0.9	>0.9	>0.9	>0.9	>0.9

表 6-9　　伦理型领导量表收敛效度检验

子维度	指标	模型参数估计值				收敛效度			
		非标准化因素负荷	标准误 S.E.	C.R.(t值)	P	标准化因素负荷	SMC	C.R.组成信度	AVE变异数萃取量
正直	INY1	1				0.923	0.852	0.949	0.861
	INY2	0.987	0.032	30.534	***	0.930	0.865		
	INY3	1.027	0.034	30.654	***	0.931	0.867		
利他	ALT1	1				0.908	0.824	0.950	0.828
	ALT2	1.031	0.038	27.387	***	0.907	0.823		
	ALT3	1.053	0.039	27.087	***	0.903	0.815		
	ALT4	1.015	0.036	28.518	***	0.921	0.848		
集体激励	COL1	1				0.680	0.462	0.774	0.462
	COL2	0.935	0.089	10.497	***	0.727	0.529		
	COL3	0.852	0.089	9.562	***	0.631	0.398		
	COL4	0.966	0.096	10.07	***	0.678	0.460		
鼓励	ENC1	1				0.943	0.889	0.941	0.843
	ENC2	1.031	0.032	32.363	***	0.938	0.880		
	ENC3	0.901	0.034	26.681	***	0.872	0.760		

注：***表示在1%的显著性水平下显著。

模型的四个维度为正直、利他、集体激励和鼓励，所有子维度的负荷量均在 0.631—0.943，且显著；其组成信度分别为 0.774—0.950，平均变异数萃取量（AVE）在 0.462—0.861，符合吴明隆 (2013)① 的标准：（1）因素负荷量大于 0.5；（2）组成信度大于

---

① 吴明隆：《结构方程模型——Amos 实务进阶》，重庆大学出版社 2013 年版。

0.6;(3)平均变异数萃取量大于0.5。集体激励平均变异数萃取量0.462,偏小,按照0.36—0.5为可接受门槛(C. Fornell and D. F. Larcker,1981)[①],也在可接受范围内,因此,4个子维度均具有较好的收敛效度。

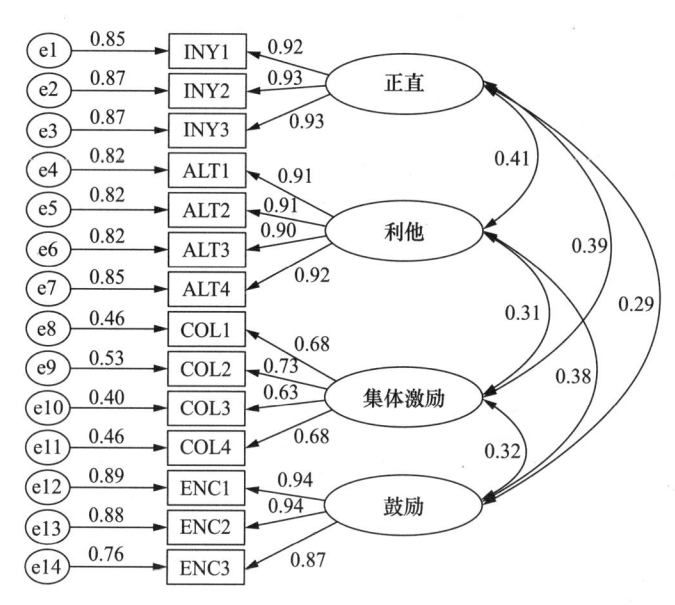

图6-2 伦理型领导验证性因子分析结果

根据图6-2相关系数和表6-9中AVE数值,整理数据结果如表6-10所示,从表6-10中可以看出,AVE值远大于相关系数平方,表明伦理型领导具有良好的区分效度。

表6-10　　　　伦理型领导量表区分效度检验(AVE方法)

	正直	利他	集体激励	鼓励
正直	**0.861**			
利他	0.168	**0.828**		
集体激励	0.152	0.096	**0.462**	
鼓励	0.084	0.144	0.102	**0.843**

注:表中黑色数字为AVE值,其他为相关系数平方值。

---

① Fornell, C., D. F. Larcker, "Evaluating Structural Equation Models with Unobservable Variables and Measurement Error"[J]. *Journal of Marketing Research*, 1981, 18(1):39-50.

四 企业诚信 CFA 与效度检验

与前文相似,对企业诚信进行 CFA 验证,结果如表 6-11、表 6-12 和图 6-3 所示,参照拟合标准,该模型各项拟合指标均符合要求,模型的四个构面为质量保证、遵纪守法、诚实守规和守信履约,所有子维度的负荷量均在 0.659—0.950,且显著;其组成信度分别为 0.742—0.969,平均变异数萃取量(AVE)在 0.489—0.886,符合吴明隆(2013)的标准:(1)因素负荷量大于 0.5;(2)组成信度大于 0.6;(3)平均变异数萃取量大于 0.5。其中,诚实守规、守信履约平均变异数萃取量 0.489、0.495,偏小,按照 0.36—0.5 为可接受门槛(C. Fornell and D. F. Larcker,1981)[1],也在可接受范围内,因此四个子维度均具有较好的收敛效度。

表 6-11　企业诚信验证性因子分析拟合指标(N=354)

拟合指标	绝对拟合指标						相对拟合指标			
	χ^2	df	χ^2/df	RMSEA	GFI	AGFI	NFI	TLI	IFI	CFI
模型	73.988	59	1.254	0.027	0.968	0.951	0.981	0.995	0.996	0.996
接受标准	—	—	<2	<0.08	>0.9	>0.9	>0.9	>0.9	>0.9	>0.9

表 6-12　企业诚信量表收敛效度检验

子维度	指标	模型参数估计值				收敛效度			
		非标准化因素负荷	标准误 S.E.	C.R. (t值)	P	标准化因素负荷	SMC	C.R. 组成信度	AVE 变异数萃取量
质量保证	QA1	1				0.950	0.903	0.958	0.885
	QA2	1.004	0.027	36.83	***	0.946	0.895		
	QA3	0.931	0.027	33.986	***	0.926	0.857		

---

[1] Fornell, C., D. F. Larcker, "Evaluating Structural Equation Models with Unobservable Variables and Measurement Error" [J]. *Journal of Marketing Research*, 1981, 18 (1): 39-50.

续表

子维度	指标	模型参数估计值				收敛效度			
		非标准化因素负荷	标准误 S. E.	C. R. (t值)	P	标准化因素负荷	SMC	C. R. 组成信度	AVE 变异数萃取量
遵纪守法	LC1	1				0.938	0.88	0.969	0.886
	LC2	0.974	0.028	35.137	***	0.940	0.884		
	LC3	0.969	0.028	34.351	***	0.934	0.872		
	LC4	1.024	0.028	37.022	***	0.952	0.906		
诚实守规	CS1	1				0.716	0.513	0.742	0.489
	CS2	0.863	0.085	10.184	***	0.689	0.475		
	CS3	0.882	0.086	10.207	***	0.692	0.479		
守信履约	SX1	1				0.708	0.501	0.746	0.495
	SX2	0.845	0.085	9.928	***	0.659	0.434		
	SX3	1.005	0.095	10.535	***	0.741	0.549		

注：***表示在1%的显著性水平下显著。

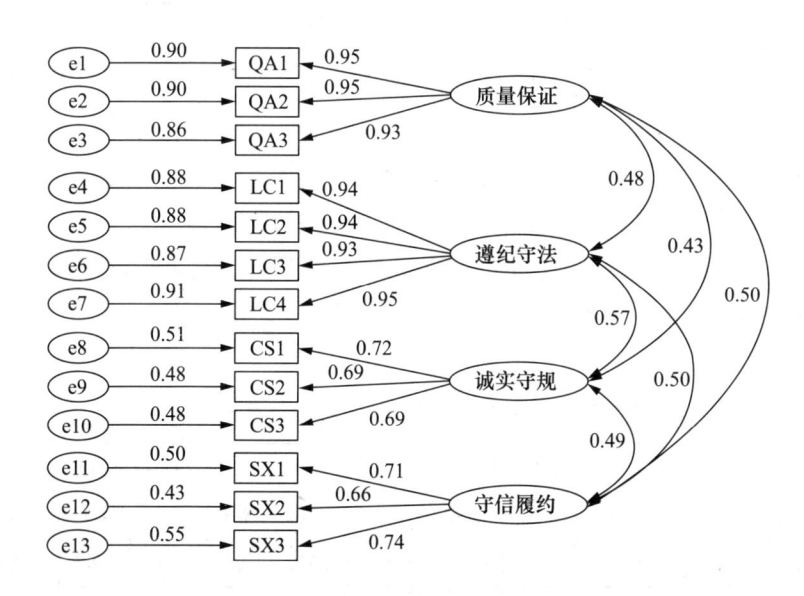

图6-3 企业诚信验证性因子分析结果

根据图 6-3 相关系数和表 6-12 中 AVE 数值，整理数据结果如表 6-13 所示，可以看出，AVE 值远大于相关系数平方，表明企业诚信具有良好的区分效度。

表 6-13　　　　企业诚信量表区分效度检验（AVE 方法）

	质量保证	遵纪守法	诚实守规	守信履约
质量保证	**0.885**			
遵纪守法	0.230	**0.886**		
诚实守规	0.185	0.325	**0.489**	
守信履约	0.250	0.250	0.240	**0.495**

注：表中黑色数字为 AVE 值，其他为相关系数平方值。

五　竞争程度 CFA 与效度检验

使用 354 份有效样本对竞争程度结构进行拟合，验证结构维度，结果如表 6-14 和表 6-15 所示，参照拟合标准，该模型各项拟合指标大都在可接受范围内。各题项负荷量均在 0.634—0.785，且显著；其组成信度分别为 0.794，平均变异数萃取量（AVE）为 0.493，符合吴明隆（2013）的标准：（1）因素负荷量大于 0.5；（2）组成信度大于 0.6；（3）平均变异数萃取量大于 0.5。其中，平均变异数萃取量 0.493，偏小，按照 0.36—0.5 为可接受门槛（C. Fornell and D. F. Larcker, 1981），也在可接受范围内，因此，竞争程度量表具有较好的效度。

表 6-14　　　　竞争程度验证性因子分析拟合指标（N=354）

拟合指标	绝对拟合指标						相对拟合指标			
	χ^2	df	χ^2/df	RMSEA	GFI	AGFI	NFI	TFL	IFI	CFI
模型	6.470	2	3.235	0.080	0.991	0.953	0.984	0.967	0.989	0.989
接受标准	—	—	<3	<0.08	>0.9	>0.9	>0.9	>0.9	>0.9	>0.9

表 6-15　　　　　　　　竞争程度量表效度检验

指标		模型参数估计值				收敛效度			
		非标准化因素负荷	标准误 S.E.	C.R. (t值)	P	标准化因素负荷	SMC	C.R. 组成信度	AVE 变异数萃取量
竞争程度	CD1	1				0.785	0.616	0.794	0.493
	CD2	0.886	0.079	11.258	***	0.689	0.475		
	CD3	0.883	0.078	11.291	***	0.692	0.479		
	CD4	0.873	0.083	10.511	***	0.634	0.402		

注：***表示在1%的显著性水平下显著。

第三节　回归分析检验和合作伙伴分组检验

本书将采用多元层级回归方法，检验企业所处市场竞争环境对组织伦理型领导与企业诚信、供应链合作关系与企业诚信的调节作用。而多元回归分析首先必须进行多重共线性、序列相关和异方差回归分析三大检验，这样，对模型进行回归分析的结果才具有一定的可靠性和有效性。

一　多重共线性检验

在回归分析中，自变量之间可能存在高相关、互相削弱对因变量的边际影响，使自变量自身的回归系数降低，增大标准误，出现回归方程整体显著而各个自变量不显著的现象，这种现象就是多重共线性问题。回归分析中，共线性诊断指标包括容忍度、方差膨胀因素（Variance Inflation Factor，VIF）、条件指标（Conditional Index，CI）、特征值和方差比例。一般认为，当 VIF≥10，特别是特征值接近于 0 或条件指标大于 30，或自变量在某一特征值的方差比例越接近 1 时，可能存在多重共线性（吴明隆，2010）。

本书自变量（伦理型领导各子维度、供应链合作关系各子维度、竞争程度）的多重共线性检验结果如表 6-16 所示。从表 6-16 中可以看出，所有自变量容忍度最小为 0.580，最大为 0.860；VIF 最大仅为1.723；竞争强度（CD）特征值较小且CI较大，但均没有达到严重程度，其余自变量特征值与CI值均理想；尽管与个别变量的方差比例达到0.78，但变量个数不多于2个。从表6-16的综合判断，本书多重共线性并不严重。

表6-16　　　　　　　　自变量多重共线性检验

自变量	容忍度	VIF	特征值	CI	方差比例
TRU	0.860	1.163	0.201	7.156	0.00—0.67
COM	0.623	1.605	0.151	8.252	0.00—0.56
COT	0.720	1.389	0.119	9.329	0.00—0.60
COO	0.580	1.723	0.089	10.755	0.00—0.78
INT	0.760	1.315	0.039	16.167	0.00—0.78
ALT	0.723	1.383	0.026	20.031	0.00—0.65
INY	0.722	1.384	0.020	22.771	0.00—0.49
COL	0.803	1.246	0.017	24.988	0.00—0.29
ENC	0.795	1.258	0.013	27.873	0.00—0.51
CD	0.748	1.337	0.010	32.821	0.00—0.73

二　系列相关检验

序列相关是指不同期的样本值之间存在相关关系（马庆国，2002）[①]，其违背了经典模型对随机干扰项要求相互独立的假定，从而使最小二乘估计方法不再最优。一般认为，序列相关的问题通常出现在时间序列数据中，在本书中，我们选定特定时段进行一次性数据采集，所收集的数据为横截面数据。因此，从经验上判定，一般数据不可能出现样本值之间的序列相关问题，统计上，序列相关性一般采用Durbin-Watson（DW）值进行判断，如果DW值介于1.5—2.5，则不存在序列相关性（马庆国，2002）。经SPSS 22.0计算，本书DW值为1.791，因此，可判断不存在序列相关性。

---

① 马庆国：《管理统计》，科学出版社2002年版。

三 异方差检验

所谓异方差问题,是指被解释变量的方差会随着解释变量的变化而呈现非常明显的变化趋势。对于异方差问题,可用散点图进行判别:以标准化预测值(ZPRED)为横轴,以标准化残差(ZRESID)为纵轴,进行残差项的散点图分析,若散点分布呈现无序状态,则可认为不存在异方差问题。① 本书散点图如图 6-4 所示,从图 6-4 中可以看出,散点分布没有明显规律,表明不存在异方差问题。

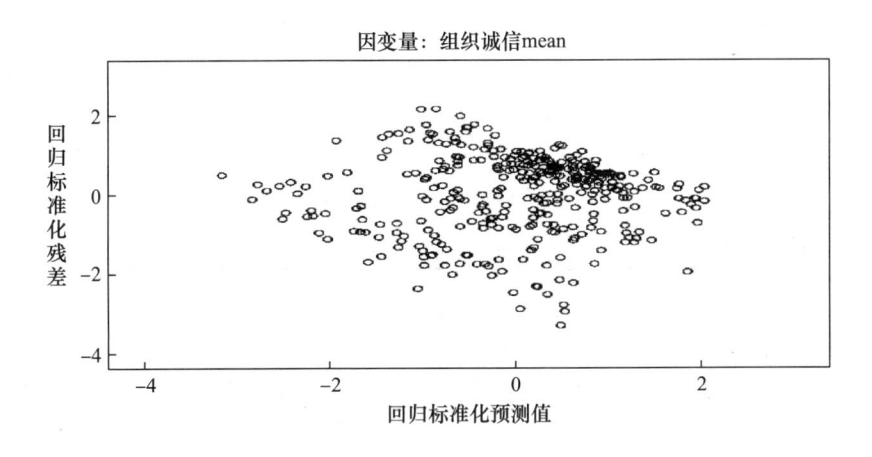

因变量:组织诚信mean

图 6-4 异方差检验

四 供应链合作伙伴分组检验

本书以食品加工企业为样本,研究目的是基于食品供应链核心企业视角,研究其伦理道德水平和供应链管理能力两方面对企业诚信的影响机理,其中,企业伦理道德水平用伦理型领导测度,供应链管理能力用供应链合作关系测度。需要指出的是,以往文献研究大多站在供应链伙伴关系中某一方单方研究,要么站在供应商视角分析供应商—销售商伙伴关系,要么站在销售商视角分析双方关系。本书研究的重点是食品供应链核心企业,在整个食品供应链中,核心企业的供应链合作关系既包括其和上游供应商的关系,也

---

① 马庆国:《管理统计》,科学出版社 2002 年版。

包括其与下游销售商的关系。因此，本书研究需包括上述两个方面，为此，我们需要分析核心企业两个方面供应链合作关系之间是否有显著差异，如果差异不显著，则可以合并处理，差异显著，则需要分开处理分析。经 SPSS 22.0 分析结果如表 6-17 和表 6-18 所示，可以看出，研究样本共 354 个，涉及 190 个供应商和 164 个销售商，方差相等性检验不显著，T 检验结果 0.431＞0.05，说明两组之间没有显著差异，因此，本书研究供应链合作关系是基于核心企业上、下游伙伴关系，可以合并处理。

表 6-17　　　　　供应链合作伙伴分组统计

合作伙伴	数量	平均值（E）	标准偏差	标准误差平均值
供应商	190	3.6163	0.61299	0.04447
销售商	164	3.5644	0.62366	0.04870

表 6-18　　　　　供应链合作伙伴 T 检验

		方差相等性检验		t 检验		
		F	显著性	t	自由度	显著性（双尾）
供应链合作关系	已假设方差齐性	0.002	0.963	0.788	352	0.432
	未假设方差齐性			0.787	342.681	0.431

第四节　企业诚信行为现状研究

在对统计数据进行分析时，一般要先对数据进行描述性统计分析，以便于描述测量样本的各种特征及其所代表的总体特征。通过描述性统计分析，可以了解被调查企业诚信行为和影响因素的基本情况。描述性统计分析主要包括因变量、自变量和调节变量的均值、标准差等指标。

首先，本书构建的量表中因变量企业诚信包括质量保证、遵纪守法、诚实守规和守信履约4个子维度变量共13个指标题项，各子维度指标题项的描述性统计分析结果如表6-19所示。

表6-19　　　　　　　　因变量描述性统计分析结果

变量		均值	标准差	题项	均值	标准差
企业诚信	QA	3.497	1.540	QA1	3.452	1.623
				QA2	3.508	1.636
				QA3	3.531	1.550
	LC	3.954	1.321	LC1	3.870	1.398
				LC2	3.966	1.359
				LC3	4.017	1.359
				LC4	3.963	1.411
	CS	4.326	0.748	CS1	4.203	0.983
				CS2	4.311	0.881
				CS3	4.463	0.897
	SX	3.858	0.755	SX1	3.811	0.970
				SX2	3.927	0.881
				SX3	3.836	0.932

其次，根据前面文献综述，本书构建的量表中自变量主要由表征核心企业道德变量的伦理型领导和表征核心企业供应链管理能力的供应链合作关系两个变量组成，再根据第五章问卷设计和正式量表修改过程以及本章信度检验，伦理型领导包括4个子维度变量，分别是利他、正直、集体激励和鼓励共14个题项组成；供应链合作关系包括5个子维度变量分别是信任、沟通、承诺、合作、相互依赖共18个指标题项组成，各子维度指标题项的描述性统计分析结果如表6-20所示。

表 6-20　　　　　　　自变量描述性统计分析结果

变量		均值	标准差	题项	均值	标准差
供应链合作关系	TRU	3.155	1.681	TRU1	3.220	1.717
				TRU2	3.090	1.717
	COM	3.888	0.711	COM1	3.929	0.880
				COM2	4.003	0.823
				COM3	3.732	0.902
				COM4	4.169	0.807
	COT	3.296	0.661	COT1	3.243	0.837
				COT2	3.359	0.851
				COT3	3.249	0.790
				COT4	3.333	0.731
	COO	4.063	0.680	COO1	4.023	0.865
				COO2	4.006	0.865
				COO3	4.045	0.867
				COO4	4.178	0.793
伦理型领导	INT	3.559	0.862	INT1	3.446	1.061
				INT2	3.593	1.012
				INT3	3.449	1.082
				INT4	3.749	0.920
	ALT	3.338	1.457	ALT1	3.483	1.526
				ALT2	3.218	1.576
				ALT3	3.232	1.615
				ALT4	3.418	1.528
	INY	3.647	1.516	INY1	3.644	1.592
				INY2	3.664	1.560
				INY3	3.633	1.622
	COL	4.057	0.663	COL1	4.034	0.912
				COL2	4.037	0.798
				COL3	4.169	0.838
				COL4	3.989	0.884
	ENC	3.242	1.529	ENC1	3.201	1.612
				ENC2	3.249	1.670
				ENC3	3.277	1.569

最后，本书构建的量表中调节变量市场竞争程度由 4 个指标题项组成，各题项的描述性统计分析结果如表 6-21 所示。

表 6-21　　　　　　　　调节变量描述性统计分析结果

变量		均值	标准差	题项	均值	标准差
竞争程度	CD	4.076	0.639	CD1	4.121	0.796
				CD2	4.085	0.803
				CD3	4.102	0.797
				CD4	3.997	0.860

如表 6-19、表 6-20 和表 6-21 所示，整体来看，自变量、因变量、调节变量量表题项得分均值都比较高（>3），表明样本企业诚信行为表现、伦理水平以及供应链管理能力整体较好，说明在现在食品问题成为热点、国家加大监管力度的形势下，作为供应链核心企业的生产品牌终端产品的食品加工企业整体诚信形势没有我们想象中的那样差，确实发挥了核心企业的作用。当然，也需要我们进一步扩大样本，加大多方参与程度，扩展实证研究的深度和广度，提供更具有说服力的结论。

第五节　控制变量影响分析

控制变量属于名义变量，本书对所有控制变量进行编码化处理（详细编码见下面各表），检验控制变量对中介变量（供应链合作关系）和结果变量（企业诚信）的影响。单因子方差分析（ANOVA）结果如下。

一　企业规模对供应链合作关系与企业诚信的影响

从表 6-22 可知，企业规模在质量保证上产生显著影响，在其他变量上没有影响。进一步进行事后多重比较检验，因为质量保证的方差不具齐次性，故而根据 Tamhane 检验。检验结果表明，显著差异出现在企业规模在 301—500 人（3）组和 501—1000 人（4）组，且 3>4。

表 6-22 企业规模对供应链合作关系与企业诚信的影响分析

组织特征	变量	方差齐次性检验		ANOVA		控制变量影响是否显著	组间比较
		Levene 值	P 值	F 值	P 值（双侧）		
1=100 人及以下 2=101—300 人 3=301—500 人 4=501—1000 人 5=1000 人以上	信任 TRU	4.100	0.003	0.962	0.411	否	
	沟通 COM	0.685	0.603	2.015	0.092	否	
	承诺 COT	4.229	0.002	2.542	0.069	否	
	合作 COO	0.624	0.645	1.481	0.207	否	
	相互依赖 INT	2.268	0.062	0.742	0.564	否	
	质量保证 QA	2.532	0.040	2.542	0.038	是	3>4
	遵纪守法 LC	3.927	0.004	1.315	0.309	否	
	诚实守规 CS	0.630	0.641	1.817	0.125	否	
	守信履约 SX	1.164	0.326	1.653	0.161	否	
	企业诚信 CI	1.245	0.291	2.015	0.092	否	

二 企业类型对供应链合作关系与企业诚信的影响

采取同样方法，得到表 6-23，从表 6-23 可知，企业类型对供应链合作关系和企业诚信没有影响。

表 6-23 企业类型对供应链合作关系与企业诚信的影响分析

组织特征	变量	方差齐次性检验		ANOVA		控制变量影响是否显著	组间比较
		Levene 值	P 值	F 值	P 值（双侧）		
1=国有企业 2=民营企业 3=外资/合资企业 4=其他企业	信任 TRU	1.745	0.157	0.966	0.409	否	
	沟通 COM	2.688	0.046	0.730	0.535	否	
	承诺 COT	3.427	0.017	0.284	0.837	否	
	合作 COO	2.989	0.031	0.162	0.922	否	
	相互依赖 INT	0.513	0.674	0.320	0.811	否	
	质量保证 QA	8.419	0.000	0.930	0.427	否	
	遵纪守法 LC	1.659	0.175	0.374	0.772	否	
	诚实守规 CS	0.019	0.996	1.323	0.267	否	
	守信履约 SX	3.956	0.009	1.585	0.193	否	
	企业诚信 CI	2.393	0.068	1.046	0.372	否	

三 企业年龄对供应链合作关系与企业诚信的影响

从表6-24可知,企业年龄在沟通、合作、诚实守规、守信履约上产生显著影响,在其他变量上没有影响。进一步进行事后多重比较检验,合作、诚实守规根据LSD检验,因为沟通、守信履约的方差不具齐次性,故而根据Tamhane检验。

表6-24 企业年龄对供应链合作关系与企业诚信的影响分析

组织特征	变量	方差齐次性检验		ANOVA		控制变量影响是否显著	组间比较
		Levene值	Sig.	F值	Sig.（双侧）		
1=1—5年 2=5—10年 3=10—15年 4=15—25年 5=25年以上	信任 TRU	1.625	0.167	1.596	0.175	否	
	沟通 COM	4.245	0.002	2.562	0.038	是	3>5
	承诺 COT	3.758	0.005	2.002	0.140	否	
	合作 COO	1.524	0.195	2.855	0.024	是	3>2
	相互依赖 INT	0.506	0.731	1.629	0.166	否	
	质量保证 QA	0.848	0.496	0.377	0.825	否	
	遵纪守法 LC	0.746	0.561	0.641	0.634	否	
	诚实守规 CS	0.787	0.534	2.935	0.021	是	3>1,2; 4>1,2
	守信履约 SX	5.508	0.000	4.864	0.001	是	3>2
	企业诚信 CI	1.001	0.407	1.745	0.140	否	

检验结果表明,显著差异出现具体如下:沟通显著差异出现在企业年龄在10—15年（3）和25年以上（5）的企业之间,且3>5;合作、守信履约显著差异水平皆出现在企业年龄在10—15年（3）和5—10年（2）的企业之间,且3>2;诚实守规显著差异水平也与年龄有一定的关系,一般来说,在一定企业存续时间内,企业年龄越长,对诚信重要性越体会深刻,越珍视商业往来中的诚实守规,公正公平地参与商业竞争,群组间比较情况为:3>1,2;4>1,2。即就诚实守规变量而言,10—15年（3）组企业显著高于1—5年（1）组企业,也显著高于5—10年（2）组企业;同样,15—25年（4）组企业也表现出类似的情况。

四 企业利润情况对供应链合作关系与企业诚信的影响

企业盈利情况是否影响企业供应链合作关系和企业诚信情况？本书也进行了简单探索，把企业盈利增长情况作为名义变量，分为五种情况并编码，分析步骤同上。结果如表6-25所示。总体来说，企业利润增长较快的企业，供应链合作关系和企业诚信水平都比较高。

表6-25 企业利润情况对供应链合作关系与企业诚信的影响分析

组织特征	变量	方差齐次性检验		ANOVA		控制变量影响是否显著	组间比较
		Levene值	P值	F值	P值（双侧）		
1 = 非常缓慢 2 = 比较缓慢 3 = 一般 4 = 比较快速 5 = 非常快速	信任 TRU	9.006	0.000	5.051	0.001	是	4>2；5>2
	沟通 COM	4.869	0.001	8.964	0.000	是	4>2, 3
	承诺 COT	5.461	0.000	5.864	0.000	是	3>2；4>2
	合作 COO	3.838	0.005	4.794	0.001	是	4>2
	相互依赖 INT	1.993	0.095	4.311	0.002	是	3>2；4>2
	质量保证 QA	7.949	0.000	4.891	0.001	是	5>2；4>2, 3
	遵纪守法 LC	13.489	0.000	6.366	0.000	是	4>2, 3
	诚实守规 CS	1.599	0.174	2.937	0.021	是	4>2
	守信履约 SX	10.827	0.000	9.568	0.000	是	3>2；4>2, 3
	企业诚信 CI	4.408	0.002	8.776	0.000	是	4>2, 3

第六节 核心企业诚信行为影响因素假设检验

一 伦理型领导影响企业诚信假设（H4-1）检验

H4-1所涉变量的相关系数在10%或1%或5%的显著性水平下显著，初步验证假设。本假设结构方程模型拟合指标如表6-26所示，大多数配适指标均符合一般SEM研究的标准，除了GFI及AGFI不到0.9以上的标准，但仍然符合Baumgartner、Homburg（1996）[1]建议的0.8以上的水平，因此模型可接受。[2] 模型路径如图6-5所示，

---

[1] Baumgartner, H., C. Homburg, "Applications of Structural Equation Modeling in Marketing and Consumer Research: A review" [J]. *International Journal of Research in Marketing*, 1996, 13 (2): 139-161.

[2] H2、H3、H4与此相同处理，采用≥0.8可接受水平。

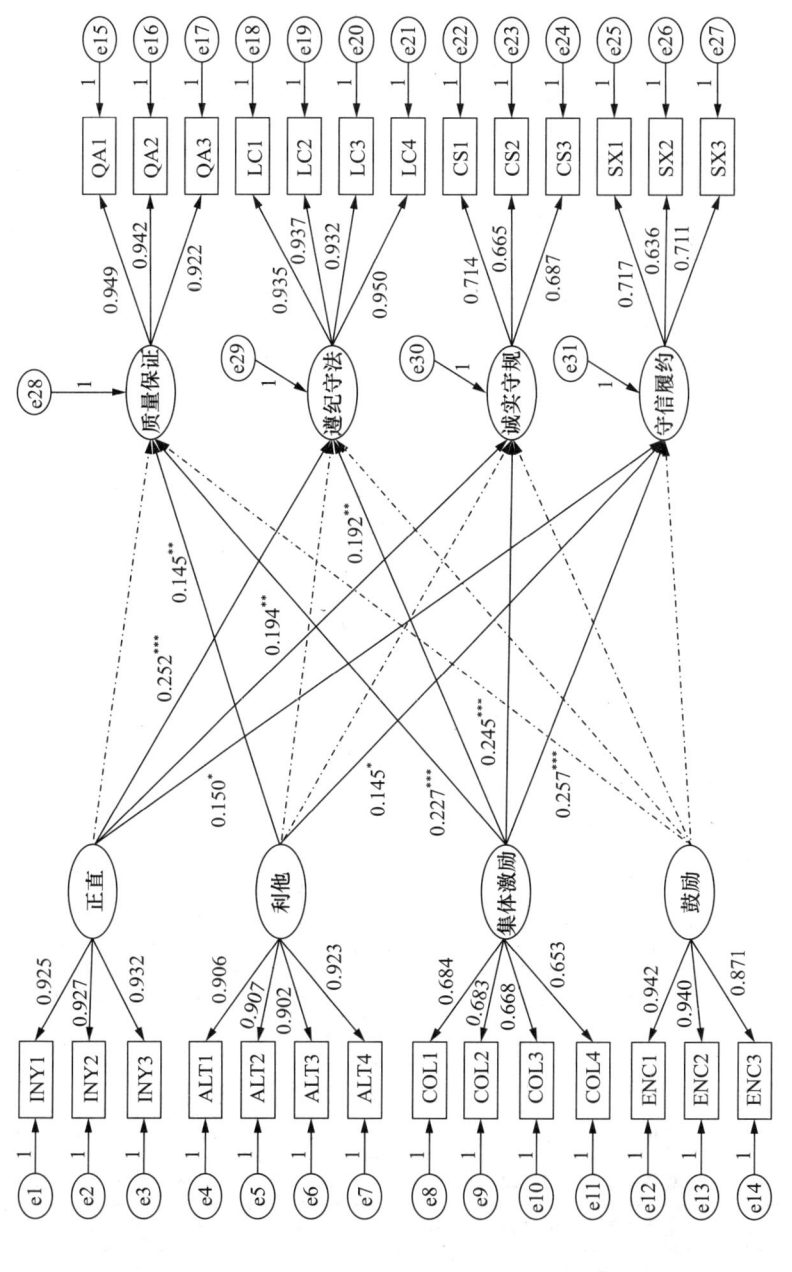

第六章 食品供应链核心企业诚信行为影响因素实证研究

图 6-5 伦理型领导影响企业诚信模型

注：实线表示显著，虚线表示不显著；*、**、***分别表示在10%、5%、1%的显著性水平下显著。

路径回归系数如表6-27所示,可以看出,集体激励对企业诚信各维度作用均影响显著,达到1%或5%的显著性水平,正直对遵纪守法、诚实守规、守信履约显著影响;利他对企业诚信的质量保证、守信履约维度显著正向影响,鼓励对企业诚信各维度影响均不显著,表明原假设H4-1c完全得到支持,H4-1a、H4-1b部分得到支持,H4-1d未得到任何支持。

表6-26　　　　伦理型领导影响企业诚信模型拟合指数

拟合指标	绝对拟合指标						相对拟合指标			
	χ^2	df	χ^2/df	RMSEA	GFI	AGFI	NFI	TFL	IFI	CFI
本模型	728.073	308	2.364	0.062	0.853	0.819	0.911	0.939	0.947	0.946
接受标准	—	—	<3	<0.08	>0.9	>0.9	>0.9	>0.9	>0.9	>0.9

表6-27　　　　伦理型领导影响企业诚信路径系数

路径			标准化因素负荷	非标准化因素负荷	标准误 S.E.	C.R. (t值)	P
质量保证	←	正直	0.098	0.097	0.053	1.813	0.07
遵纪守法	←	正直	0.252	0.215	0.045	4.721	***
诚实守规	←	正直	0.194	0.089	0.029	3.086	0.002**
守信履约	←	正直	0.150	0.068	0.028	2.427	0.015*
质量保证	←	利他	0.145	0.155	0.057	2.697	0.007**
遵纪守法	←	利他	0.024	0.021	0.048	0.444	0.657
诚实守规	←	利他	0.041	0.020	0.030	0.671	0.502
守信履约	←	利他	0.145	0.070	0.030	2.349	0.019*
质量保证	←	集体激励	0.227	0.591	0.161	3.677	***
遵纪守法	←	集体激励	0.192	0.427	0.135	3.178	0.001**
诚实守规	←	集体激励	0.245	0.293	0.086	3.400	***
守信履约	←	集体激励	0.257	0.303	0.085	3.580	***
质量保证	←	鼓励	0.076	0.083	0.059	1.405	0.160

续表

路径			标准化因素负荷	非标准化因素负荷	标准误 S.E.	C.R.(t值)	P
遵纪守法	←	鼓励	0.023	0.021	0.050	0.427	0.669
诚实守规	←	鼓励	0.099	0.050	0.031	1.595	0.111
守信履约	←	鼓励	0.115	0.057	0.031	1.861	0.063

注：*、**、***分别表示在10%、5%、1%的显著性水平下显著。

二 供应链合作关系影响企业诚信假设（H4-2）检验

变量的相关系数在10%或1%或5%的显著性水平下显著，初步验证了该假设。结构方程模型初始拟合指标如表6-28所示，拟合结果达到可接受水平，模型路径如图6-6所示，变量间路径回归系数如表6-29所示。结果显示，原假设H4-2b、H4-2d得到完全支持（合作、承诺），H4-2a（信任，仅支持遵纪守法）、H4-2c（沟通仅不支持诚实守规）、H4-2e（相互依赖，仅支持守信履约）均只得到部分支持。

表6-28　供应链合作关系影响企业诚信模型拟合指数

拟合指标	绝对拟合指标						相对拟合指标			
	χ^2	df	χ^2/df	RMSEA	GFI	AGFI	NFI	TLI	IFI	CFI
本模型	1052.776	414	2.543	0.066	0.825	0.791	0.862	0.900	0.911	0.911
接受标准	—	—	3	<0.08	0.9	>0.9	>0.9	>0.9	>0.9	>0.9

表6-29　供应链合作关系影响企业诚信路径系数

路径			标准化因素负荷	非标准化因素负荷	标准误 S.E.	C.R.(t值)	P
质量保证	←	信任	0.074	0.063	0.045	1.411	0.158
遵纪守法	←	信任	0.135	0.097	0.039	2.518	0.012*
诚实守规	←	信任	0.076	0.029	0.024	1.240	0.215
守信履约	←	信任	0.115	0.039	0.020	1.928	0.054
质量保证	←	承诺	0.157	0.402	0.145	2.778	0.005**

续表

路径			标准化因素负荷	非标准化因素负荷	标准误 S.E.	C.R.(t值)	P
遵纪守法	←	承诺	0.226	0.488	0.122	4.000	***
诚实守规	←	承诺	0.246	0.285	0.079	3.625	***
守信履约	←	承诺	0.401	0.409	0.073	5.626	***
质量保证	←	沟通	0.230	0.567	0.144	3.940	***
遵纪守法	←	沟通	0.170	0.352	0.119	2.967	0.003**
诚实守规	←	沟通	0.072	0.080	0.074	1.078	0.281
守信履约	←	沟通	0.286	0.280	0.067	4.175	***
质量保证	←	合作	0.221	0.601	0.160	3.763	***
遵纪守法	←	合作	0.187	0.427	0.132	3.236	0.001**
诚实守规	←	合作	0.261	0.321	0.086	3.720	***
守信履约	←	合作	0.242	0.261	0.073	3.583	***
质量保证	←	相互依赖	-0.001	-0.003	0.128	-0.024	0.980
遵纪守法	←	相互依赖	0.053	0.104	0.107	0.971	0.331
诚实守规	←	相互依赖	0.039	0.041	0.067	0.607	0.544
守信履约	←	相互依赖	0.144	0.134	0.058	2.306	0.021*

注: *、**、***分别表示在10%、5%、1%的显著性水平下显著。

三 伦理型领导影响供应链合作关系假设（H4-3）检验

变量的相关系数在10%（AMOS软件系统内定）或1%或5%的显著性水平下显著，初步验证了该假设。结构方程模型初始拟合指标如表6-30所示，拟合结果达到可接受水平，模型路径如图6-7所示，变量间路径回归系数如表6-31所示。结果显示，原假设H4-3c得到完全支持（集体激励），H4-3a（正直）、H4-3b（利他）得到部分支持，H4-3d未得到任何支持。

表6-30 伦理型领导影响供应链合作关系模型拟合指数

拟合指标	绝对拟合指标						相对拟合指标			
	χ^2	df	χ^2/df	RMSEA	GFI	AGFI	NFI	TFL	IFI	CFI
本模型	963.562	444	2.170	0.058	0.843	0.814	0.876	0.920	0.929	0.929
接受标准	—	—	<3	<0.08	>0.9	>0.9	>0.9	>0.9	>0.9	>0.9

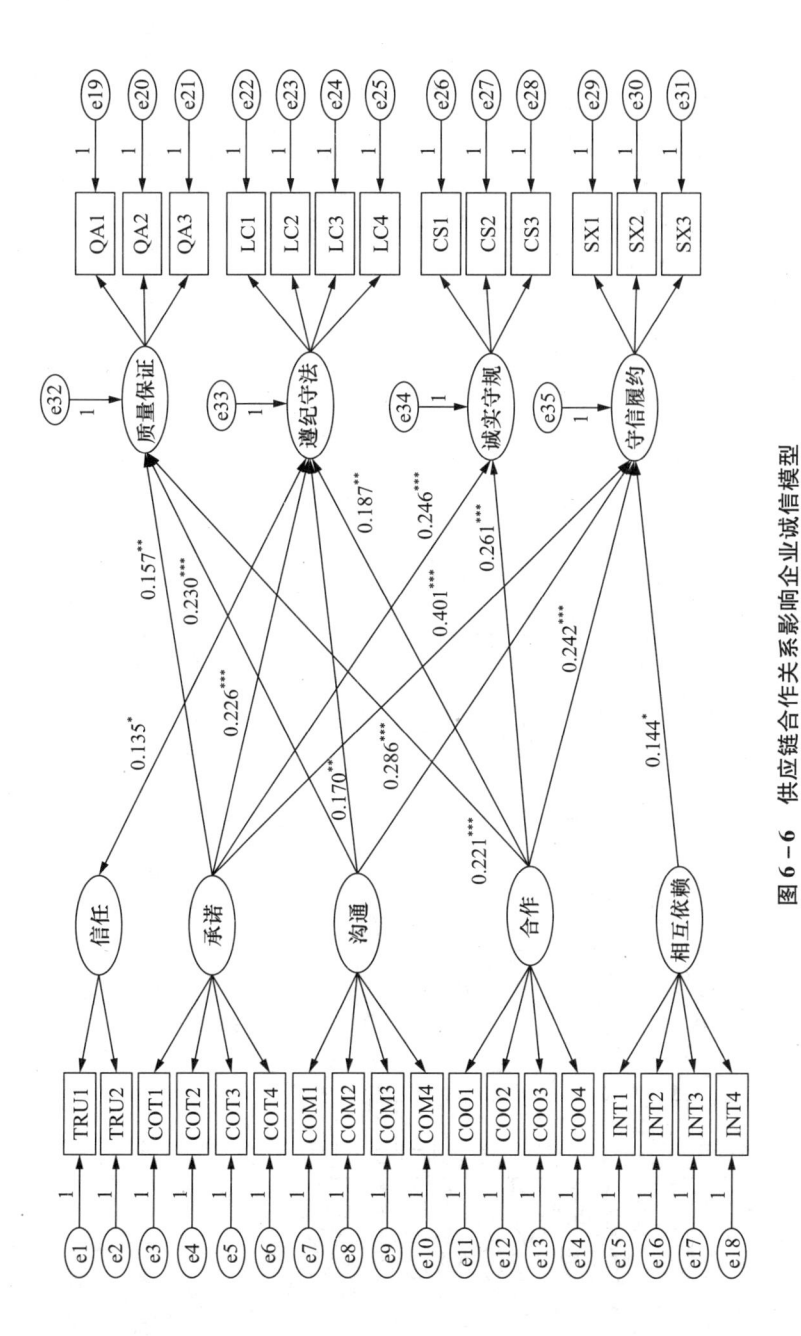

图 6-6 供应链合作关系影响企业诚信模型

注：*、**、*** 分别表示在 10%、5%、1% 的显著性水平下显著。为减少模型复杂性，未显示不显著的因果关系，未显示显变量在潜变量上的标准化载荷。

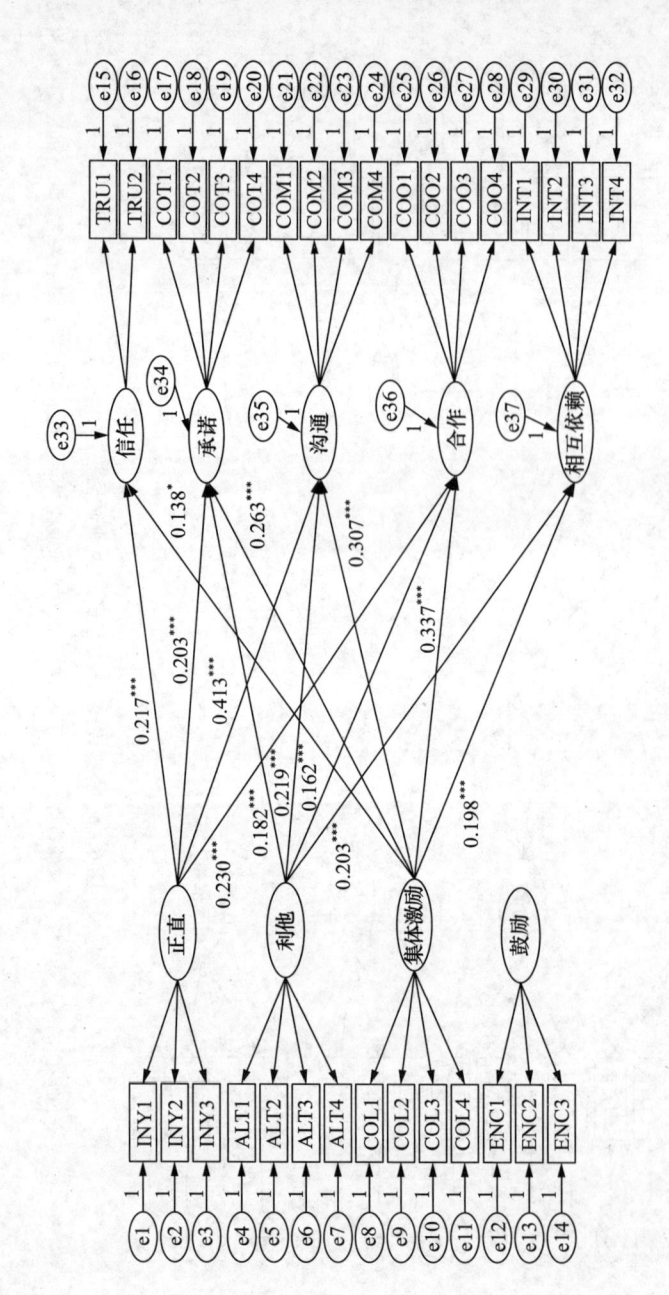

图 6-7 伦理型领导影响供应链合作关系模型

注：*、**、*** 分别表示在 10%、1% 的显著性水平下显著；为减少模型复杂性，未显示不显著的因果关系，未显示显变量在潜变量上的标准化载荷。

第六章 食品供应链核心企业诚信行为影响因素实证研究 / 179

表6-31　　　伦理型领导影响供应链合作关系路径系数

路径			标准化因素负荷	非标准化因素负荷	标准误 S.E.	C.R. (t值)	P
信任	←	正直	0.217	0.239	0.060	3.994	***
承诺	←	正直	0.203	0.079	0.022	3.517	***
沟通	←	正直	0.143	0.049	0.020	2.454	0.014*
合作	←	正直	0.230	0.088	0.022	3.929	***
相互依赖	←	正直	-0.030	-0.017	0.032	-0.543	0.587
信任	←	利他	-0.040	-0.046	0.064	-0.721	0.471
承诺	←	利他	0.182	0.076	0.024	3.162	0.002**
沟通	←	利他	0.219	0.080	0.022	3.655	***
合作	←	利他	0.162	0.066	0.024	2.821	0.005**
相互依赖	←	利他	0.203	0.124	0.035	3.577	***
信任	←	集体激励	0.138	0.400	0.175	2.281	0.023*
承诺	←	集体激励	0.263	0.269	0.068	3.933	***
沟通	←	集体激励	0.307	0.275	0.064	4.315	***
合作	←	集体激励	0.337	0.339	0.071	4.800	***
相互依赖	←	集体激励	0.198	0.297	0.097	3.082	0.002**
信任	←	鼓励	0.036	0.044	0.066	0.675	0.500
承诺	←	鼓励	-0.010	-0.003	0.024	-0.132	0.895
沟通	←	鼓励	0.088	0.033	0.022	1.521	0.128
合作	←	鼓励	0.087	0.037	0.024	1.520	0.129
相互依赖	←	鼓励	0.103	0.065	0.036	1.822	0.068

注：*、**、***分别表示在10%、5%、1%的显著性水平下显著。

四　供应链合作关系中介效应假设（H4-4）检验

中介变量的统计检定一般有因果法、直接与间接效果法和信赖区间法三种方法①，针对本书中介变量是潜在变量情况，本部分采用间接效果法（系数乘积法）的Z值检验中介效果，以供应链合作关系

---

① Mackinnon, D., *Introduction to Statistical Mediation Analysis* (Multivariate Applications Series) [M]. Erlbaum Psych Press, 2008.

(SCP)整体作为中介变量,以组织伦理型领导各子维度为自变量,以企业诚信各子维度为因变量,计算各路径 Z 值检验 H4 – 4,具体做法如下:

首先,以 AMOS 直接采用 SEM 分析计算 $Z = a \times b/SE_{ab}$

Sobel 检验统计量(Sobel Test, 1982)[①]

$Z = ab/SE_{ab}$

$$SE_{ab} = \sqrt{a^2 SE_b^2 + b^2 SE_a^2} \qquad (6-1)$$

式中,a 与 b 均为非标准化系数值;$a \times b$ 等值于 $c - c'$;SE_a 及 SE_b 分别为 a 与 b 的标准误。

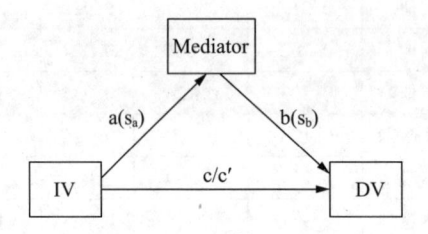

图 6 – 8 中介模型示意

然后,判断:在 $\alpha = 0.05$ 时,如果 Z 值 $\geq |1.96|$,可判断中介效果显著。

因此,依上述方法,我们首先查看供应链合作关系作为中介变量的结构方程模型,初始拟合指标如表 6 – 32 所示,拟合结果达到可接受水平,模型路径如图 6 – 9 所示,变量间路径回归系数如表 6 – 33 所示。

表 6 – 32 供应链合作关系中介效应模型拟合指数

拟合指标	绝对拟合指标						相对拟合指标			
	χ^2	df	χ^2/df	RMSEA	GFI	AGFI	NFI	TFL	IFI	CFI
本模型	772.862	440	1.757	0.045	0.876	0.851	0.913	0.955	0.960	0.960
接受标准	—	—	<3	<0.08	>0.9	>0.9	>0.9	>0.9	>0.9	>0.9

[①] Sobel, M. E., "Asymptotic Confidence Intervals For Indirect Effects In Structural Equation Models" [J]. *Sociological Methodology*, 1982: 290 – 312.

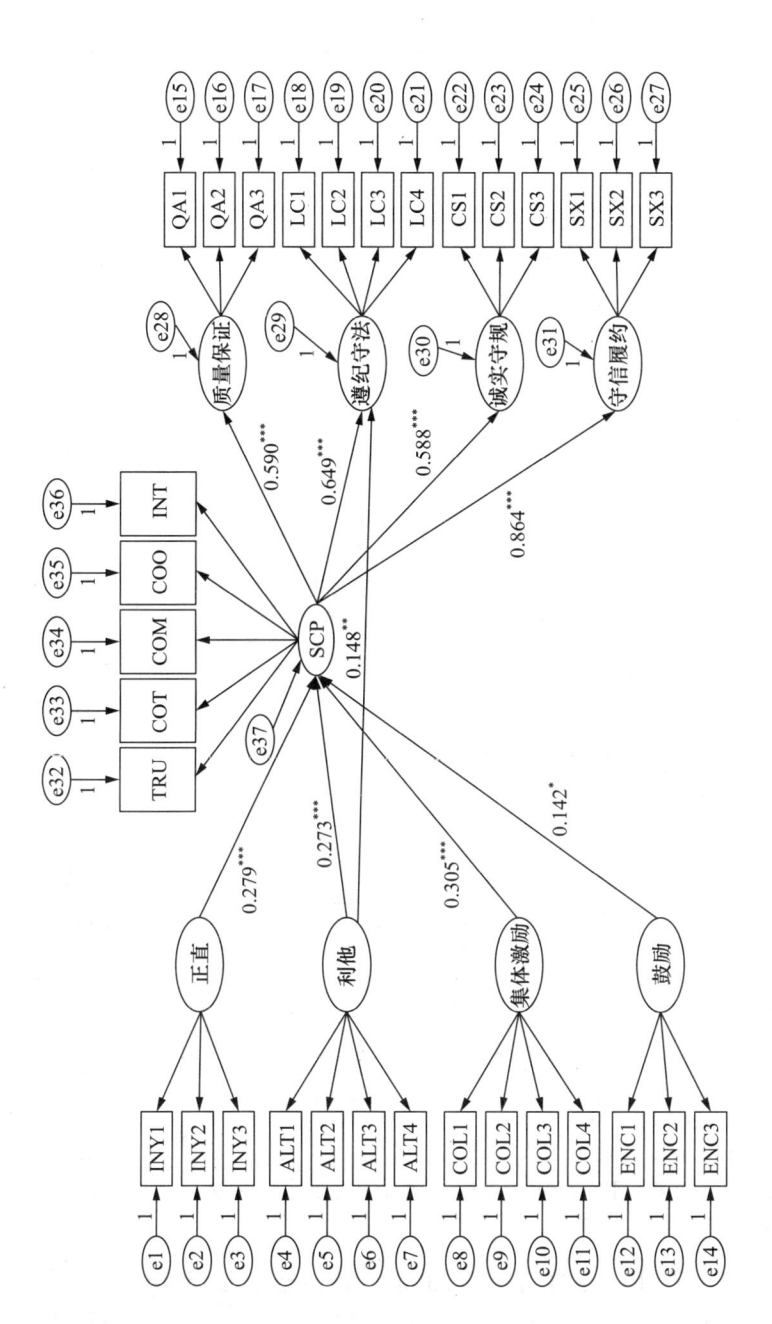

第六章 食品供应链核心企业诚信行为影响因素实证研究 / 181

图 6-9 伦理型领导、供应链合作关系、企业诚信关系全模型

注：*、**、*** 分别表示在 10%、5%、1% 的显著性水平下显著；为减少模型复杂性，未显示不显著的因果关系，未显示显变量在潜变量上的标准化载荷。

表 6-33　伦理型领导、供应链合作关系、企业诚信关系全模型路径系数

路径			标准化因素负荷	非标准化因素负荷	标准误 S.E.	C.R.（t值）	P
供应链合作关系	←	正直	0.279	0.102	0.028	3.633	***
供应链合作关系	←	利他	0.273	0.106	0.030	3.579	***
供应链合作关系	←	集体激励	0.305	0.283	0.081	3.508	***
供应链合作关系	←	鼓励	0.142	0.057	0.027	2.141	0.032*
质量保证	←	正直	-0.057	-0.057	0.056	-1.016	0.309
遵纪守法	←	正直	0.084	0.072	0.047	1.543	0.123
诚实守规	←	正直	0.044	0.020	0.029	0.676	0.499
守信履约	←	正直	-0.083	-0.035	0.027	-1.329	0.184
质量保证	←	利他	-0.009	-0.009	0.059	-0.156	0.876
遵纪守法	←	利他	-0.148	-0.136	0.050	-2.717	0.007**
诚实守规	←	利他	-0.113	-0.054	0.031	-1.742	0.082
守信履约	←	利他	-0.084	-0.039	0.028	-1.360	0.174
质量保证	←	集体激励	-0.041	-0.105	0.159	-0.658	0.510
遵纪守法	←	集体激励	-0.102	-0.223	0.135	-1.656	0.098
诚实守规	←	集体激励	-0.035	-0.040	0.083	-0.488	0.625
守信履约	←	集体激励	-0.090	-0.098	0.076	-1.279	0.201
质量保证	←	鼓励	0.002	0.003	0.058	0.044	0.965
遵纪守法	←	鼓励	-0.058	-0.055	0.049	-1.119	0.263
诚实守规	←	鼓励	0.029	0.014	0.030	0.473	0.636
守信履约	←	鼓励	0.002	0.001	0.028	0.035	0.972
质量保证	←	供应链合作关系	0.590	1.615	0.326	4.949	***
遵纪守法	←	供应链合作关系	0.649	1.526	0.298	5.118	***
诚实守规	←	供应链合作关系	0.588	0.723	0.160	4.527	***
守信履约	←	供应链合作关系	0.864	1.014	0.199	5.086	***

注：*、**、*** 分别表示在10%、5%、1%的显著性水平下显著。

根据公式（6-1），结合表 6-33 涉及的各变量非标准化路径系数和标准误 S.E.，计算各路径 Z 值，以 Z 值 ≥ |1.96| 判断各路径中介效果是否显著，整理成表 6-34。结果显示，供应链合作关系在伦

理领导的正直、利他、集体激励与企业诚信各维度中均发挥了中介作用,而在鼓励维度,供应链合作关系没有发挥中介作用,即原假设H4-4a、H4-4b、H4-4c得到支持,H4-4d未得到支持。

表6-34 供应链合作关系中介效应分析

路径			非标准化因素负荷	标准误 S.E.	Z值	P值
供应链合作关系	←	正直	0.102	0.028		
质量保证	←	供应链合作关系	1.615	0.326	2.935	*
遵纪守法	←	供应链合作关系	1.526	0.298	2.968	*
诚实守规	←	供应链合作关系	0.723	0.160	2.836	*
守信履约	←	供应链合作关系	1.014	0.199	2.963	*
供应链合作	←	利他	0.106	0.030		
质量保证	←	供应链合作关系	1.615	0.326	2.877	*
遵纪守法	←	供应链合作关系	1.526	0.298	2.908	*
诚实守规	←	供应链合作关系	0.723	0.160	2.783	*
守信履约	←	供应链合作关系	1.014	0.199	2.904	*
供应链合作关系	←	集体激励	0.283	0.081		
质量保证	←	供应链合作关系	1.615	0.326	2.855	*
遵纪守法	←	供应链合作关系	1.526	0.298	2.886	*
诚实守规	←	供应链合作关系	0.723	0.160	2.764	*
守信履约	←	供应链合作关系	1.014	0.199	2.882	*
供应链合作关系	←	鼓励	0.057	0.027		
质量保证	←	供应链合作关系	1.615	0.326	1.942	不显著
遵纪守法	←	供应链合作关系	1.526	0.298	1.952	不显著
诚实守规	←	供应链合作关系	0.723	0.160	1.913	不显著
守信履约	←	供应链合作关系	1.014	0.199	1.950	不显著

注：*表示在10%的显著性水平下显著。

五 市场竞争程度的调节效应（H4-5）检验

假设H4-5中,竞争程度为连续变量,伦理型领导各维度与供应链合作关系各维度为自变量,企业诚信各维度为因变量,且自变量和因变量也都为连续变量。因此,本部分采用逐层回归法对调节作用进行检验。首先，做好调节回归分析前的准备工作。一是将模型所有变量标准化；二是将标准化后的自变量与调节变量相乘得出交互项。其次，进行逐层回归对调节作用进行检验，共执行4次回归分析。第一步，将企业规模、所有制类型、企业年龄、企业利润情况作为控制变量加入回归方程（模型1，M1），了解控制变量对因变量的影响效果；第二步，加入伦理型领导、供应链合作关系等自变量（模型2，M2）；第三步，加入竞争程度调节变量（模型3，M3）；第四步，加入自变量与调节变量的交互项，检验交互项与因变量的相关性（模型4，M4）。将以上每一步回归结果与上一次回归结果比较，主要对比回归系数、R^2变化是否显著，以此逐步验证调节效应的存在。

(一) 竞争强度调节伦理型领导对企业诚信的效应

结果如表6-35所示，从表6-35中可以看到，在第一层控制变量影响企业诚信的回归模型（M1-1、M2-1、M3-1、M4-1）中，仅企业利润情况对企业诚信各维度的影响均达到显著性水平，但所有控制变量对企业诚信各维度质量保证、遵纪守法、诚实守规、守信履约的解释都比较小（R^2分别为0.048、0.046、0.033、0.094），因此可以认为，控制变量对企业诚信几乎不产生影响。第二层回归分析纳入伦理型领导的4个维度变量后（M1-2、M2-2、M3-2、M4-2）后，模型均达到显著性水平，M1-2对质量保证、M2-2对遵纪守法、M3-2对诚实守规、M4-2对守信履约的解释率分别达到13.8%、13.5%、12.6%、19.3%，相对于第一次层次模型，R^2显著性水平提高。第三层次回归分析加入竞争强度这一调节变量，M1-3模型未达到显著性水平，其他M2-3、M3-3、M4-3达到显著性水平，对因变量的解释率分别上升到了15.3%、14.1%、23.7%，又有了进一步的提高，R^2分别增加0.018、0.015、0.044，且增量均达到显著性水平。最后，回归模型包含了本书涉及的所有变量，并以竞争强度与伦理型领导进行交互，结果显示，M1-4、M2-4、M3-4、M4-4模型均未达到显著性水平，因此放弃上述模型。结果显示，伦理型领导的利他、集体激励、鼓励对企业诚信各维度均没有显著性影响；正直对质量保证的影响系数为0.139，对遵纪守法的

表6-35 竞争程度调节伦理型领导影响企业诚信效应检验

	质量保证				遵纪守法				诚实守规				守信履约			
	M1-1	M1-2	M1-3	M1-4	M2-1	M2-2	M2-3	M2-4	M3-1	M3-2	M3-3	M3-4	M4-1	M4-2	M4-3	M4-4
控制变量																
企业类型	0.066	0.053	0.047	0.039	0.031	0.007	-0.006	-0.014	0.015	-0.005	-0.018	-0.024	0.092	0.075	0.054	0.053
企业规模	-0.082	-0.054	-0.046	-0.057	-0.078	-0.049	-0.031	-0.042	0.020	0.051	0.067	0.061	-0.077	-0.046	-0.018	-0.024
企业年龄	0.011	-0.013	-0.021	-0.006	0.032	0.007	-0.013	-0.006	0.102	0.077	0.059	0.062	0.087	0.063	0.032	0.043
企业利润	0.208**	0.171**	0.164**	0.161**	0.211**	0.181**	0.164**	0.149**	0.12*	0.084	0.069	0.059	0.281**	0.242**	0.217**	0.223**
自变量																
利他 ALT		0.104	0.100	0.088		0.012	0.002	-0.025		0.036	0.027	0.014		0.058	0.042	0.038
正直 INY		0.139*	0.133*	0.139*		0.261**	0.247**	0.244**		0.206**	0.193**	0.19*		0.183**	0.16*	0.167**
集体激励 COL		0.096	0.086	0.072		0.071	0.048	0.057		0.097	0.076	0.083		0.093	0.058	0.050
鼓励 ENC		0.093	0.084	0.102		0.012	-0.008	-0.005		0.070	0.052	0.049		0.103	0.072	0.083
调节变量																
竞争程度 CD			0.061	0.035			0.146**	0.112*			0.132*	0.113*			0.229**	0.229**
交互项																
CD × ALT				0.099				0.026				-0.006				0.079
CD × INY				-0.103				-0.113				-0.101				-0.026
CD × COL				-0.042				0.015				0.023				-0.001
CD × ENC				-0.027				-0.091				-0.014				-0.010
R^2	0.048	0.138	0.141	0.157	0.046	0.135	0.153	0.177	0.033	0.126	0.141	0.151	0.094	0.193	0.237	0.242
ΔR^2	0.048	0.091	0.003	0.015	0.046	0.090	0.018	0.023	0.033	0.093	0.015	0.010	0.094	0.099	0.044	0.004
ΔF	4.353**	9.08**	1.268	1.528	4.188**	8.938**	7.301**	2.391	3.004*	9.157**	5.851*	0.994	9.061**	10.596**	19.81**	0.503

注：*、**分别表示在10%、5%的显著性水平下显著。

影响系数为 0.244，对诚实守规的影响系数为 0.193，对守信履约的影响系数为 0.167。结果还显示，竞争强度促进正直对遵纪守法、诚实守规、守信履约的正向关系，对质量保证没有调节作用。因此，原假设 H5-1 得到部分验证。

（二）竞争强度调节供应链合作关系对企业诚信的效应

结果如表 6-36 所示，从中可以看到，在第一层控制变量影响企业诚信的回归模型（M1-1、M2-1、M3-1、M4-1）中，仅企业利润情况对企业诚信各维度的影响均达到显著性水平，但所有控制变量对企业诚信各维度质量保证、遵纪守法、诚实守规、守信履约的解释都比较小（R^2 分别为 0.048、0.046、0.033、0.094），因此可以认为，控制变量对企业诚信几乎不产生影响。第二层回归分析纳入供应链合作关系的五维度变量后（M1-2、M2-2、M3-2、M4-2），模型均达到显著性水平，M1-2 对质量保证、M2-2 对遵纪守法、M3-2 对诚实守规、M4-2 对守信履约的解释率分别达到 17.4%、19.1%、14.5%、34.8%，相对于第一次层次模型，R^2 显著性水平提高。第三层次回归分析加入竞争强度这一调节变量，M1-3、M2-3、M3-3、M4-3 模型均未达到显著性水平。最后回归模型包含了本书涉及的所有变量，并以竞争强度与供应链合作关系进行交互，结果显示，M1-4、M2-4、M3-4 模型达到显著性水平，M4-4 模型未达显著性水平。结果显示，供应链合作关系的信任维度对遵纪守法的影响系数为 0.135，对企业诚信其他维度影响不显著；沟通对质量保证的影响系数为 0.14，对守信履约的影响系数为 0.133；承诺对质量保证的影响系数为 0.187，对遵纪守法的影响系数为 0.219，对诚实守规的影响系数为 0.214，对守信履约的影响系数为 0.228；合作对质量保证的影响系数为 0.156，对遵纪守法的影响系数为 0.108，对诚实守规的影响系数为 0.177，对守信履约的影响系数为 0.143；相互依赖对守信履约的影响系数为 0.099，对企业诚信其他维度影响不显著。结果还显示，单独的竞争强度对供应链合作关系和企业诚信直接调节作用不显著，但是，竞争强度和供应链合作关系的一些子维度交互项具有调节作用，例如，竞争强度和承诺交互项正向促进质量保证、遵纪守法、诚实守规。因此，原假设 H5-2 得到部分验证。

表 6-36 竞争程度调节供应链合作关系影响企业诚信效应检验

	质量保证				遵纪守法				诚实守规				守信履约			
	M1-1	M1-2	M1-3	M1-4	M2-1	M2-2	M2-3	M2-4	M3-1	M3-2	M3-3	M3-4	M4-1	M4-2	M4-3	M4-4
控制变量																
企业类型	0.066	0.033	0.034	0.032	0.031	0.002	-0.001	-0.001	0.015	-0.003	-0.009	-0.009	0.092	0.056	0.050	0.047
企业规模	-0.082	-0.006	-0.006	0.013	-0.078	0.004	0.007	0.015	0.020	0.089	0.095	0.104	-0.077	0.025	0.031	0.029
企业年龄	0.011	-0.007	-0.005	-0.006	0.032	0.004	-0.003	-0.017	0.102	0.074	0.062	0.060	0.087	0.060	0.046	0.041
企业利润	0.208**	0.107*	0.107*	0.118*	0.211**	0.102	0.101	0.102	0.12*	0.045	0.043	0.047	0.281**	0.147**	0.145**	0.141**
自变量																
信任 TRU		0.074	0.075	0.087		0.114*	0.11*	0.135*		0.031	0.023	0.033		0.053	0.044	0.051
沟通 COM		0.152*	0.153*	0.14*		0.108	0.098	0.081		0.020	0.002	-0.013		0.161*	0.142*	0.133*
承诺 COT		0.105	0.107	0.187**		0.163**	0.154**	0.219**		0.153*	0.136*	0.214**		0.257**	0.239**	0.228**
合作 COO		0.164*	0.165*	0.156*		0.137*	0.132*	0.108		0.206**	0.197**	0.177**		0.156*	0.146*	0.143*
相互依赖 INT		0.011	0.025			0.046	0.081			0.032	0.048			0.093	0.094	
调节变量																
竞争程度 CD	0.010	-0.009	-0.031		0.050	0.050	-0.007		0.038	0.089	0.053		0.099*	0.095	0.096	
交互项																
CD×TRU				-0.074				-0.080				-0.046				-0.016
CD×COM				0.128				0.054				0.035				0.043
CD×COT				0.165*				0.155*				0.167*				-0.011
CD×COO				-0.136				-0.157				-0.143				-0.067
CD×INT				-0.068				-0.085				-0.020				0.007
R^2	0.048	0.174	0.174	0.202	0.046	0.191	0.192	0.229	0.033	0.145	0.151	0.175	0.094	0.348	0.354	0.358
ΔR^2	0.048	0.126	0.000	0.028	0.046	0.145	0.002	0.036	0.033	0.111	0.006	0.025	0.094	0.254	0.007	0.003
F	4.353**	10.53**	0.025	2.382*	4.188**	12.299**	0.803	3.189**	3.004**	8.953**	2.390	2.011	9.061**	26.745**	3.601	0.338

注：*、** 分别表示在 10%、5% 的显著性水平下显著。

六 假设检验结果总结

以上部分分别运用结构方程模型检验组织伦理型领导与企业诚信、供应链合作关系与企业诚信、组织伦理型领导与供应链合作关系的因果关系、供应链合作关系在组织伦理型领导与企业诚信中的中介关系,运用多层回归分析方法检验竞争企业面临的市场竞争程度对于伦理型领导影响企业诚信、供应链合作关系影响企业诚信的调节作用。所有理论研究假设验证结果归纳于表6-37。

表6-37　　　　　　　　本书研究假设结果汇总

序号	假设	结果
1	H4-1：伦理型领导显著影响企业诚信水平	支持
	H4-1a：伦理型领导展现出的正直特质积极显著影响企业诚信各子维度	部分支持：对质量保证的影响不显著
	H4-1b：利他行为积极显著影响企业诚信各子维度	部分支持：对遵纪守法、诚实守规的影响不显著
	H4-1c：集体激励积极显著影响企业诚信各子维度	完全支持
	H4-1d：鼓励积极显著影响企业诚信各子维度	完全不支持
2	H4-2：供应链合作关系显著影响企业诚信	支持
	H4-2a：信任积极显著积极影响企业诚信各子维度	部分支持：对质量保证、诚实守规、守信履约的影响不显著
	H4-2b：承诺显著积极影响企业诚信各子维度	完全支持
	H4-2c：沟通显著积极影响企业诚信各子维度	部分支持：对诚实守规的影响不显著
	H4-2d：合作显著积极影响企业诚信各子维度	完全支持
	H4-2e：相互依赖显著积极影响企业诚信各子维度	部分支持：对质量保证、诚实守规、遵纪守法的影响不显著
3	H4-3：伦理型领导显著影响供应链合作关系	支持
	H4-3a：伦理型领导展现出的正直特质积极显著影响供应链合作关系各子维度	部分支持：对相互依赖的影响不显著
	H4-3b：利他行为积极显著影响供应链合作关系各子维度	部分支持：对信任的影响不显著
	H4-3c：集体激励积极显著影响供应链合作关系各子维度	完全支持

续表

序号	假设	结果
3	H4-3d：鼓励积极显著影响供应链合作关系各子维度	完全不支持
4	H4-4：供应链伙伴关系发挥中介作用	支持
	H4-4a：供应链伙伴关系在管理人员正直特质影响企业诚信中发挥中介作用	完全支持
	H4-4b：供应链伙伴关系在利他行为影响企业诚信中发挥中介作用	完全支持
	H4-4c：供应链伙伴关系在集体激励影响企业诚信中发挥中介作用	完全支持
	H4-4d：供应链伙伴关系在鼓励维度影响企业诚信中发挥中介作用	不支持
5	H4-5：竞争程度具有调节作用	支持
	H4-5a：企业所面临的竞争程度正向调节伦理型领导对企业诚信的影响	部分支持：竞争强度对伦理型领导的正直特质影响企业诚信的遵纪守法、诚实守规、守信履约维度调节效应显著，其他均不显著
	H4-5b：企业所面临的竞争程度调节供应链伙伴关系对企业诚信的影响	部分支持：仅对承诺影响质量保证、遵纪守法、诚实守规具有调节作用显著，其他均不显著

本章小结

本章首先对数据质量进行了分析，包括正态性检验、信度检验、效度检验、回归分析三大检验等，发现数据达到分析基本要求，可以用于进一步假设检验验证。在此基础上，对研究变量量表进行了描述性统计，了解企业诚信行为和影响因素的基本情况，进而分析了企业年龄、企业规模、企业类型、企业盈利情况等控制变量对企业诚信和供应链合作关系的影响。然后，回到本书研究的重点，对前文提出的假设进行了检验，发现结构方程模型总体支持了假设 H4-1、H4-2、H4-3、H4-4、H4-5，即伦理型领导显著影响企业诚信水平、供应链合作关系显著影响企业诚信、供应链合作关系发挥中介作用，竞争程度具有调节效应，但对企业伦理型领导对企业诚信的影响不显著等，而更为具体的子假设则呈现出不同的结果。

第七章 核心企业伦理型领导在特征变量上的差异研究

第一节 研究目的

我们前面所探讨的企业伦理型领导对企业诚信行为有显著影响。当代中国正处于巨大变革时期,社会经济、政治、文化教育发展的不均衡导致人们价值观念上存在极大的差异,不同背景的人对伦理型领导的理解也有极大的不同。对于食品行业,这几年行业变革、国家管制、消费者认知发生很大变化,在这种形势下,处于食品行业的管理人员的伦理型领导行为在不同人口学、组织学变量的理解可能存在差异。本章研究被试的人口学、组织学变量包括性别、年龄、教育程度、单位性质、岗位性质、企业年龄、单位利润增长情况等。识别这些不同人口学、组织学变量的管理者伦理型领导行为差异情况,有助于人们加深对企业伦理型领导的理解,也有利于企业更有效地推行伦理型领导。为此,本章在前面研究的基础上,分析不同人口学、组织学变量,如年龄、性别、文化程度、管理任期等变量在其伦理型领导上是否存在显著差异。本章拟验证的假设为:

H7-1:核心企业伦理型领导在不同人口学和组织学特征变量上存在差异。

第二节 研究方法

一 研究被试

使用本书正式调查收集的样本数据（N=354），样本具体情况参见表5-20。

二 统计方法

研究方法采用独立样本的T检验和单因素方差分析（ANOVA），使用的统计软件为SPSS 22.0。

第三节 伦理型领导在特征变量上的差异研究结果

一 不同年龄的差异比较

收集数据时对年龄变量进行编码：1代表30岁及以下、2代表31—35岁、3代表36—40岁、4代表41—45岁、5代表46—50岁、6代表51岁及以上，单因素方差分析结果见表7-1。

统计结果表明，正式抽查样本中伦理型领导在不同年龄段得分存在显著差异。进一步进行事后多重比较检验，因为鼓励、伦理型领导的方差不具齐次性，故而根据Tamhane检验。检验结果发现，总体来说，伦理型领导在年龄方面差距显著，46—50岁管理人员得分显著大于30岁及以下、31—35岁、36—40岁的管理人员。其中，36—40岁管理人员鼓励维度表现得分显著高于31—35岁管理人员。

二 不同性别的差异比较

对性别变量进行编码：1代表男、2代表女，独立样本t检验结果见表7-2。结果显示，总体来说，伦理型领导在男女之间不存在显著差异。但详细分析发现，在利他维度上，男女之间有一定的差异，通过

表 7-1　伦理型领导在不同年龄上的差异比较（N=354）

年龄	伦理型领导	方差齐次性检验		ANOVA		影响是否显著	组间比较
		Levene 值	P 值	F 值	P 值（双侧）		
1=30 岁及以下	利他 ALT	8.288	0.000	2.034	0.073	否	
2=31—35 岁	正直 INY	8.837	0.000	1.910	0.092	否	
3=36—40 岁	集体激励 COL	2.472	0.032	0.855	0.512	否	
4=41—45 岁	鼓励 ENC	2.657	0.023	2.706	0.020*	是	3>2
5=46—50 岁							
6=51 岁及以上	伦理型领导 EL	2.766	0.018	3.142	0.009***	是	5>1,2,3

注：*、***分别表示在10%、1%的显著性水平下显著。

比较两组均值发现，男性均值为3.4879，女性为3.1711（见表7-3），男性管理人员利他维度表现得分高于女性。

表 7-2　伦理型领导在不同性别上的差异比较（N=354）

		方差相等性检验		平均值相等性的 t 检验		
		F	显著性	t	自由度	显著性（双尾）
利他 ALT	已假设方差齐性	1.259	0.263	2.052	352	0.041*
	未假设方差齐性			2.051	347.007	0.041*
正直 INY	已假设方差齐性	8.188	0.004	1.478	352	0.140
	未假设方差齐性			1.470	338.314	0.142
集体激励 COL	已假设方差齐性	0.000	0.991	1.062	352	0.289
	未假设方差齐性			1.057	339.676	0.291
鼓励 ENC	已假设方差齐性	0.103	0.748	0.486	352	0.627
	未假设方差齐性			0.486	347.869	0.627
伦理型领导 EL	已假设方差齐性	1.950	0.163	1.812	352	0.071
	未假设方差齐性			1.807	343.518	0.072

注：*表示在10%的显著性水平下显著。

表 7-3　伦理型领导不同性别组间均值比较

性别		数字	平均值（E）	标准偏差	标准误差平均值
ALT 均值	男性	186	3.4879	1.43774	0.10542
	女性	168	3.1711	1.46367	0.11292

续表

性别		数字	平均值（E）	标准偏差	标准误差平均值
INY 均值	男性	186	3.7599	1.43977	0.10557
	女性	168	3.5218	1.59116	0.12276
COL 均值	男性	186	4.0927	0.63390	0.04648
	女性	168	4.0179	0.69298	0.05346
ENC 均值	男性	186	3.2796	1.52598	0.11189
	女性	168	3.2004	1.53649	0.11854
伦理型领导均值	男性	186	3.6550	0.89421	0.06557
	女性	168	3.4778	0.94505	0.07291

三　不同文化程度的差异比较

对受教育程度变量进行编码：1 代表样本受教育程度是初中，依次类推，2 代表高中、中专、3 代表大专、4 代表本科、5 代表硕士、6 代表博士和博士后，单因素方差分析结果见表 7 - 4。统计结果表明，正式抽查样本中伦理领导在文化程度上不存在显著差异。

表 7 - 4　伦理型领导在不同文化程度上的差异比较（N = 354）

受教育程度	伦理型领导	方差齐次性检验		ANOVA		影响是否显著
		Levene 值	P 值	F 值	P 值（双侧）	
1 = 初中	利他 ALT	2.188	0.055	1.382	0.230	否
2 = 高中和中专	正直 INY	1.466	0.200	1.774	0.117	否
3 = 大专	集体激励 COL	3.902	0.002	1.521	0.182	否
4 = 本科						
5 = 硕士	鼓励 ENC	2.310	0.044	1.512	0.185	否
6 = 博士和博士后	伦理型领导 EL	1.710	0.132	1.824	0.107	否

四　不同管理职位的差异比较

对样本根据不同管理职位进行编码：1 代表高层管理者、2 代表中层管理者、3 代表基层管理者，单因素方差分析结果见表 7 - 5。

表7-5　伦理领导在不同管理职位上的差异比较（N=354）

管理职位	伦理型领导	方差齐次性检验		ANOVA		影响是否显著	组间比较
		Levene值	P值	F值	P值（双侧）		
1=高层管理者 2=中层管理者 3=基层管理者	利他 ALT	4.603	0.011	3.435	0.033*	是	1>3
	正直 INY	3.179	0.043	0.533	0.587	否	
	集体激励 COL	0.134	0.875	0.990	0.372	否	
	鼓励 ENC	0.663	0.516	8.076	0.000***	是	2>3
	伦理型领导 EL	1.974	0.140	2.536	0.081	否	

注：*、***分别表示在10%、1%的显著性水平下显著。

统计结果表明，不同管理职位的管理者在利他、鼓励维度上得分存在显著差异。进一步进行事后多重比较检验，鼓励根据LSD检验，因为利他的方差不具齐次性，故而根据Tamhane检验。检验结果发现，在利他维度上，高层管理者得分显著高于基层管理者；在鼓励维度上，中层管理者得分显著高于基层管理者。

五　不同管理任期的差异比较

对任职年限变量进行编码：1代表5年以下、2代表5—10年、3代表10—15年、4代表15年以上，单因素方差分析结果见表7-6。统计结果表明，伦理领导在不同任职年限上不存在显著差异。

表7-6　伦理型领导在不同管理任期上的差异比较（N=354）

任职年限	伦理型领导	方差齐次性检验		ANOVA		影响是否显著
		Levene值	P值	F值	P值（双侧）	
1=5年以下 2=5—10年 3=10—15年 4=15年以上	利他 ALT	3.231	0.023	0.653	0.582	否
	正直 INY	2.563	0.055	0.945	0.419	否
	集体激励 COL	0.343	0.794	0.818	0.484	否
	鼓励 ENC	2.718	0.045	1.505	0.213	否
	伦理型领导 EL	2.076	0.103	1.185	0.316	否

六 不同企业类型的差异比较

对样本所在企业类型变量进行编码：1 代表国有企业、2 代表民营企业、3 代表外资/合资企业、4 代表其他企业，单因素方差分析结果见表 7-7。统计结果表明，伦理型领导在不同单位类型上不存在显著差异。

表 7-7 伦理型领导在不同单位类型上的差异比较（N=354）

企业类型	伦理型领导	方差齐次性检验		ANOVA		影响是否显著
		Levene 值	Sig.	F 值	Sig.（双侧）	
1=国有企业 2=民营企业 3=外资/合资企业 4=其他企业	利他 ALT	0.406	0.749	0.167	0.918	否
	正直 INY	2.938	0.033	0.959	0.412	否
	集体激励 COL	3.054	0.029	0.69	0.559	否
	鼓励 ENC	3.795	0.011	0.422	0.738	否
	伦理型领导 EL	2.390	0.069	0.277	0.842	否

七 不同企业规模的差异比较

对样本所在企业规模变量进行编码：1 代表 100 人及以下、2 代表 101—300 人、3 代表 301—500 人、4 代表 501—1000 人、5 代表 1000 人及以上，单因素方差分析结果见表 7-8。统计结果表明，伦理型领导在不同企业规模上不存在显著差异。

表 7-8 伦理领导在不同单位规模上的差异比较（N=354）

企业规模	伦理型领导	方差齐次性检验		ANOVA		影响是否显著
		Levene 值	P 值	F 值	P 值（双侧）	
1=100 人及以下 2=101—300 人 3=301—500 人 4=501—1000 人 5=1000 人及以上	利他 ALT	2.100	0.080	1.083	0.365	否
	正直 INY	1.471	0.211	0.500	0.736	否
	集体激励 COL	0.733	0.570	1.965	0.099	否
	鼓励 ENC	0.403	0.806	0.027	0.999	否
	伦理型领导 EL	2.024	0.091	0.599	0.664	否

八 不同企业年龄的差异比较

对样本所在企业年龄变量进行编码：1 代表 1—5 年、2 代表 5—10 年、3 代表 10—15 年、4 代表 15—25 年、5 代表 25 年以上，单因素方差分析结果见表 7-9。统计结果表明，伦理型领导在不同企业年龄上不存在显著差异。

表 7-9　伦理型领导在不同企业年龄上的差异比较（N=354）

企业年龄	伦理型领导	方差齐次性检验		ANOVA		影响是否显著
		Levene 值	P 值	F 值	P 值（双侧）	
1=1—5 年	利他 ALT	0.948	0.436	1.036	0.389	否
2=5—10 年	正直 INY	1.663	0.158	1.356	0.249	否
3=10—15 年	集体激励 COL	1.082	0.365	1.479	0.208	否
4=15—25 年	鼓励 ENC	0.388	0.817	0.439	0.781	否
5=25 年以上	伦理型领导 EL	2.29	0.059	1.255	0.288	否

九 不同企业利润增长情况的差异比较

对样本所在企业根据企业利润增长情况进行编码：1 代表非常缓慢、2 代表比较缓慢、3 代表一般、4 代表比较快速、5 代表非常快速，单因素方差分析结果见表 7-10。

表 7-10　伦理型领导在不同企业利润情况上的差异比较（N=354）

企业利润情况	伦理型领导	方差齐次性检验		ANOVA		影响是否显著	组间比较
		Levene 值	P 值	F 值	P 值（双侧）		
1=非常缓慢	利他 ALT	5.295	0.000	3.263	0.012*	是	4>2
2=比较缓慢	正直 INY	5.522	0.000	1.634	0.165	否	
3=一般	集体激励 COL	1.549	0.187	3.010	0.018*	是	4>2, 3
4=比较快速	鼓励 ENC	2.994	0.019	1.418	0.227	否	
5=非常快速	伦理型领导 EL	4.736	0.001	3.971	0.004**	是	4>2

注：*、** 分别表示在 10%、5% 的显著性水平下显著。

统计结果表明，不同利润增长情况企业的管理者在伦理型领导、利他、集体激励上表现存在显著差异。进一步进行事后多重比较检验，集体激励根据 LSD 检验，因为利他、伦理型领导的方差不具齐次性，故而根据 Tamhane 检验。检验结果显示，总体说来，利润增长比较快速的企业的管理者的伦理型领导得分显著高于利润增长比较缓慢和一般的企业的管理者；进一步细分发现，差异主要分布在利他、集体激励维度，在利他维度上，利润增长比较快速的企业得分显著高于增长比较缓慢的企业；在集体激励维度上，利润增长比较快速的企业得分显著高于增长比较缓慢企业和一般的企业。

第四节 总结与讨论

相对于其他研究，本书针对性地研究食品行业伦理型领导，涉及人口学、组织学变量比较多。通过差异比较可以看出，所探讨的人口学、组织学特征变量中，年龄、性别、管理层次、企业利润增长情况等均有所影响。所以，本书提出的 H7-1 也得到了部分验证。

具体看来，伦理型领导在性别方面总体上没有表现出差异性，可能因为社会环境、教育对男性与女性有着相同的影响，使他们对伦理型领导理解、表现大致相同。但进一步分析发现，在利他维度上，男女之间还是有一定的差异，通过比较两组均值发现，男性均值为 3.488，女性均值为 3.171，男性管理人员利他维度表现得分高于女性，当然，差异不是很大，因此，在总体上表现不显著。

伦理型领导在年龄上的差异，总体呈现出年龄越大得分渐高的趋势，这也说明了对伦理型领导本质内涵的理解，需要岁月的积淀和生活阅历的不断丰富，特别对于近几年行业变化比较大的食品行业的管理人员来说，对自身职位的道德管理方式深有感触。分析结果显示，46—50 岁组显著高于 40 岁以下各组，和 41—45 岁年龄组没有显著差别，可能因为人们在 40—50 岁，正值壮年，身强体壮、精力充沛且往往处于事业的巅峰期，对社会、生活、为人、管理慢慢有自己的积累、感悟,管理中不再唯经济最大,各方面都保持着出色的表现。进一步分析发现,在鼓励维度上,36—40 岁组显著高于 31—35 岁组,可能是因为这个年龄段管理者正处于事业上升期,急需通过管理行为得到他人认可、跟随,进而做出业绩。在现职位管理任期方面,伦理型领导得分各组之间没有显著差异,这可能与行业近几年变化、管制加大有关。

在受教育程度方面,各组伦理型领导得分在文化程度上不存在显著差异。这是与其他研究不同的地方,可能与我们针对食品行业这个变化大、社会关注比较多的行业有关,也可能与伦理型领导从道德个人和道德管理者两方面分析有关,调研中发现,食品行业管理者大多是技术出身,受教育程度即使是高等教育,大多也是工科专业教育,真正管理专业出身的不多,对管理感悟主要是在实践中得来,而道德个人、道德管理者特别是道德个人,与个人为人处世有关,这不是仅仅教育就能解决的,是社会大环境多方面的影响所致,受教育程度并不代表着道德个人、道德管理方式达到一定程度。

管理职位不同造成的影响,从基层管理者到中层管理者再到高层管理者,伦理型领导得分总体没有显著差异,但进一步分析发现,在一些具体维度上面,不同层次管理者表现出不同差异,例如,在利他维度上,高层管理者得分显著高于基层管理者;在鼓励维度上,中层管理者得分显著高于基层管理者。可以说明,管理者的级别最高,越需要注重富有伦理性的领导模式。在组织中,中层管理者作为沟通组织基层和高层管理者的中间人,从组织整体发展需要的角度看,更能深切地体会到鼓励对于组织整体发展的重要性。

在企业类型、规模、年龄方面,伦理型领导没有表现出显著差异,可能与我们样本针对选择有很大关系。本书以伦理型领导测度企业道德水平,说明在食品行业,近几年行业大的变化、国家管制力度加强、消费者食品安全意识增强,管理层认识到,对于食品企业来说,要想长久发展,必须在食品安全质量保证的前提下才能考虑,必须注重企业的伦理道德水平的影响才能持续发展。而企业利润增长情况的差异分析也说明了这一点,总体来说,利润增长比较快速的企业的管理者的伦理型领导得分显著高于利润增长比较缓慢的企业的管理者；进一步细分发现，差异主要分布在利他和集体激励维度，在利他维度上，利润增长比较快速企业得分显著高于增长比较缓慢的企业；在集体激励维度上，利润增长比较快速企业得分显著高于增长比较缓慢企业和一般的企业。结论基本上，和前面组织诚信和企业利润情况分析相似，毕竟，企业行为引导主要是管理层行为所致。

本章小结

本书以食品行业 354 个样本企业通过独立样本的 T 检验、单因素方差分析和多重比较分析发现：

第一，男性管理人员利他维度表现得分高于女性。当然，差异不是很大，因此，在总体上表现不显著。

第二，伦理型领导在年龄上的差异，总体呈现出年龄越大得分渐高的趋势。

第三，不同管理职位伦理型领导在利他和鼓励维度上，存在显著差异。

第四，不同利润增长情况企业伦理型领导存在显著差异。

第八章　核心企业主导的食品供应链合作关系协调机制研究

　　利益是社会主体在经济、政治、文化的外部条件约束和保障下进行存续、发展、实现自我的一种必要追求，是一切人类活动的核心。"人们奋斗所争取的一切，都同他们的利益有关。"正是利益的存在，赋予了人们行为的目的性和内在动力。也恰恰是利益导致了社会各类事物之间具有复杂性、统一性和矛盾性等特征。

　　在整个食品安全问题中，利益始终占据绝对的主要地位，它是整个食品链条的润滑剂，也是整个食品链条发展和延续的源泉，更是各类问题和矛盾的聚集体。各种利益主体在谋利活动中，都会以实现利益最大化为目的，并运用各种手段，尽可能地为自己谋取更多的利益。强弱双方会不断地为各自的利益进行博弈，在这种利益博弈中，经济冲突和矛盾行为就产生了。回顾近几年来的重大食品安全事件，我国的食品安全问题绝大多数是人为因素、失信行为造成的。因此，对于食品链条中的利益分配和行为监控等问题急需作为供应链"链主"的核心企业予以重视，设计合理的基于利益基础的协调机制，协调供应链成员的行为，维护供应链合作关系，从而保障整个食品链条利益最优，使食品链条的发展具有稳定性和可持续性。

第一节　食品供应链合作关系
　　　　协调机制的理论分析

一　供应链契约协调的含义

（一）供应链协调的概念

关于供应链协调概念的界定，主要有三种代表性的观点：

第一种从供应链协调作用机理的视角来界定，供应链协调在合作伙伴之间进行沟通、交互和决策，对与供应链有关的材料、零部件、资金、服务、员工以及方法等之间的信息沟通进行控制以及调整，为供应链网络中的关键经营过程提供支持，是一种模式（Romano，2003）。[①]

第二种从供应链协调表现形式的视角来界定，供应链网络协调与企业内和企业间的物流过程的计划、控制以及调整有关，原因在于物流过程包括供应链网络的信息流与资金流、物料运输两方面（Hewitt，1994）。[②] 也有研究将供应链协调划分为买—卖协调、库存—分销协调和生产—分销协调三个方面（Thomas et al.，1996）。[③]

第三种从供应链协调的作用效应视角来界定，供应链协调是供应链上的一个成员试图利用某项激励机制去改变另外一个成员的一种行为（Beamon，1998）[④]，是结合、调整供应链上所有成员的行动目标，

[①] Romano, P., "Coordination and Integration Mechanisms to Manage Logistics Processes across Supply Networks" [J]. *Journal of Purchasing & Supply Management*, 2003. 9 (3): 119 – 134.

[②] Hewitt, F., "Supply Chain Redesign" [J]. *International Journal of Logistics Management*, 1994. 5 (2): 1 – 10.

[③] Thomas, D. J. and P. M. Griffin, "Coordinated Supply Chain Management" [J]. *European Journal of Operational Research*, 1996. 94 (1): 1 – 15.

[④] Beamon, B. M., "Supply Chain Design and Analysis: Models and Methods" [J]. *International Journal of Production Economics*, 1998. 55 (3): 281 – 294.

从而完成供应链的总体目标（Simatupang et al., 2002）。①

可以看出，上述三种视角界定的供应链协调概念存在内在一致性，其协调目的都是避免分布式供应链的各自为政、效率低下，以减少冲突竞争及内耗，实现管理协同。根据本书的研究目的，本书界定的供应链协调概念主要从供应链协调的作用效应视角来分析。

（二）供应链契约协调的含义

供应链协调的具体方法有专用性资产投资、监督、契约等，其中，契约是协调供应链的一个重要手段，是一个由交易双方达成的具有法律效力的文件，通过契约规定各方所具有的权利、所应该履行的义务和所应该承担的责任等。供应链契约是指通过提供合适的信息和激励措施，保证买卖双方协调，优化销售渠道绩效的有关条款。通过契约，即使供应链达不到最好的协调，也可能存在帕累托（Pareto）最优解，以保证每一方的利益至少不比原来差。供应链契约规定了成员之间的关系是：供应链成员彼此独立，但行动一致。契约的约束作用，使供应链成员做出的决策对供应链整体收益有利，从而实现供应链协调。

供应链契约的设计基础是假设企业是理性的，是以自己利益最大化为目的。因此，设计契约需要考虑的一个重点是：达到双赢。如果采用契约，各个供应链成员收益要大于不参加契约时的收益，否则，供应链成员就不会采用契约。可以说，"双赢"思想是供应链协调的中心思想，必须贯穿供应链协调始终。

二 食品供应链合作关系中的委托—代理问题

供应链管理强调企业之间的合作，强调企业集中资源发展核心业务和核心竞争力，而对于非核心业务则通过外包方式完成，这是一种强强联合的方式。从委托—代理的角度来看，这种业务外包实质上是一种委托—代理关系，接受业务者为代理方，业务外包者为委托方。

---

① Simatupang, T. M., Wright, A. C., Sridharan, R., "The Knowledge of Coordination for Supply Chain Integration" [J]. *Business Process Management Journal*, 2002, 8 (3): 289 – 308.

这种委托—代理关系广泛地存在于供应链中，主要包括以下三种类型：①下游企业对上游企业因为直接的供需关系而形成的委托—代理关系，此时下游企业为委托方，如制造企业与上游供应商；②上游企业对下游企业因为分销关系而形成的委托—代理关系；③核心企业与各成员企业形成的单委托多代理的关系，其中成员企业可以是上游企业，也可以是下游企业，而核心企业既有可能是自身利益的代理，也可能是供应链联盟整体利益的"虚拟委托方"。可以说，供应链内任何具有相邻业务联系的企业之间都存在委托—代理关系，委托—代理关系形成了供应链内企业合作关系的一种具体表现形式。①

食品供应链作为一个协调管理食品生产流通的组织，各主体应该共同协作，保障食品质量安全，生产符合国家食品质量标准的满足市场需求的食品。但由于是相互独立的经济实体，各主体之间没有直接的行政隶属关系，都是以自身利益最大化作为追求的目标。因此，供应链中不同主体之间既有合作关系也存在一定的竞争关系，尤其食品原料供应商和核心企业之间，利益分配是两者共同关注的焦点问题。也是食品质量问题的重要原因。为了在合作中获得优势，供应商通常会保留某些私有信息，如食品的生产成本、存在的质量安全隐患等。从供应链核心企业的角度来看，供应商拥有私人信息，在质量信息上处于优势地位（可以看作代理人），而核心企业相对处于信息劣势地位（可以看作委托人），由于供应商和核心企业之间的信息不对称，加上食品原料质量又不易准确辨别，因此可能会产生两种委托—代理问题：一是逆向选择问题。核心企业在选择食品原料供应商时，会首先对其质量安全能力进行评估，有些供应商达不到核心企业的评估标准，但是，为了能够加入供应链获取利润，可能会选择传递一些虚假信息的欺骗行为，从而使核心企业选择了不合格的食品原料供应商。二是道德风险问题。假设核心企业在签约以前，能够准确地识别供应商的质量能力，即在签约时质量信息是对称的，但确立合作关系以

---

① 林勇、马士华：《供应链企业合作机制与委托实现理论》，《南开管理评论》2000年第2期。

后，因核心企业无法对供应商食品原料生产和供应的全过程进行有效监控，供应商为了降低成本获取更多的收益，可能会产生一些危害食品质量的投机行为，结果产生了道德风险问题。核心企业和下游销售商之间，也存在类似的逆向选择和道德风险问题，比方说储运过程中的食品质量问题、销售商的销售努力问题等。

食品供应链上的委托—代理产生的问题是逆向选择与道德风险两类问题共存，对食品原料供应商、销售商的评价与选择涉及逆向选择问题，逆向选择问题通常可以采用信号理论的方法解决，即利用某种信号揭示供应商的私有信息，道德风险问题则需要设计合理的激励机制，来约束食品原料供应商危害食品质量安全的投机行为和销售商的机会主义行为。一般来说，食品供应链上逆向选择问题的控制相对道德风险要简单一些，可以通过让供应商提供一些合格证明材料、质量认证标志等，显示其拥有较高的质量安全能力，核心企业再通过现场的评估考核等，对供应商的资格能力等进行甄别，实现合格合作伙伴的选择，企业一般也都有着严格的供应商选择标准规范和管理体系，对销售商也是如此。

从另一个角度来说，追求利益最大化是经济实体的最终目标，即使是具备质量安全保证能力的合格供应商，有一定资质的销售商，也有可能为了追求短期利益而采取投机行为，损害核心企业和供应链的行为，这是食品供应链失信产生的主要原因，比如原料供应商在原料中掺杂使假等，销售商为了获得销售返利加大订货量而不合理地评价市场需求问题（河北旭日升的衰败与销售渠道问题有莫大关系），如果不能及时发现问题，会给核心企业带来巨大的损失。因此，解决道德风险问题是核心企业对外诚信控制的主要内容。

解决这类道德风险问题，关键在于如何影响代理方的行为。激励和监督是供应链中委托人影响代理人的两种手段，目前研究大多都把注意力集中在激励合同的设计上。然而，现实中更为一般的情况是供应链中代理人的一些努力可以被委托人（核心成员）观察到，并可能被其控制。事实上，监督能有效地防止事后的机会主义，对于防范道德风险问题很有意义。核心企业设计一种有效约束供应商和销售商以实现供应链整体收益最大化的激励机制尤为重要。

三 食品供应链合作关系中的激励协调机制

"激励"是组织行为学中的一个重要概念，组织中对组织和个人行为管理的目标，就是要使个人或组织更愿意努力工作，并使工作更有效率，这种努力需要一定的条件或采取一定的措施进行有效促进，这就是"激励"的作用。食品供应链作为一个复杂的组织体系，其中的每个成员也都需要来自核心企业和供应链其他成员的激励。食品供应链的高效运作需要创造并维持一种环境，在这种环境中，每个成员的个人目标和供应链整体目标是有机协调的，每个成员都会为了完成共同的目标而努力工作。

"激励"要有明确的被激励对象，即激励的是谁，食品供应链中的激励对象就是供应链中的参与主体。另外，"激励"还要明确不同对象的积极性可以由什么因素激发，即用什么进行激励，需要根据不同对象的激发因素设计不同的激励机制。食品供应链中各主体是不具备行政隶属关系的相对独立的经济实体，各自都会追求自身的利益最大化，因此，需要设计合理的利益机制来激励供应链参与主体。最后，"激励"还要考虑激励的效果，即激励应使主体的努力能够保持和延续，能够长久持续的激励才是有效的激励机制。

对于食品供应链来说，供应链内部需要有一个激励主体对其他成员实施激励，核心企业需要担当这个激励主体，核心企业通过设计合理的激励机制，提高供应链其他参与主体的质量安全努力水平和销售努力水平，消除危害食品质量安全和供应链运营的机会主义行为。

激励机制的形式有很多种，从激励理论的角度来理解，有正激励和负激励两大类。正激励是一种激励客体采取某种行为的激励，是一种正向的促进和强化，能够使激励客体向主体设定的目标努力；而负激励是一种阻止激励客体采取某种行为的激励，是通过对激励客体实施诸多约束与惩罚，使激励客体不去采取主体不让其采取的行为，从而达到激励的目的。

食品供应链中任何一个节点的行为都可能会对最终食品质量产生影响，但考虑到中上游节点对保障食品质量安全的直接作用，本章首先研究食品供应链中核心企业对上游供应商（农户）的诚信激励机制。假设食品供应链是由供应商和核心企业组成的两级供应链，供应商负责给核心企业提供食品原料，如初级农产品，核心企业负责对食品原料进行加工或销售。核心企业处于供应链主导地位，并与供应商相互独立，整个食品供应链是由于追求共同利益而临时组成的动态联盟。因此，在实际的运作过程中，供应商出于追求自身的利益最大化，不可能无条件地按照核心企业的意愿行事。而核心企业对供应商提供的食品原料质量信息的掌握是不完全的，供应商可能会采取某些投机行为以获取更高收益，从而产生供应链质量安全信用风险。核心企业必须建立有效的激励机制，防范参与者的机会主义行为，有效地控制食品供应链质量安全信用风险，提高食品供应链的整体运作效率。其次，讨论针对下游销售商不同风险偏好行为的销售努力激励机制，提高销售商的销售努力水平，提高产品的销售量，保证供应链的整体运行效率。毕竟，有质量保证的食品需要一定的销售努力，才能保证食品生产链的持续有效运行。

在食品供应链中，核心企业要使供应商信守承诺，提供合格的食品原料；要销售商提高销售努力水平。一般可以通过两条途径：一是运用负激励，即通过签订契约对供应商的行为加以约束；二是运用正激励，建立长期稳定的合作关系，使供应商获取长远利益。前一种途径核心企业是通过显性的奖惩措施来激励供应商提供合格的食品原料，是一种显性激励机制；契约就是一种可以根据观测行动结果来奖惩供应商、销售商，从而能控制食品质量安全信用风险、销售商努力的显性激励机制。后一种途径中，核心企业通过一种隐性的声誉激励，使供应商、销售商依靠信守承诺建立和维护自己良好的声誉，以保持持久稳定的合作关系，因此是一种隐性激励机制，本书主要研究显性激励机制。主要从核心企业针对上游供应商食品质量协调激励和针对下游销售商不同风险偏好的返利、奖惩激励契约。

第二节 核心企业主导的针对上游供应商质量保证的协调机制

对于食品供应链来说，基本目标是保证食品质量安全前提下的效益最大化。对于食品加工企业，其对外诚信的最基本的表现是提供质量得到保证的安全的食品，因为一旦发生食品质量问题，受损失最大的是作为核心企业的食品加工企业，进而损害供应链内其他合作伙伴的关系和利益，导致整条供应链的竞争力下降甚至崩溃解体。因此，食品供应链运行过程中，食品质量问题始终是食品供应链合作关系中协调的核心问题，也是加工企业对外诚信的保障。食品供应链运行过程中，食品（产品物流）在供应链内节点流动主要涉及两个环节：一是上游供应商提供给加工企业原材料的环节；二是加工企业将原材料加工制成食品成品后提供给消费者的环节。在这两个环节中，对于食品质量协调的研究方法和理论思想是一致的，根据食品易发生问题环节，为便于描述，本书忽略下游销售商对食品的销售过程。

一 背景描述和基本假设

为简化问题，方便研究，提出模型的基本假设如下：

（1）仅考虑供应商和作为核心企业的食品加工企业组成的二级供应链，供应商提供原材料的生产与供应，食品加工企业负责对原材料的加工和销售。假设两者均为风险中性。

（2）供应商以一定的质量安全水平向核心企业提供食品原材料。核心企业抽样检测，以一定的检测率进行检测，对于检测合格的食品原料，核心企业能够准确识别并收购；对于不合格的或没有达到一定标准的原材料，核心企业有一定比例的检测失误，即存在供应商提供的不合格的食品原料未被核心企业检测出来，按照合格原料收购并加工最终销售给消费者的情况。

（3）对于核心企业检测出来的不合格的食品原料，核心企业拒收并产生一定的供应链内部损失，包括检测成本、寻找替代品的过程等；对于未检测出的不合格的原料，加工成食品成品流向市场最终被消费者发现，造成供应链外部损失，包括消费者更换、索赔、企业声誉损失等，假设外部损失大于内部损失。

（4）为简化研究，假设食品成品质量问题都是由不合格的食品原料造成的。

相关参数设定为：

θ_s：表示供应商提供的食品原料的质量安全水平，即原料合格率，$\theta_s \in [0, 1]$；

$C_s(\theta_s)$：表示供应商为保证食品原料达到一定标准的安全水平所花费的成本，且 $C'_s(\theta_s) > 0$，即 $C_s(\theta_s)$ 是增函数，原料质量安全水平越高，需付出成本越高；

θ_m：表示核心企业对供应商提供的食品原料的检测水平，即正确检测出不合格原料的概率，$\theta_m \in [0, 1]$；

$C_m(\theta_m)$：表示核心企业为保证检测水平 θ_m 所花费的成本，且 $C'_m(\theta_m) > 0$，即 $C_m(\theta_m)$ 是相应检测水平的增函数，检测水平越高，需付出成本越高；

P_m：表示核心企业单位食品成品的市场销售价格；

P_s：表示核心企业对供应商提供的合格食品原料的单位采购价格；

E_s：表示供应商单位食品原料的生产成本；

E_m：表示核心企业单位食品的加工或销售成本；

R：表示不合格食品原料造成的内部损失；

T：表示不合格食品原料造成的外部损失；

δ：表示不合格食品被市场发现的概率（因食品的信任品特征，有些食品不易被发现）；

π：表示整条供应链的收益；

π_m：表示核心企业的收益；

π_s：表示供应商的收益。

二 食品供应链整体收益最优模型

在信息共享、资源合理配置的情况下，如何实现食品供应链系统整体效益最大化是核心企业和供应商共同追求的目标。根据以上模型假设，整体食品供应链收益函数记为 $\pi(\theta_m, \theta_s)$，那么：

$$\pi(\theta_m, \theta_s) = P_m - E_m - E_s - C_m(\theta_m) - C_s(\theta_s) - (1-\theta_s)\theta_m(R+E_s) - (1-\theta_s)(1-\theta_m)\delta T \qquad (8-1)$$

式中，$(1-\theta_s)\theta_m(R+E_s)$ 表示单位食品在原料不合格被核心企业检测出来的概率下所造成的供应商承担的损失，包括内部损失和原料生产成本。

$(1-\theta_s)(1-\theta_m)\delta T$ 表示单位食品在原料不合格未被核心企业检测出来并加工最终销售到市场被消费者发现质量安全问题所造成的外部损失。

运用二元函数求极值法，求 π 极值，令 π 分别对 θ_m、θ_s 求偏导数，得：

$$\frac{\partial \pi}{\partial \theta_m} = (1-\theta_s)\delta T - (1-\theta_s)(R+E_s) - C'_m(\theta_m) \qquad (8-2)$$

$$\frac{\partial \pi}{\partial \theta_s} = (1-\theta_m)\delta T + \theta_m(R+E_s)C'_s(\theta_s) \qquad (8-3)$$

令 $\frac{\partial \pi}{\partial \theta_m} = 0$，$\frac{\partial \pi}{\partial \theta_s} = 0$，并要求满足 $\left(\frac{\partial^2 \pi}{\partial \theta_m \partial \theta_s}\right)^2 - \frac{\partial^2 \pi}{\partial \theta_m^2}\frac{\partial^2 \pi}{\partial \theta_s^2} < 0$ 的二元函数极值条件，可得到系统的全局最优解 $\{\theta_m^*, \theta_s^*\}$ 满足下列方程：

$$(1-\theta_s^*)(\delta T - R - E_s) = C'_m(\theta_m^*) \qquad (8-4)$$

$$\delta T - \theta_m^*(\delta T - R - E_s) = C'_s(\theta_s^*) \qquad (8-5)$$

即在核心企业的检测水平为 θ_m^*、供应商的质量安全水平为 θ_s^* 时，可使供应链整体收益最大。

三 供应商承担内部损失，核心企业承担外部损失的食品质量失误协调机制

不合格的食品原料被核心企业检测出来，拒收造成内部损失，由供应商全部承担，这样，有利于供应商提高食品原料质量的合格率；不合格食品原料没有被核心企业检测出来，最终流到市场，被消费者发现所导致的外部损失由核心企业承担，有利于核心企业不断提高其检测水平。因此，此种协调机制可以理解，也是易于接受的。

此种策略中，供应商承担内部损失。对于供应商来说，其承担损失除内部损失外，还有不合格原料被核心企业拒收造成的生产成本，因此，供应商承担的损失为内部损失加原料生产成本。

设核心企业收益函数为 $\pi_m(\theta_m, \theta_s)$，供应商收益函数为 $\pi_s(\theta_m, \theta_s)$，得到：

$$\pi_m(\theta_m, \theta_s) = P_m - E_m - P_s - C_m(\theta_m) - (1-\theta_s)(1-\theta_m)\delta T \quad (8-6)$$

$$\pi_s(\theta_m, \theta_s) = P_s - E_s - C_s(\theta_s) - (1-\theta_s)\theta_m(R+E_s) \quad (8-7)$$

此博弈中存在供应商的道德风险问题，为保证供应商接受契约，分担质量失误造成的损失，核心企业设计契约需要满足一定的约束条件，即供应商接受契约有最低收益保障（参与约束）以及一定前提下的自身收益最大化（激励相容约束）。因此，为保证契约实施，结合参与约束、激励相容约束，质量失误协调机制模型可转化如下：

$$(PI): \max_{(P_s, \theta_m)} \pi_m(\theta_m, \theta_s) \quad (8-8)$$

$$\text{s.t. } (IR): \pi_s(\theta_m, \theta_s) \geq \mu \quad (8-9)$$

$$(IC): \theta_s \in \arg\max_{\theta_s} \pi_s(\theta_m, \theta_s) \quad (8-10)$$

式（8-8）为核心企业设计实现核心企业预期收益最大化的决策目标函数；式（8-9）为供应商的参与约束条件，即确保供应商接受此种协调契约获得最小收益 μ；式（8-10）为供应商的激励相容条件，即供应商选择自身最优食品原料质量水平以实现自身收益最大化。分别代入供应商、核心企业收益函数，即式（8-6）、式（8-7），则核心企业设计的供应商、核心企业分别承担内、外部损失的食品质量失误协调机制可采用如下规划问题来表述：

$$(PI): \max_{(P_s, \theta_m)} \pi_m(\theta_m, \theta_s) = P_m - E_m - P_s - C_m(\theta_m) - (1-\theta_s)(1-\theta_m)\delta T$$

$$\text{s.t. } \pi_s(\theta_m, \theta_s) = P_s - E_s - C_s(\theta_s) - (1-\theta_s)\theta_m(R+E_s) \geq \mu$$

$$\theta_s \in \arg\max_{\theta_s} P_s - E_s - C_s(\theta_s) - (1-\theta_s)\theta_m(R+E_s)$$

供应商关于原料质量安全水平决策的最优化一阶条件满足 $\frac{\partial \pi_s}{\partial \theta_s} = 0$，从而得到：

$$C'_s(\theta_s) = \theta_m(R + E_s) \tag{8-11}$$

核心企业收益最大化满足 $\dfrac{\partial \pi_m}{\partial \theta_m} = 0$，得到：

$$C'_m(\theta_m^*) = (1 - \theta_s)\delta T \tag{8-12}$$

结合全局最优条件式（8-4）、式（8-5）、式（8-11）和式（8-12）可知，若想使供应商承担内部损失、核心企业承担外部损失的契约成为最优契约必须满足：

$$(1 - \theta_s^*)(\delta T - R - E_s) = (1 - \theta_s)\delta T \tag{8-13}$$

$$\delta T - \theta_m^*(\delta T - R - E_s) = \theta_m(R + E_s) \tag{8-14}$$

可以看出，一般情况下，θ_m 和 θ_s 很难满足式（8-13）和式（8-14）。因此，这种各担其责的策略看似合理，但它不是能使食品供应链内成员选择全局最优解的协调策略。且不难证明，此时任何一方单独改变选择水平，只能使自己收益下降。采用这种策略，往往不仅无法实现食品供应链全局利益的最大化，且成员企业各自收益也不一定会超过全局最优情况下的个人收益。但是，在我国现实食品供应链实际运作中，这种食品失误协调机制的应用最为广泛，供应链各主体之间未能实现利益共享和风险共担，供应链合作关系较为松散，不能提供有效的食品质量安全保证。也就是说，核心企业对外诚信表现的链内基础比较薄弱。

四 供应商承担内部损失，外部损失两者分担的食品质量失误协调机制

供应链合作思想是收益共享，风险共担，各种损失也应由成员分担。供应商承担内部损失，同时分担一部分外部损失，可以促使供应商进一步提高食品原料的质量安全水平，加大自觉自律程度，毕竟食品质量问题引起与食品原料不合格密切相关；不合格的食品原料由于核心企业未能检测出来从而流向市场被消费者发现，核心企业也需要承担一定的责任，核心企业承担部分外部损失，可促使核心企业保持一定的检测水平（当然，如果核心企业承担的外部损失过低，甚至不承担，会造成核心企业败德行为，也是不可取的）。在销售记录完整以及良好的资金支付渠道的食品供应链内部，采取此策略是合适的。

假设供应商承担的外部损失比例为 β,核心企业收益函数为 $\pi_m(\theta_m, \theta_s)$,供应商收益函数为 $\pi_s(\theta_m, \theta_s)$,得到:

$$\pi_m(\theta_m, \theta_s) = P_m - E_m - P_s - C_m(\theta_m) - (1-\beta)(1-\theta_s)(1-\theta_m)\delta T \tag{8-15}$$

$$\pi_s(\theta_m, \theta_s) = P_s - E_s - C_s(\theta_s) - (1-\theta_s)\theta_m(R+E_s) - \beta(1-\theta_s)(1-\theta_m)\delta T \tag{8-16}$$

同式 (8-8)、式 (8-9) 和式 (8-10) 一样的协调机制模型设计原则,分别代入供应商、核心企业收益函数,即式 (8-15)、式 (8-16),并令供应商收益函数对检测水平求导,即 $\frac{\partial \pi_s}{\partial \theta_s} = 0$,则核心企业设计的供应商承担内部损失、外部损失两者分担的食品质量失误协调机制可采用如下规划问题来表述:

$$(PI): \max_{(P_s, \beta, \theta_m)} \pi_m(\theta_m, \theta_s) = P_m - E_m - P_s - C_m(\theta_m) - (1-\beta)(1-\theta_s)(1-\theta_m)\delta T \tag{8-17}$$

$$\pi_s(\theta_m, \theta_s) = P_s - E_s - C_s(\theta_s) - (1-\theta_s)\theta_m(R+E_s) - \beta(1-\theta_s)(1-\theta_m)\delta T \geqslant \mu \tag{8-18}$$

$$\theta_m(R+E_s) + \beta(1-\theta_m)\delta T - C'_s(\theta_s) = 0 \tag{8-19}$$

式 (8-17) 为处于主导地位的核心企业通过契约设计实现的核心企业预期收益最大化;式 (8-18) 为供应商的参与约束条件,即确保供应商接受契约获得最小收益 μ;式 (8-19) 为激励相容条件,即供应商选择自身最优食品原料质量水平以实现自身收益最大化的条件。

为解上述模型,令式 (8-18) 取等号,然后对式 (8-17)、式 (8-18) 和式 (8-19) 构造拉格朗日函数:

$$L(\theta_m, \theta_s, P_s, \beta, \lambda, \rho) = P_m - E_m - P_s - C_m(\theta_m) - (1-\beta)(1-\theta_s)(1-\theta_m)\delta T + \lambda[P_s - E_s - C_s(\theta_s) - (1-\theta_s)\theta_m(R+E_s) - \beta(1-\theta_s)(1-\theta_m)\delta T - \mu] + \rho[\theta_m(R+E_s) + \beta(1-\theta_m)\delta T - C'_s(\theta_s)] \tag{8-20}$$

式中,λ 为供应商参与约束的拉格朗日因子,ρ 为供应商激励相容约束的拉格朗日因子。

根据函数最优一阶条件，令 $\frac{\partial L}{\partial P_s}=0$，$\frac{\partial L}{\partial \beta}=0$，得到：

$$\frac{\partial L}{\partial P_s} = -1 + \lambda = 0 \tag{8-21}$$

$$\frac{\partial L}{\partial \beta} = (1-\theta_s)(1-\theta_m)\delta T - \lambda(1-\theta_s)(1-\theta_m)\delta T + \rho(1-\theta_m)\delta T$$
$$= 0 \tag{8-22}$$

联立式（8-21）和式（8-22），解得 $\lambda=1$，$\rho=0$，代入式（8-20），进一步地，再令 $\frac{\partial L}{\partial \theta_m}=0$，$\frac{\partial L}{\partial \theta_s}=0$，得到：

$$\frac{\partial L}{\partial \theta_m} = -Cm'(\theta m) + (1-\beta)(1-\theta s)\delta T - (1-\theta s)(R+Es) +$$
$$\beta(1-\theta s)\delta T = 0 \tag{8-23}$$

$$\frac{\partial L}{\partial \theta_s} = (1-\beta)(1-\theta_m)\delta T - C'_s(\theta_s) + \theta_m(R+E_s) + \beta(1-\theta_m)\delta T = 0$$
$$\tag{8-24}$$

比较式（8-23）、式（8-24）和供应链全局最优条件式（8-4）、式（8-5），可以看出，此协调机制下的解和供应链全局最优解相同，说明此机制可行。因此，供应商承担内部损失，外部损失两者分担的协调策略，存在能够使供应链整体利益最大化的供应商食品原料质量安全水平和核心企业的检测水平。

进一步求解（P_s，β），式（8-18）取等号，即保证供应商最小收益，结合式（8-18）和式（8-19），得到：

$$\theta_m(R+E_s) + \beta(1-\theta_m)\delta T - C'_s(\theta_s) = 0$$
$$P_s - E_s - C_s(\theta_s) - (1-\theta_s)\theta_m(R+E_s) - \beta(1-\theta_s)(1-\theta_m)\delta T = \mu$$

进一步解得：

$$P_s = E_s + Cs(\theta_s) + (1-\theta_s)Cs'(\theta_s) + \mu \tag{8-25}$$

$$\beta = \frac{Cs'(\theta_s) - \theta_m(R+E_s)}{(1-\theta_m)\delta T} \tag{8-26}$$

通过以上分析可以看到，内部损失供应商承担、外部损失两者分担的策略在一定合理的分担系数下能够达到供应链整体最优，因此，这种策略是可行的，可以保证食品原料供应商为了自己获得最大利益,提供符合核心企业要求的食品原料。但不可否认的是,这种策略对食品问题的检测技术提出了较高要求,即能准确地界定食品安全问题产生是原料不合格引起还是核心企业自身失误引起,以防供应商承担过重的外部损失而失去参与供应链的积极性。

五 内、外部损失两者分担的食品质量失误协调机制

提出这种机制看似不合理:供应商提供的食品原料不合格,从而造成的外部损失两者分担容易理解,造成的内部损失理应由供应商全部承担才对,让核心企业分担一部分内部损失,似乎牵强。但综合来看,供应链是一个整体,是一个相互合作方能共赢的组织,既然整体收益由各成员分享,那么,整体损失也可以由各成员共担,这样,似乎会使各成员协作更紧密,供应链整体运作更有效率。

假设供应商承担的内部损失的比例为 α,承担的外部损失比例为 β,核心企业收益函数为 $\pi_m(\theta_m, \theta_s)$,供应商收益函数为 $\pi_s(\theta_m, \theta_s)$,则此种协调机制下:

$$\pi_m(\theta_m, \theta_s) = P_m - E_m - P_s - C_m(\theta_m) - (1-\alpha)(1-\theta_s)\theta_m R - \\ (1-\beta)(1-\theta_s)(1-\theta_m)\delta T \quad (8-27)$$

$$\pi_s(\theta_m, \theta_s) = P_s - E_s - C_s(\theta_s) - (1-\theta_s)\theta_m(\alpha R + E_s) - \\ \beta(1-\theta_s)(1-\theta_m)\delta T \quad (8-28)$$

式中,$(1-\alpha)(1-\theta_s)\theta_m R$ 表示单位食品在原料不合格被核心企业检测出来的概率下所造成的内部损失由核心企业承担的部分。

同式(8-8)、式(8-9)和式(8-10)一样的协调机制模型设计原则,分别代入供应商、核心企业收益函数,即式(8-27)和式(8-28),并令供应商收益函数对检测水平求导,即 $\frac{\partial \pi_s}{\partial \theta_s} = 0$,则核心企业设计的两者承担内、外损失的食品质量失误协调机制可采用如下规划问题来表述:

$$\max_{(P_s, \beta, \theta_m)} \pi_m(\theta_m, \theta_s) = P_m - E_m - P_s - C_m(\theta_m) - (1-\alpha)(1-\theta_s)\theta_m R - \\ (1-\beta)(1-\theta_s)(1-\theta_m)\delta T \quad (8-29)$$

$$\pi_s(\theta_m, \theta_s) = P_s - E_s - Cs(\theta_s) - (1-\theta_s)\theta_m(\alpha R + E_s) - \\ \beta(1-\theta_s)(1-\theta_m)\delta T \geq \mu \quad (8-30)$$

$$\theta_m(\alpha R + E_s) + \beta(1-\theta_m)\delta T - C'_s(\theta_s) = 0 \qquad (8-31)$$

其中，式（8-29）为处于主导地位的核心企业通过契约设计实现的核心企业预期收益最大化；式（8-30）为供应商的参与约束条件，即确保供应商接受契约获得最小收益 μ；式（8-31）为激励相容条件，即供应商选择自身最优食品原料质量水平以实现自身收益最大化的条件。

为解上述模型，式（8-30）取等号，然后对式（8-29）、式（8-30）、式（8-31）构造拉格朗日函数：

$$L(\theta_m, \theta_s, P_s, \alpha, \beta, \lambda, \rho) = P_m - E_m - P_s - C_m(\theta_m) - (1-\alpha)(1-\theta_s)\theta_m R - (1-\beta)(1-\theta_s)(1-\theta_m)\delta T + \lambda[P_s - E_s - Cs(\theta_s) - (1-\theta_s)\theta_m(\alpha R + E_s) - \beta(1-\theta_s)(1-\theta_m)\delta T - \mu] + \rho[\theta_m(\alpha R + E_s) + \beta(1-\theta_m)\delta T - C'_s(\theta_s)] \qquad (8-32)$$

式中，λ 为供应商参与约束的拉格朗日因子，ρ 为供应商激励相容约束的拉格朗日因子。

根据函数最优一阶条件，令 $\frac{\partial L}{\partial P_s} = 0$，$\frac{\partial L}{\partial \beta} = 0$，得到：

$$\frac{\partial L}{\partial P_s} = -1 + \lambda = 0 \qquad (8-33)$$

$$\frac{\partial L}{\partial \beta} = (1-\theta_s)(1-\theta_m)\delta T - \lambda(1-\theta_s)(1-\theta_m)\delta T + \rho(1-\theta_m)\delta T = 0 \qquad (8-34)$$

联立式（8-33）和式（8-34），解得 $\lambda = 1$，$\rho = 0$，代入式（8-32），进一步地，再令 $\frac{\partial L}{\partial \theta_m} = 0$，$\frac{\partial L}{\partial \theta_s} = 0$，得到：

$$\frac{\partial L}{\partial \theta_m} = -C'_m(\theta_m) - (1-\alpha)(1-\theta_s)R + (1-\beta)(1-\theta_s)\delta T - (1-\theta_s)(\alpha R + E_s) + \beta(1-\theta_s)\delta T = 0 \qquad (8-35)$$

$$\frac{\partial L}{\partial \theta_s} = (1-\alpha)\theta_m R + (1-\beta)(1-\theta_m)\delta T - C'_s(\theta_s) + \theta_m(\alpha R + E_s) + \beta(1-\theta_m)\delta T = 0 \qquad (8-36)$$

进一步解得：

$$C'_m(\theta_m) = (1-\theta_s)(\delta T - R - E_s) \qquad (8-37)$$

$$C'_s(\theta_s) = \delta T - \theta_m(\delta T - R - E_s) \tag{8-38}$$

比较式（8-37）、式（8-38）和供应链全局最优条件式（8-4）、式（8-5），可以看出，此协调机制下的解和供应链全局最优解相同，说明此机制可行。因此，内、外部损失由两者分担的协调策略，存在能够使供应链整体利益最大化的供应商食品原料质量安全水平和核心企业的检测水平。

进一步求解机制参数（α，β）。在α、β一定的条件下，由一阶最优条件 $\frac{\partial \pi_m}{\partial \theta_m} = 0$，$\frac{\partial \pi_s}{\partial \theta_s} = 0$ 得到该协调机制的纳什均衡解 $\{\theta_m^{NE}, \theta_s^{NE}\}$ 满足：

$$C'_m(\theta_m^{NE}) = (1-\beta)(1-\theta_s)\delta T - (1-\alpha)(1-\theta_s)R \tag{8-39}$$

$$C'_s(\theta_s^{NE}) = \theta_m(\alpha R + Es) + \beta(1-\theta_m)\delta T \tag{8-40}$$

结合方程式（8-4）、式（8-5）、式（8-39）、式（8-40），可以得出，当取：

$$\alpha = \frac{\delta T(1-\theta_m) + \theta_m(R+Es) - Es}{R} \tag{8-41}$$

$$\beta = \frac{\delta T(1-\theta_m) + \theta_m(R+Es)}{\delta T} \tag{8-42}$$

可得到 $\theta_m^{NE} = \theta_m^*$，$\theta_s^{NE} = \theta_s^*$。这说明，只要设计合理的核心企业和供应商应该承担的损失比例（α，β），基于内外损失供应商、核心企业两者分担食品质量失误协调机制就能够实现全局最优。在这种机制下，任何一方单独改变自身行为，不仅不会增加收益，反而适得其反，总体收益大幅度下降。即这种内外损失共担策略看似不合理但却能使供应链整体收益最大化和局部收益最大化达成一致，实现双赢局面。

六 数值分析

根据 Baiman 等（2000）的研究，设核心企业的检测成本函数 $C_m(\theta_m) = f\theta_m^2/(1-\theta_m)$，供应商所需花费的食品质量成本函数 $C_s(\theta_s) = g\theta_s^2/(1-\theta_s)$，$f = 0.8$，$g = 0.5$，并设 $P_m = 45$，$P_s = 20$，$E_m = 10$，$E_s = 10$，$T = 80$，$R = 14$，$\delta = 0.8$。根据式（8-4）、式（8-5），得到 $\theta_m^* = 0.610$，

$\theta_s^* = 0.888$。此时，供应链的总收益 $\pi(\theta_m, \theta_s) = 16.281$。下面分别对三种质量损失协调机制进行讨论。

（一）供应商承担内部损失，核心企业承担外部损失的食品质量失误协调机制

此协调机制，是指当供应链出现质量损失问题时，供应链成员协商采用供应商承担由于食品原材不合格引起的内部损失、核心企业承担外部损失的协调机制。当不存在道德风险问题时，供应商收益为 $\pi_s = 4.840$，核心企业收益为 $\pi_m = 11.441$。但是，当供应链合作关系不紧密，供应商和核心企业都可能仅从自身利益最大化出发考虑问题，选择对自己有利的原料质量安全水平和原料检测水平，从而忽视长期收益和供应链整体收益、发展。当存在道德风险时，假设核心企业采取检测水平 $\theta_m = \theta_m^*$，食品质量安全水平即供应商供应食品原料合格率降低，令 $dmaxq\pi_s(\theta_s, \theta_m^*)/dq = 0$，得到 $\theta_s = 0.818$，此时，$\pi_s = 5.497$，$\pi_m = 9.694$，$\pi = 15.191$，可以看到，供应商的收益提高，而核心企业收益下降，食品供应链总收益也在下降。如果核心企业考虑到供应商可能会存在道德风险，其检测水平也不会维持在 $\theta_m = \theta_m^*$，也会追求自身利益最大化。根据式（8-8）和式（8-9）可解出供应商承担内部损失、核心企业承担外部损失的协调机制的最优解为 $\theta_m^* = 0.735$，$\theta_s^* = 0.834$，此时，$\pi_s = 4.977$，$\pi_m = 10.554$，$\pi = 15.531$，双方博弈的结果使供应链总收益下降，也使核心企业收益低于全局收益最大化收益。

采用此协调机制，核心企业为了激励供应商提高食品原料质量安全水平，可以通过提高自身检测水平。表 8-1 表示随着检测水平 θ_m 的变化，各方利益变化情况。

从表 8-1 可以看出，核心企业提高检测水平 θ_m，会促使供应商在一定程度内提高原料质量安全水平，此时，核心企业收益和食品供应链整体收益都有小幅度提升，但当核心企业检测水平提高到一定程度时，核心企业检测成本将越来越大，导致核心企业和供应链整体收益不升反降。因此，应用此种协调机制时，核心企业在采取提高检测水平的措施时应注意权衡好成本和收益之间的关系，在检测成本和收

益之间寻找一个合适的平衡点。

表 8-1　供应商承担内部损失、核心企业承担外部损失的
契约中 θ_m 发生变化对收益的影响

检测水平（θ_m）	质量水平（θ_s）	供应商收益（π_s）	核心企业收益（π_m）	供应链收益（π）
0.610	0.818	5.497	9.694	15.191
0.650	0.824	5.325	10.092	15.417
0.700	0.830	5.118	10.429	15.547
0.750	0.836	4.917	10.576	15.493
0.800	0.841	4.723	10.405	15.128
0.850	0.845	4.535	9.658	14.193
0.900	0.850	4.352	7.560	11.912

（二）供应商承担内部损失，外部损失两者分担的食品质量失误协调机制

此种机制中，供应链成员就 P_s 和 β 达成一致，假设供应商保留利润为 $\mu=5$，据式（8-25）、式（8-26）得出：$P_s=22.929$，$\beta=0.990$，此时，供应商的食品原料水平、核心企业的原料检测水平均达到最优，供应商的收益 $\pi_s=5.001$，核心企业收益 $\pi_m=11.280$，供应链总收益 $\pi=16.281$。此种协调机制下，供应商基本负责所有的外部损失，看似对供应商很不公平，但该协调机制却实现了供应链局部和全局最优化的一致，有利于供应商提供保证质量的食品原料，可以有效地控制由于供应商道德风险引起的损失。

进一步仿真分析这一协调机制下改变供应商质量安全水平对各方利益的影响，用 Matlab 7.0 进行计算，结果如表 8-2 所示。

从表 8-2 仿真分析结果可以看出，通过制定合适的参数 P_s 和 β，可以达到供应链全局最优。此时，如供应商降低食品原料质量水平，会导致自身收益下降，相对核心企业，却影响较小，因此，此策略供应商采取可能性较大，从而有效地保证了食品质量。

表 8-2　供应商承担内部损失、外部损失两者分担的
契约中 θ_s 变化对收益的影响

质量水平 (θ_s)	收购价格 (P_s)	外部损失分担系数 (β)	供应商收益 (π_s)	核心企业收益 (π_m)	供应链收益 (π)
0.888	22.929	0.990	5.001	11.280	16.281
0.870	21.692	0.579	4.699	11.179	15.878
0.850	20.667	0.284	4.099	10.889	14.988
0.830	19.882	0.087	3.298	10.481	13.779
0.810	19.263	-0.052	2.001	9.985	11.986
0.790	18.762	-0.152	1.698	9.436	11.134
0.770	18.348	-0.228	1.001	8.839	9.840

（三）内、外部损失两者分担的食品质量失误协调机制

当供应商和核心企业采用内、外损失两者分担的协调机制时，两者就机制中的 (α, β) 达成一致，根据式（8-41）和式（8-42）计算得到：$\alpha = 2.114$，$\beta = 0.619$ 时满足 $\theta_m^{NE} = \theta_m^* = 0.610$，$\theta_s^{NE} = \theta_s^* = 0.888$，此时，供应商收益为 $\pi_s = 2.044$，$\pi_m = 14.236$，供应链总收益为 $\pi = 16.281$；此时供应链中单位质量损失为 $(1-\theta_s)\theta_m(R+E_s) + (1-\theta_s)(1-\theta_m)\delta T = 4.435$，而供应商承担的损失为 $(1-\theta_s)\theta_m(\alpha R + E_s) + \beta(1-\theta_s)(1-\theta_m)\delta T = 4.435$。可以看出，供应商承担了成倍数内部损失以及大多数的外部损失，导致供应链损失几乎全部由供应商承担，导致虽然此时供应链整体收益达到最优，但供应商收益大大降低。这样看来，这种协调契约对供应商不太公平，但总体来看，它确实实现了供应链中成本的合理分配，实现了局部和全局最优的一致。该协调机制迫使双方必须去努力获取供应链整体最大利益，如果违反合同规定，反而会使自身利益下降。当然，如果供应商认为利益分配确实不合理，核心企业不妨调整食品原料收购价格 P_s。可以看出，P_s 的改变与全局最优解 $\{\theta_m^*, \theta_s^*\}$ 和该协调机制的纳什均衡解 $\{\theta_m^{NE}, \theta_s^{NE}\}$ 无关，与食品供应链的总收益无关，只与系统内成员的局部收益分配有关。

第三节 核心企业主导的针对销售商不同风险偏好的返利协调机制

上一节针对供应商设计的质量协调机制，同样适用于食品供应链其他节点企业，包括核心企业和下游企业之间的协调问题。但是，对于下游来说，除质量问题之外，最重要的是，如何保证产品的快速流动，即如何保证上游生产好的质量合格的食品通过下游销售商的努力尽快达到消费者手中，如何促进销售商努力销售，如此，才能保证整个供应链的正常运作。基于此，本节尝试构建基于销售商不同风险偏好的返利协调机制。传统的目标返利契约中，没有考虑对销售商销售不足的惩罚，或者即使有惩罚，也没有考虑不同销售商不同风险偏好情况，从而导致契约缺乏一定的灵活性。本书增加契约的灵活性，在目标返利基础上，增加惩罚和风险偏好参数。

一 基本模型描述

（一）相关参数和基本假设

（1）仅考虑一个风险偏好销售商和风险中性核心企业组成的二级供应链，核心企业负责某一食品加工，单位成本为 c，其以批发价 w 销售给下游唯一的销售商，销售商订货量为 q，并把产品以零售价格 p 销售给市场上的消费者，未售出食品残值为 s，为不失一般性，假设 $s<c<w<p$。

（2）假设市场需求 D 是随机的，其累积分布函数为 $F(x)$，概率分布函数为 $f(x)$，且 $F(x)$ 是非负连续递增函数，其反函数为 $F^{-1}(x)$。

（3）假设信息是完全的，即核心企业和销售商都知道双方的成本结构和市场需求信息，核心企业制定契约，销售商据此契约确定最优产品订购量。令 π 表示期望利润，下标 m 代表核心企业，下标 r 代表销售商，下标 c 代表集中式供应链，下标 t 代表返利与惩罚契约下协调供应链。

(二) 食品供应链集中决策模型

在集中式供应链中，核心企业和销售商视为一个整体，统一决策，目标是供应链整体利益最大化，集中式决策下供应链整体利润函数为：

$$\pi_c(q) = p\min(q, D) + s(q - D)^+ - cq$$

其中，$S(q) = \min(q, D) = q - \int_0^q F(x)\,dx$ 表示销售商的期望销售额，$I(q) = (q - D)^+ = q - S(q)$，表示期望剩余库存，则集中供应链期望利润函数为：

$$E\pi_c(q) = (p - c)q - (p - s)\int_0^q F(x)\,dx \qquad (8-43)$$

因为 $\pi_c(q)$ 是关于 q 的凹函数，由最优化一阶条件满足 $\frac{\partial \pi_c(q)}{\partial q} = 0$，得出集中供应链的最优订货量为：

$$q_c^* = F^{-1}\left(\frac{p-c}{p-s}\right) \qquad (8-44)$$

(三) 可度量销售商不同风险偏好的决策目标函数

对于风险偏好的度量准则主要有均值方差法、价值风险值（VaR）和条件风险值（CVaR）法三种。本书采用条件风险值（CVaR）法来度量风险。

假设 $\pi_r(q, D)$ 是关于销售商订货量 q 和随机需求 D 的利润函数，下式中的 $\varnothing_\alpha(q, D)$ 表示随机变量 $\pi_r(q, D)$ 的 α 分位数，$\varnothing_\alpha(q, D)$ 的具体定义如下：

$$\varnothing_\alpha(q, D) = \sup\{v \mid \Pr\{\pi_r(q, D) \leq v\} \leq \alpha\}$$

则销售商的利润函数在 α 水平的条件风险值（CVaR）为：

$$CVaR_\alpha[\pi_r(q, D)] = E[\pi_r(q, D) \mid \pi_r(q, D) \leq \varnothing_\alpha(q, D)]$$

为便于计算，根据文献[①]中的等价定义，通常表示为：

$$CVaR_\alpha[\pi_r(q, D)] = \max_{v_0 \in R}\left\{v_0 + \frac{1}{\alpha}E[\min(\pi_r(q, D) - v_0, 0)]\right\} \qquad (8-45)$$

[①] Jammernegg, W., "Risk-averse and Risk-taking Newsvendors: A Conditional Expected Value Approach" [J]. *Review of Managerial Science*, 2007, 1 (1): 93–110.

第八章 核心企业主导的食品供应链合作关系协调机制研究 / 223

式中，$v_0 = \varnothing_\alpha(q, D)$。[①]

条件风险值 CVaR 描述了在一定的置信水平 α 下，当销售商利润低于 $\varnothing_\alpha(q, D)$ 的期望值，是一个相对保守的决策标准，在研究中，通常用来反映决策者的风险规避特性，而不能直接用于研究喜好风险的决策者行为。由此我们引入一种能够反映决策者不同风险偏好的决策模型。

在一定的置信水平 α（也可理解为决策者的风险厌恶程度，简称风险因子）下，$\text{CVaR}_\alpha[\pi_r(q, D)] = E[\pi_r(q, D) | \pi_r(q, D) \leq \varnothing_\alpha(q, D)]$ 刻画了决策者在规避风险情况下的利润期望值，如果用 $E[\pi_r(q, D) | \pi_r(q, D) > \varnothing_\alpha(q, D)]$，则可以刻画决策者在偏好风险情况下对高利润的追求。因此，构造以下函数作为描述具有不同风险偏好的销售商的决策目标函数。

$$Z_r = \lambda E[\pi_r(q, D) | \pi_r(q, D) \leq \varnothing_\alpha(q, D)] + (1-\lambda)E[\pi_r(q, D) | \pi_r(q, D) > \varnothing_\alpha(q, D)] \quad (8-46)$$

式中，$\lambda(0 \leq \lambda \leq 1)$ 为权重因子，按照知名的赫威茨（Hurwicz）准则，也被称为悲观系数或悲观因子。λ 越小，表明决策者越倾向于获得高利润。

由于：

$$E[\pi_r(q, D)] = \alpha E[\pi_r(q, D) | \pi_r(q, D) \leq \varnothing_\alpha(q, D)] + (1-\alpha)E[\pi_r(q, D) | \pi_r(q, D) > \varnothing_\alpha(q, D)] \text{[②]}$$

代入式（8-46）可知：

$$Z_r = \left(\frac{1-\lambda}{1-\alpha}\right)E[\pi_r(q, D)] + \left(\frac{\lambda-\alpha}{1-\alpha}\right)CVaR_\alpha[\pi_r(q, D)] \quad (8-47)$$

根据文献研究[③]，我们知道上述目标函数具有如下特点：

（1）$\lambda > \alpha$ 表示销售商是风险厌恶型，将选择具有较高条件风险

[①] Rockafellar, R. T., S. Uryasev, "Optimization of Conditional Value – at – risk" [J]. *Journal of Risk*, 1999, 29 (1): 1071 – 1074.

[②] Pflug, G. C., "Some Remarks on the Value – at – Risk and the Conditional Value – at – Risk" [M]. *Springer US*, 2000.

[③] Jammernegg, W., "Risk – averse and Risk – taking Newsvendors: A Conditional Expected Value Approach" [J]. *Review of Managerial Science*, 2007, 1 (1): 93 – 110.

值 CVaR 的订货决策;

(2) $\lambda = \alpha$ 表示销售商是风险中性型;

(3) $\lambda < \alpha$ 表示销售商是风险偏好型,将选择具有较低条件风险值 CVaR 的订货决策。

二 风险中性假设下供应链返利与惩罚协调契约

首先研究销售商风险中性情况下返利惩罚契约。假设核心企业设定的返利与惩罚的目标值为 T,销售季结束后,如果销售商的最终销售量超过 T,核心企业依据增量部分给予销售商单位返利为 $v(v>0)$;当最终销售量小于目标数量 T 时,核心企业对不足部分单位产品给予同等单位惩罚 v,返利与惩罚契约可表示为 (w, v, T)。

事件发生顺序是:(1) 在销售季节来临之前,核心企业制定契约参数向销售商提供一种返利与惩罚契约,参数为 (w, v, T);(2) 销售商根据自己的风险偏好以及核心企业契约信息,确定产品订货量 q,然后核心企业根据销售商的订单进行生产;(3) 市场需求发生,销售商进行销售以满足市场需求,核心企业依据销售商的销售量对其进行返利或惩罚。

返利与惩罚契约情况下销售商的利润函数为:

$$\pi_{rt}(q) = p\min(q, D) + s(q - D)^+ - wq + v[\min(q, D) - T] \quad (8-48)$$

式中,各部分含义为:第一项表示销售商的销售收益;第二项表示残值收益;第三项为进货成本;第四项为销售商销量达到或不足目标销量 T 时的返利或惩罚收益,则销售商的期望利润函数为:

$$E\pi_{rt}(q) = E[\pi_{rt}(q)] = (p + v - w)q - (p + v - s)\int_0^q F(x)\mathrm{d}x - vT$$

核心企业利润函数:

$$\pi_{mt}(q) = (w - c)q - v[\min(q, D) - T] \quad (8-49)$$

同样,风险中性下核心企业期望利润为:

$$E\pi_{mt}(q) = E\pi_{mt}(q) = (w - c - v)q + v\int_0^q F(x)\mathrm{d}x + vT$$

此博弈中存在销售商的道德风险问题。为保证销售商接受契约,达到供应链协调的目的,核心企业设计契约必须满足一定的条件:(1)供应链总利润实现最大化;(2)销售商、核心企业期望利润不能低于其保留利润,为了简便起见,我们统一假定保留利润为纯批发价合同下的核心企业和销售商的期望利润;(3)契约下销售商期望利润达到最大。也就是说,契约既要让销售商"有利可图",有参与动机,能实现利润最大化。因此,为保证契约实施,结合参与约束、激励相容约束,返利与惩罚协调机制模型可转化如下:

(PI): $\max E \pi_{mt}(q)$

s.t. (IR): $E \pi_{rt}(q) \geq \mu_0$

(IC): $q \in \arg\max E \pi_{rt}(q)$

把核心企业、销售商相应期望利润函数代入式(8-48)和式(8-49),则核心企业设计的协调机制可采用如下规划问题来表述:

$$\begin{cases} (PI): \max E \pi_{mt}(q) = (w-c-v)q + v\int_0^q F(x)dx + vT & (8-50) \\ \text{s.t. } E \pi_{rt}(q) = (p+v-w)q - (p+v-s)\int_0^q F(x)dx - vT \geq \mu_0 & (8-51) \\ q \in \arg\max E \pi_{rt}(q) = (p+v-w)q - (p+v-s)\int_0^q F(x)dx - vT & (8-52) \end{cases}$$

式(8-51)为销售商的个人参与约束(IR),其中,μ_0为销售商的保留利润,为简便分析起见,我们假设保留利润为纯批发价合同下销售商的期望利润(以后不同风险行为下也以此为保留利润)。式(8-52)为供应商的激励相容约束(IC)。另外,根据销售商关于订货量的最优化一阶条件满足$\frac{\partial E \pi_{rt}}{\partial q} = 0$,从式(8-52)得到:

$$(p+v-w) - (p+v-s)F(q) = 0 \quad (8-53)$$

则上述协调机制转化成如下规划问题:

$$\begin{cases} (PI): \max E \pi_{mt}(q) = (w-c-v)q + v\int_0^q F(x)dx + vT & (8-54) \\ \text{s.t. } E \pi_{rt}(q) = (p+v-w)q - (p+v-s)\int_0^q F(x)dx - vT \geq \mu_0 & (8-55) \\ (p+v-w) - (p+v-s)F(q) = 0 & (8-56) \end{cases}$$

核心企业可以令销售商的(IR)为等式,即可从式(8-55)中得到：

$$vT = (p+v-w)q - (p+v-s)\int_0^q F(x)\mathrm{d}x - \mu_0 \qquad (8-57)$$

将式（8-57）代入（PI）的目标函数中，得到：

$$E\pi_{mt}(q) = (p-c)q - (p-s)\int_0^q F(x)\mathrm{d}x - \mu_0 \qquad (8-58)$$

根据核心企业关于订货量 q 变量决策的最优化一阶条件 $\frac{\partial E\pi_{mt}}{\partial q} = 0$ 得到：

$$F_{rt}(q)^* = \left(\frac{p-c}{p-s}\right) \qquad (8-59)$$

得到：

$$q_t^* = F^{-1}\left(\frac{p-c}{p-s}\right) \qquad (8-60)$$

将式（8-60）和食品供应链集中决策最优条件式（8-44）比较发现，此协调机制下的解和供应链全局最优解相同，说明此机制可行。

进一步求解奖励惩罚参数和相关条件，由式（8-56）可知，销售商最优订货量为 $F_{tr}(q) = \left(\frac{p+v-w}{p+v-s}\right)$，为保证契约可行，将它代入式（8-59），保证两者相等，得到：

$$v = \frac{(w-c)(p-s)}{c-s} \qquad (8-61)$$

从式（8-61）得到：

$$W = \frac{v(c-s)}{p-s} + c \qquad (8-62)$$

进一步由式（8-51）得到：

$$vT \leq (p+v-w)q - (p+v-s)\int_0^q F(x)\mathrm{d}x - \mu_0 \qquad (8-63)$$

结合式（8-62）和集中决策模型式（8-43），得到：

$$vT \leq \left(1 + \frac{v}{p-s}\right)E\pi_c(q^*) - \mu_0 \qquad (8-64)$$

结论：此机制可以实现供应链协调，具体来说，该契约协调机制

可表述为:

$$W = \frac{v(c-s)}{p-s} + c \quad 且 \quad vT \leq \left(1 + \frac{v}{p-s}\right)E\pi_c(q^*) - \mu_0$$

下面将讨论销售商不同风险偏好情况下的供应链返利与惩罚契约协调情况。

三 销售商具有不同风险偏好的供应链返利与惩罚协调契约

在返利与惩罚契约中,销售初期核心企业给出契约(w, v, T),然后销售商根据需求预测以及返利与惩罚契约参数(w, v, T)确定自身最优的订货量。销售期末,核心企业依据销售商的销售量对其进行返利或惩罚,当销售商的最终销售量超过目标值 T 时,核心企业依据增量部分给予销售商单位返利为 v(v>0);当最终销售量小于目标数量 T 时,核心企业对不足部分单位产品给予同等单位惩罚 v。销售商具有不同风险偏好的返利与惩罚契约模型如下:

核心企业的利润函数为:

$$\pi_{mt}(q) = (w-c)q - v[\min(q, D) - T]$$

由于核心企业的风险态度为中性,其目标函数即为期望利润:

$$E\pi_{mt}(q) = (w-c-v)q + v\int_0^q F(x)\mathrm{d}x + vT$$

销售商的利润函数为:

$$\pi_{rt}(q) = p\min(q, D) + s(q-D)^+ - wq + v[\min(q, D) - T]$$

销售商的期望利润函数为:

$$E[\pi_{rt}(q)] = (p+v-w)q - (p+v-s)\int_0^q F(x)\mathrm{d}x - vT$$

由于销售商带有风险偏好,其决策目标函数见式(8-47)为:

$$Z_r = \frac{1-\lambda}{1-\alpha}E[\pi_r(p, D)] + \frac{\lambda-\alpha}{1-\alpha}CVaR_\alpha[\pi_r(q, D)]$$

根据文献[1],风险偏好条件下,供应链契约协调需要满足如下三个条件下:(1)供应链成员获得的利润不得低于各自的保留利润,为了简便起见,我们统一假定保留利润为纯批发价合同下的核心企业和

---

[1] Yang, L., M. H. Xu, G. Yu et al., "Supply Chain Coordination with CVaR Criterion" [J]. *Asia Pacific Journal of Operational Research*, 2009, 26 (1): 135-160.

销售商的期望利润;(2)基于 CVaR 标准的销售商绩效达到最大;(3)整个供应链渠道的期望利润最大。可以看出,对于二级供应链来说,此契约协调条件和前面激励机制契约要求条件是相同的。为此,风险偏好条件下,返利与惩罚协调机制契约可采用如下规划问题来表述:

$$\begin{cases} (PI): \max E\pi_c(q) = (p-c)q - (p-s)\int_0^q F(x)dx & (8-65) \\ E\pi_{rt}(q) = (p+v-w)q - (p+v-s)\int_0^q F(x)dx - vT \geq \mu_0 & (8-66) \\ q_{rt}(\alpha,\lambda) \in \arg\max Z_r = \frac{1-\lambda}{1-\alpha}E[\pi_r(p,D)] + \\ \qquad\qquad \frac{\lambda-\alpha}{1-\alpha}CVaR_\alpha[\pi_r(q,D)] & (8-67) \end{cases}$$

比较式(8-43)和式(8-65)发现,风险偏好下,此协调契约的解和供应链全局最优解相同,说明此机制可行。协调须满足式(8-66)和式(8-67),下面进一步求此机制必须满足的条件。

定理1:在式(8-47)决策准则下,对于风险因子 $\alpha \in (0,1)$ 与悲观系数 $\in (0,1)$,满足式(8-67)条件的销售商的最优订货量为:

$$q_{rt}^*(\alpha,\lambda) = \begin{cases} F^{-1}\left(\frac{p+v-w}{p+v-s} + \frac{\lambda-\alpha}{1-\lambda} \times \frac{s-w}{p+v-s}\right) & \lambda < \frac{p+v-w}{p+v-s} \\ F^{-1}\left(\frac{\alpha(p+v-w)}{\lambda(p+v-s)}\right) & \lambda \geq \frac{p+v-w}{p+v-s} \end{cases}$$

$$(8-68)$$

证明:根据需求分布函数[①],得到销售商利润的分布函数为:

$$F_\pi = \begin{cases} F\left[q + \dfrac{t-(p-w+v)q+vT}{p-s+v}\right] & t < (p-w+v)q - vT \\ 1 & t \geq (p-w+v)q - vT \end{cases}$$

---

① Hing, L. L., S. L. Hon, "Maximizing The Probability of Achieving A Target Profit in A Two-Product Newsboy Problem" [J]. *Decision Sciences*, 1988, 19 (2): 392-408.

第八章 核心企业主导的食品供应链合作关系协调机制研究 / 229

因此，$F_\pi[\pi_{rt}(q, D)] = \begin{cases} F(x) & x < q \\ 1 & x \geqslant q \end{cases}$

由上式可以得出 $F_\pi^{-1}[F(x)] = \pi_{rt}(q)$ for $x < q$

则销售商利润分布函数的反函数为：

$$F_\pi^*(u) = \begin{cases} F_\pi^{-1}(u) & u < F(q) \\ (p - w + v)q - vT & u \geqslant F(q) \end{cases}$$

根据文献①，销售商利润的条件风险值可表示为：

$$CVaR_\alpha[\pi_r(q,D)] = \frac{1}{\alpha}\int_0^\alpha F_\pi^*(u)\mathrm{d}u$$

当 $\alpha < F(q)$ 时：

$$\begin{aligned}
CVaR_\alpha[\pi_r(q,D)] &= \frac{1}{\alpha}\int_0^\alpha F_\pi^*(u)\mathrm{d}u = \frac{1}{\alpha}\int_0^\alpha F_\pi^{-1}(u)\mathrm{d}u \\
&= \frac{1}{\alpha}\int_0^{F^{-1}(\alpha)} F_\pi^{-1}[F(x)]\mathrm{d}F(x) \\
&= \frac{1}{\alpha}\int_0^{F^{-1}(\alpha)} [\pi_{rt}(q)]\mathrm{d}F(x) \\
&= \frac{1}{\alpha}\int_0^{F^{-1}(\alpha)} [(p - s + v)x + (s - w)q - vT]\mathrm{d}F(x) \\
&= (p - s + v)F^{-1}(\alpha) - \frac{p - s + v}{\alpha} \\
&\quad \int_0^{F^{-1}(\alpha)} F(x)\mathrm{d}x + (s - w)q - vT
\end{aligned}$$

当 $\alpha \geqslant F(q)$ 时：

$$\begin{aligned}
CVaR_\alpha[\pi_r(q,D)] &= \frac{1}{\alpha}\int_0^\alpha F_\pi^*(u)\mathrm{d}u \\
&= \frac{1}{\alpha}\Big[\int_0^{F(q)} F_\pi^*(u)\mathrm{d}u + \int_{F(q)}^\alpha F_\pi^*(u)\mathrm{d}u\Big] \\
&= \frac{1}{\alpha}\int_0^q [(p - s + v)x + (s - w)q - vT]\mathrm{d}F(x) \\
&\quad + \frac{1}{\alpha}\int_{F(q)}^\alpha [(p - w + v)q - vT]\mathrm{d}u
\end{aligned}$$

---

① Hing, L. L., S. L. Hon, "Maximizing The Probability of Achieving A Target Profit in A Two - Product Newsboy Problem" [J]. *Decision Sciences*, 1988, 19 (2): 392 - 408.

$$= (p-w+v)q - vT - \frac{p-s+v}{\alpha}\int_0^q F(x)\,\mathrm{d}x$$

因此,

$$Z_{rt} = \frac{1-\lambda}{1-\alpha}E[\pi_r(q,D)] + \frac{\lambda-\alpha}{1-\alpha}CVaR_\alpha[\pi_r(q,D)]$$

$$= \frac{1-\lambda}{1-\alpha}\Big[(p+v-w)q - (p+v-s)\int_0^q F(x)\,\mathrm{d}x - vT\Big] + \frac{\lambda-\alpha}{1-\alpha}\times$$

$$\begin{cases} (p-s+v)F^{-1}(\alpha) - \dfrac{p-s+v}{\alpha}\int_0^{F^{-1}(\alpha)}F(x)\,\mathrm{d}x + (s-w)q - vT & q > F^{-1}(\alpha) \\[2mm] (p-w+v)q - vT - \dfrac{p-s+v}{\alpha}\int_0^q F(x)\,\mathrm{d}x & q \leq F^{-1}(\alpha) \end{cases}$$

由上式关于 q 的一阶条件 $\dfrac{\partial Z_{rt}}{\partial q_r^*(\alpha,\lambda)} = 0$,得销售商最优订货量如式 (8-68) 所示。证毕。

比较式 (8-60) 和式 (8-68) 发现,在给定供应商决策 (w, v, T) 情况下,当 $\lambda = \alpha$ 时,$q_{rt}^*(\alpha,\lambda) = q_r^*$,即零售商是风险中性;当 $\lambda > \alpha$ 时,$q_{rt}^*(\alpha,\lambda) < q_r^*$,即零售商最优订货量低于风险中性零售商的最优订货量,零售商风险厌恶;当 $\lambda < \alpha$ 时,$q_{rt}^*(\alpha,\lambda) > q_r^*$,即零售商最优订货量高于风险中性零售商的最优订货量,零售商风险偏好。这与前文风险偏好目标函数 Z_r 特点分析一致。

定理 2:在核心企业风险中性、销售商具有风险偏好的二级供应链中,当返利与惩罚参数 (w, v, T) 满足下列条件时,即:

$$\omega(v) = \begin{cases} m_1 v + n_1 & \lambda \geq \dfrac{p+v-\omega}{p+v-s} \\[2mm] m_2 v + n_2 & \lambda < \dfrac{p+v-\omega}{p+v-s} \end{cases} \quad (8-69)$$

式中,$m_1 = 1 - \dfrac{\lambda}{\alpha}\cdot\dfrac{p-c}{p-s}$,$n_1 = \dfrac{(\alpha-\lambda)p + \lambda c}{\alpha}$,$m_2 = \dfrac{1-\lambda}{1-\alpha}\cdot\dfrac{c-s}{p-s}$,$n_2 = \dfrac{(1-\lambda)c + (\lambda-\alpha)s}{1-\alpha}$ 时,则 $q_{rt}^*(\alpha,\lambda) = q_c^*$。此时,供应链能够实现协调。

证明:要想使此供应链返利与惩罚机制实现协调,需要此机制下的销售商最优订货量等于集中供应链的最优订货量,即:$q_{rt}^*(\alpha,$

$\lambda) = q_c^*$

当 $\lambda \geq \dfrac{p+v-\omega}{p+v-s}$ 时：

$$\dfrac{\alpha(p+v-\omega)}{\lambda(p+v-s)} = \dfrac{p-c}{p-s}$$

$$\lambda(p+v-s)(p-c) = \alpha(p+v-\omega)(p-s)$$

所以，$\omega = \left[1 - \dfrac{\lambda}{\alpha} \cdot \dfrac{p-c}{p-s}\right]v + \dfrac{(\alpha-\lambda)p+\lambda c}{\alpha}$。

当 $\lambda < \dfrac{p+v-\omega}{p+v-s}$ 时：

$$\dfrac{p+v-\omega}{p+v-s} + \dfrac{\lambda-\alpha}{1-\lambda} \times \dfrac{s-\omega}{p+v-s} = \dfrac{p-c}{p-s}$$

$$\dfrac{(1-\lambda)(p+v) - (1-\lambda)\omega + (\lambda-\alpha)s - (\lambda-\alpha)\omega}{(1-\lambda)(p+v-s)} = \dfrac{p-c}{p-s}$$

所以，$\omega = \dfrac{1-\lambda}{1-\alpha} \cdot \dfrac{c-s}{p-s}v + \dfrac{(1-\lambda)c+(\lambda-\alpha)s}{1-\alpha}$。

设 $m_1 = 1 - \dfrac{\lambda}{\alpha} \cdot \dfrac{p-c}{p-s}$, $n_1 = \dfrac{(\alpha-\lambda)p+\lambda c}{\alpha}$, $m_2 = \dfrac{1-\lambda}{1-\alpha} \cdot \dfrac{c-s}{p-s}$,

$n_2 = \dfrac{(1-\lambda)c+(\lambda-\alpha)s}{1-\alpha}$，则：$\omega(v) = \begin{cases} m_1 v + n_1 & \lambda \geq \dfrac{p+v-\omega}{p+v-s} \\ m_2 v + n_2 & \lambda < \dfrac{p+v-\omega}{p+v-s} \end{cases}$

$\omega(v)$ 如上式（8-69）所示。证毕。

讨论：

首先，由式(8-69)可以看到，供应商返利惩罚值与参数(α, λ)相关，具体来说，当批发价格按照 $w(v) = m_1 v + n_1$ 设定时，返利惩罚值 v 应满足 $(1-m_1-\lambda)v \leq \lambda(p-s) - (p-n_1)$；当批发价格按照 $w(v) = m_2 v + n_2$ 设定时，返利惩罚值 v 应满足 $(1-m_2-\lambda) > \lambda(p-s) - (p-n_2)$。订货决策 $q_{rt}^*(\alpha, \lambda) = q_c^*$ 时，$\lambda \geq \dfrac{p+v-\omega}{p+v-s}$ 等价于 $\alpha \geq F(q)$, $\lambda < \dfrac{p+v-\omega}{p+v-s}$ 等价于 $\alpha < F(q)$。而且可以看到，$q_c^* = F^{-1}\left(\dfrac{p-c}{p-s}\right)$，即 q_c^* 与参数(α, λ)无关。因此，在应用此返利惩罚契约

时,一旦知道 (α, λ) 值,则可以判断采用何种批发价格形式。

其次,根据式(8-66)零售商期望利润大于保留利润,而且机制隐含不得高于集中决策期望利润条件,即得:

$$\mu_0 \leqslant E\pi_{rt}(q^*) = E\pi_c(q^*) + [\nu - \omega(\nu) + c]q^* - \nu\int_0^q F(x)\mathrm{d}x \leqslant E\pi_c(q^*)$$

因此,供应商返利惩罚值 v 还需要满足隐式不等式:

$$\mu_0 - E\pi_c(q^*) \leqslant [\nu - \omega(\nu) + c]q^* - \nu\int_0^q F(x)\mathrm{d}x - \nu T \leqslant 0$$

上述不等式同时保证了供应商获得不低于 μ_0 的期望利润以及对目标值 T 的要求。综合上述分析,可以确定已知 (α, λ) 条件下返利惩罚值的合理范围;或者已知返利惩罚值的情况下参数 (α, λ) 的取值范围。

四 数值分析

为了检验本书所设计的供应链返利与惩罚契约的有效性,给定如下模型参数:$p = 150$,$c = 80$,$s = 10$,同时假设市场需求服 D 在(0,1000)上服从均匀分布,认为 D~U(0,1000)。由前文分析,得出集中供应链的最优订货量为 $q_c^* = 500$,$F(q_c^*) = 0.5$,供应链整体的期望利润 $E[\pi_c(q)] = 17500$。

首先,讨论返利与惩罚契约协调前后的利润变化。如图 8-1 所示,可以看到,对任意给定的批发价格 w,核心企业都可以通过设计合适的返利与惩罚值 v 及销售目标 T,使供应链达到协调。需要注意的是,此种契约下,目标值 T 有一定取值范围,在这个范围内时,核心企业与销售商的利润均大于各自的保留利润,也就是说,双方实现"双赢"局面,供应链达到协调,且核心企业的利润随 T 值的增大而增大,而销售商的利润随 T 值增大而减小。但是,如果 T 值不在此范围内时(如 T 值趋于零或 T 值大于一定数值,本算例为 180 时),核心企业与销售商将至少有一方利润小于其保留利润,供应链将无法协调。

其次,我们来考察风险偏好参数 $\{\alpha, \lambda\}$ 下契约对供应链成员利润的影响,令 $w = 120$ 时,$T = 300$,我们数值仿真得出此时核心企业和销售商利润如图 8-2、图 8-3 和图 8-4 所示。

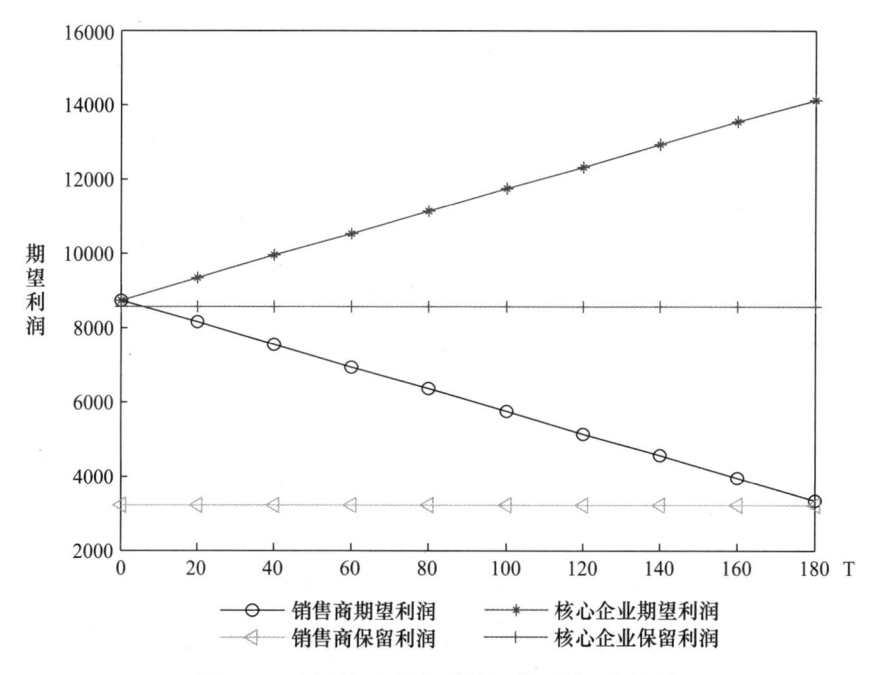

第八章 核心企业主导的食品供应链合作关系协调机制研究 / 233

图 8-1 返利与惩罚契约协调前后的利润比较

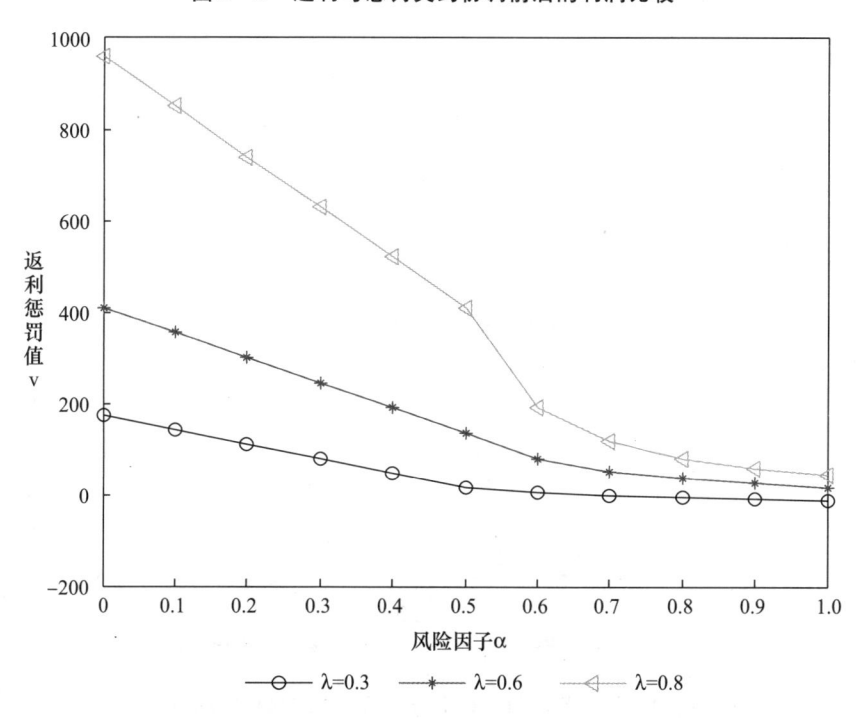

图 8-2 返利与惩罚契约下风险偏好参数 $\{\alpha, \lambda\}$ 对 v 的影响

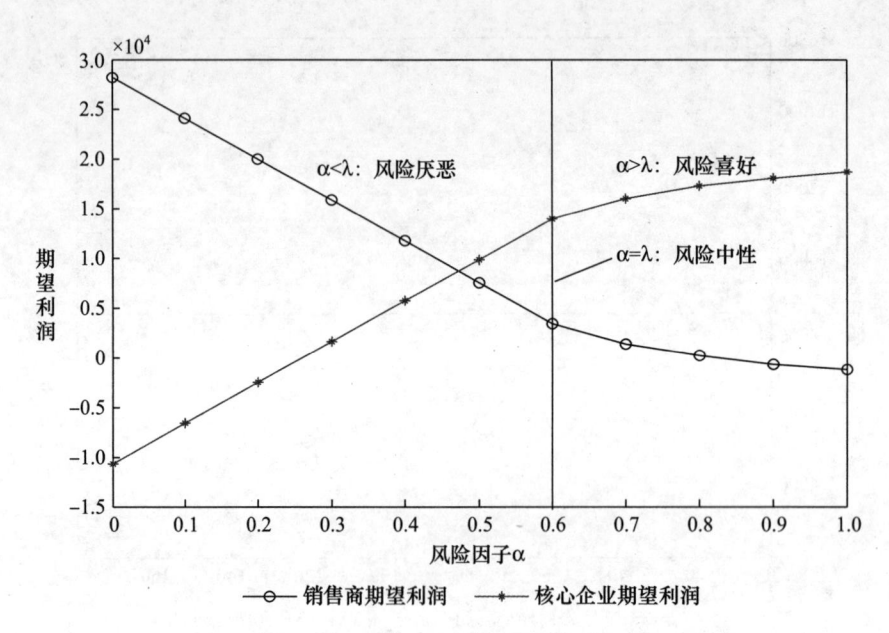

图 8-3 返利与惩罚契约下风险因子 α 对供应链的影响

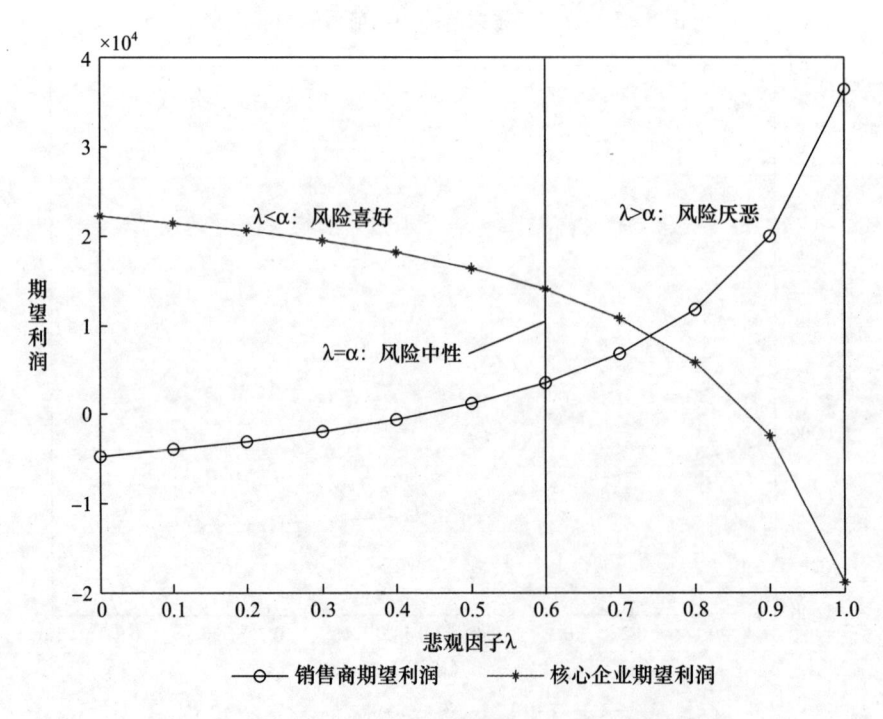

图 8-4 返利与惩罚契约下悲观因子 λ 对供应链的影响

图 8-2 给出了定理 2 的协调机制下，风险因子 α 及悲观因子 λ 对返利与惩罚值 v 的影响。从图中可以看出，返利与惩罚值 v 随风险因子 α 的增加而降低，随悲观因子 λ 的增加而增加。这是由于，随着风险因子 α 升高，销售商风险厌恶程度降低，销售商可能会更倾向于高利润从而过量订货导致产品滞销（如当初的旭日升销售模式），为抑制销售商过量订货行为，核心企业将降低返利值，返利获利相对降低；而且，如果过量订货而实际销售数量达不到目标时，返利变成惩罚。而悲观因子 λ 越高，销售商会越倾向于低利润而减少订货量，为了激励销售商增大订货量，核心企业将加大返利程度。

图 8-3 给出了当悲观因子 λ = 0.6 时，定理 2 协调机制下供应链成员利润变化情况。从图中可以得出，随着风险因子 α 的增加，核心企业的利润单调递增，而销售商的利润单调递减。这是因为，风险因子 α 越高，销售商风险厌恶程度降低，销售商可能会更倾向于高利润从而过量订货导致产品滞销，为抑制销售商过量订货行为，核心企业将降低返利值，并增加实际销售目标完不成时的惩罚措施，因此销售商的产品滞销风险加大，销售商利润降低，从而核心企业的利润得到了改善。

图 8-4 给出了当风险因子 α = 0.6 时，定理 2 协调机制下供应链成员利润变化情况。从图中可以得出，随着悲观因子 λ 的增加，核心企业的期望利润单调递减，而销售商的利润单调递增。这是因为，悲观因子 λ 越高，销售商可能会更倾向于低利润从而减少订货，为激励销售商增加订货，核心企业将提高返利值，此时核心企业承担了更多的产品滞销风险从而导致核心企业利润降低，而销售商利润得到了改善。

因此，在设计合理的返利惩罚值和销售目标范围内，此契约在一定程度上可以改善销售状况有利情况下的过量订货和销售状况不利情况下的订货不足现象，提高零售商的订货理性，着眼于整体供应链利润的最优化。

本章小结

食品供应链主体之间信息不对称导致核心企业不易辨别食品质量和及时准确把握产品销售情况，因此，可能会产生两种委托—代理问题：逆向选择和道德风险，进而影响核心企业的对外诚信水平，而食品供应链中诚信风险控制主要内容是解决其中存在的道德风险问题。因此，设计一种基于利益的有效约束供应商和销售商机会主义行为的诚信协调机制以控制供应链诚信风险、优化供应链整体收益尤为重要。

首先，针对上游供应商，本章设计了基于质量失误的协调机制，在供应链成员分担质量失误损失的不同契约的选择上，供应商、核心企业各自承担损失的质量激励契约不能实现食品供应链收益的最大化，因而不能有效地控制质量安全诚信风险；而基于外部损失两者分担和基于内外损失两者分担两种激励契约都可以通过制定合理的契约参数达到最优契约的要求，对控制食品供应链中的质量安全水平具有可行性，其中内外损失分担的契约看似不合理，但却使供应链整体最优和局部最优达到一致。

其次，针对下游销售商，本章设计了针对不同销售商风险偏好的返利协调机制。对有风险中性核心企业和带有风险偏好销售商构成的二级供应链中，构建了基于 CVaR 的可度量销售商不同风险偏好的决策目标函数。在此基础上，我们先设计了假设核心企业和销售商均为风险中性的供应链返利与惩罚契约，然后讨论了销售商不同风险偏好下供应链返利与惩罚契约的可行性以及协调条件。

最后，通过数值分析，进一步论证了针对上游供应商和针对下游销售商协调机制的可行性。

第九章 研究结论与展望

第一节 主要研究结论

通过对食品供应链核心企业诚信行为影响因素模型的实证分析，可得到以下结论：

一 作为组织道德品质的表征，组织伦理型领导显著影响企业诚信的高低

在企业诚信研究中，一般认为，企业的品质是诚信实现水平或诚信风险的关键内部因素，但由于"品质"的抽象性与难测量性，相关诚信研究往往回避这方面的实证研究。通过对组织伦理研究相关文献的梳理，发现组织伦理型领导是其他变量（伦理氛围、伦理准则等）的外生变量，综合控制各类影响因素，伦理型领导能够反映组织道德品质水平。本书以伦理型领导作为企业品质的替代变量，发现其与企业诚信之间存在因果关系，证明了企业品质确实是企业诚信的影响因素。然而，我们采用具有文化普适性的四维度结构的伦理型领导量表发现，伦理型领导不同维度对企业诚信不同维度表现出不同影响。伦理型领导的集体激励维度对企业诚信各维度作用均影响显著；正直维度对企业诚信的遵纪守法、诚实守规、守信履约维度影响显著，对质量保证影响不显著；利他行为特质对企业诚信的质量保证、守信履约维度正向影响显著，对遵纪守法、诚实守规影响不显著；鼓励对企业诚信各维度影响均不显著。

二 作为供应链管理能力，供应链合作关系的质量显著影响企业诚信的高低

本书研究表明，供应链合作关系（SCP）多个维度与企业诚信三个维度具有正向影响关系。供应链合作关系质量是改善企业诚信获取顾客满意度的方法，这种正向影响关系说明在"道德"之外，"能力"因素也是决定诚信水平的关键因素。但不同SCP维度的影响有所差别。合作、承诺对企业诚信四个维度均有正向影响，表明供应链关系中合作、承诺上表现良好的企业能够自动实现高水平的企业诚信。沟通对企业诚信的诚实守规维度影响不显著，对企业诚信其他维度影响显著。信任仅在企业诚信的遵纪守法上表现显著，相互依赖仅在企业诚信的守信履约上表现显著，出乎意料，我们据此猜测，在信任、相互依赖和企业诚信的遵纪守法、质量保证维度之间存在完全中介效应。

三 组织伦理型领导影响供应链合作关系质量的高低

组织伦理型领导对组织间关系的影响，是近年来伦理型领导研究领域的新议题。本书研究表明，总体来说，伦理型领导正向影响SCP，支持了相关研究。但在具体维度上存在差异，集体激励维度均正向促进SCP五个维度，正直特质对除相互依赖之外的大部分SCP维度表现出显著的积极效应，利他行为对除信任之外的大部分SCP维度表现出显著的积极效应，鼓励则与SCP任何维度不相关。

四 核心企业伦理型领导在不同人口学、组织学特征上存在差异

实证研究表明，根据食品行业样本，伦理型领导内容在不同人口学、组织学特征方面存在显著差异，表现为：①伦理型领导在性别方面总体上没有表现出差异性。②在年龄方面存在差异，总体上呈现出年龄越大、伦理型领导得分越高的趋势。③在现职位管理任期方面没有显著差异，这可能与近几年行业变化、管制加大有关。④受教育程度方面不存在显著差异。这是与其他研究不同的地方，可能与我们针对食品行业这个变化大、社会关注比较多的行业有关。⑤管理职位不同的伦理型领导不存在显著差异。⑥在企业类型、规模、年龄方面，伦理型领导没有表现出显著差异。⑦企业盈

利情况不同的企业伦理型领导存在显著差异，总体来说，利润增长比较快的企业的管理者的伦理型领导得分显著高于利润增长比较缓慢的企业的管理者。

五 对供应链合作关系的协调，需要建立合理的利益分配和风险共担机制

供应链合作关系对企业诚信有显著积极影响，通过设计合理的协调机制，使核心企业与供应链其他成员保持稳定的合作关系，可以有效地促进核心企业诚信水平。

第二节 本书的主要创新点

一 构建了食品供应链核心企业诚信影响因素模型

首先，基于企业诚信内涵的演变，得出诚信行为观的发展趋势，确定过程评价的思路。

其次，根据本书对企业诚信内涵的界定，通过查阅文献，寻求合适的测度量表并通过访谈、预调研确定。

最后，通过建立结构方程模型，确定企业伦理型领导与SCP对食品供应链核心企业诚信水平具有显著积极效应，即伦理型领导与供应链合作关系是核心企业的企业诚信的前因变量。

本书从界定企业诚信内涵开始，到验证企业诚信结构维度，再到验证企业诚信的影响因素，可以说，我们初步对企业诚信的基础性理论研究做出了一定的贡献。

二 扩展了组织伦理型领导结果的研究领域

随着现实中失信现象的不断出现，组织伦理道德问题得到社会越来越多的关注，食品行业尤其如此。相对应地，学术界对组织伦理问题的关注也越来越多。已有大多数企业伦理型领导结果的研究，将重点放在传统的管理或组织行为变量上，比如员工满意度、组织承诺、伦理行为等。而本书使用张笑峰（2014）关于选择"非传统组织变量"作为结果变量，建立"伦理型领导—企业诚信""伦理型领导—

供应链管理有效性"的理论模型，突破传统的伦理型领导与员工个人行为态度结果的研究框架，首次将伦理型领导与组织层面的诚信、伦理型领导与供应链管理能力建立联系，一定程度上拓展了组织伦理型领导效应的研究领域。即本书解答了这样的问题：伦理型领导影响员工或组织间追随者的心理感知和认同，让员工或追随者产生较好的态度。那么，员工或追随者产生较好的态度后会进一步如何表现？对组织益处何处体现？相关伦理型领导能鼓励和产生正面行为的研究比较少见，而 SCP 与企业诚信可以视为这样一种正面行为。伦理型领导影响 SCP 与企业诚信的结果一定程度上弥补了这方面的不足。

三 深化了对供应链合作关系有效性的认识

大量的理论研究证实了供应链合作关系对企业带来的显著成效，如供应链绩效、财务绩效、市场绩效、运营绩效、质量绩效、竞争优势等。然而，正如前面文献综述所说的，一些研究特别是有关食品行业相关研究发现，我国现实食品供应链整合能力普遍较弱，供应链合作关系质量不高，是我国食品安全问题频发的一个重要原因，供应链合作关系问题未引起相关学术界、实践界在中国情境下研究食品安全问题的重视，本书将组织伦理型领导作为影响 SCP 有效性的前因变量，提醒实践人员关注组织的伦理型领导是否能促进供应链管理改善，从侧面证实了供应链管理有伦理的基石，在实施中需要考虑伦理价值观的影响。

四 核心企业主导的合作企业协调机制的探索

根据前面实证得出的供应链合作关系显著影响核心企业诚信的结论，设计出基于利益的核心企业主导的合作企业协调机制。

首先，针对上游供应商，本书设计了基于质量保证的诚信协调机制，发现在供应链成员分担质量失误损失的不同契约的选择上，供应商、核心企业各自承担损失的质量激励契约不能实现食品供应链收益的最大化，因而不能有效地控制质量安全诚信风险；而基于外部损失两者分担以及基于内外损失两者分担两种激励契约都可以通过制定合理的契约参数达到最优契约的要求，对控制食品供应链中的质量安全水平具有可行性，其中，内外损失分担的契约看似不合理，但却使供应链整体最优和局部最优达到一致。

其次，针对下游销售商，本书在构建了基于 CVaR 的可度量销售商不同风险偏好的决策目标函数基础上，设计了针对不同销售商风险偏好的返利协调机制，这在现有文献中还不多见。此研究结论为企业进行基于供应链全局的食品质量失信控制、促进销售努力提供了新的决策参考依据，并进一步丰富了食品供应链管理的理论研究。

第三节 本书的管理实践意义

食品安全是涉及民生、国家经济发展的大事，综观食品安全问题，根本原因除政府监管期待加强外，食品直接责任主体生产企业的行为是重中之重，本书以此为视角，根据食品供应链的特点，对供应链核心企业的诚信行为进行探讨，对企业、政府管理的实践意义主要体现在如下三个方面：

第一，食品加工企业的管理层伦理型领导行为对企业诚信有重要影响。这就提醒我们，实际管理中，注意管理人员的个人道德素养和道德管理程度，研究中我们摒弃常见的实操性弱的伦理型领导单维度测度（Brown et al., 2005），采取具有文化普适性的 Resick（2006）四维度（正直、利他、集体激励、鼓励）测度量表，详细论证了伦理型领导和企业诚信的影响机理，为企业提高诚信水平基于管理层选拔、招聘、培训等方面提供了决策依据和实践参考。

第二，通过实证数据从供应链角度探讨了核心企业的供应链管理能力和企业诚信的关系，对展进涛（2012）、戴化勇（2007）、张煜（2010）等预测观点进行了验证，为企业改善供应链合作关系，从供应链角度提高企业诚信水平提供了理论依据，而基于利益建立的核心企业主导的协调机制更为管理层提供了决策参考。

第三，为整体食品监管提供了导向依据。基于本书研究角度，食品供应链核心企业诚信的目的是营利，和合作伙伴的关系改善依据是利益，一切以利益作为基础是诚信、关系改善的出发点。由此及彼，统筹思考食品安全问题，食品安全是生产者、监管者和消费者三方制衡的结果，我国食品安全监管体系整体运转应根据三方利益诉求，构建"三方互动"食品安全监管模式，通过建立市场参与主体的利益整合机制，发挥市场主体合作、协调表达和反馈等利益驱动力。模式中，市场主体的职能是充分发挥积极性、主动性和创造性，成为食品安全监管供给的参与者和受益者；政府的职能是在制度供给与需求中寻找到一个平衡点，保证食品安全监管制度在一种接近于零摩擦的良性运转状态下，把相关利益主体的矛盾控制在多方利益的容忍范围之内。

第四节 本书的局限与未来拓展方向

当前，企业失信已成为我国社会的热点问题，特别是食品行业，有关企业诚信的实证研究还有许多重要议题有待深入研究。本书对企业诚信的影响因素的探索性研究，虽然取得了一些有价值的理论成果和创新，但仍存在一定的局限性，后续研究需要进一步完善。

首先，取样问题。由于调查条件和时间的限制，尽管本书研究花费了大量时间、精力设计调查问卷，进行预调研，采取措施，减少共同方法偏差与作答者偏差，网络问卷采取双重甄别机制，所收集的有效问卷也基本满足研究需要，但调研样本在地区分布上还存在一定的局限。不同省域经济发展水平、食品行业等方面的差异不同，未来研究可以采取对不同省域、不同等级城市间食品加工企业分层随机方式取样，使有效样本具有更好的代表性，增强研究结论的可靠性。

其次，研究结论的概化问题。由于企业诚信内涵的复杂性，不同行业对企业诚信的理解、测度可能存在差异，由于本书研究目的，本书明确聚焦于生产终端食品且有自有品牌的食品加工企业，不涉及农产品养殖、种植等其他类型食品行业企业，当然，更不涉及其他行业，这就不可避免地造成所得结论不能广泛推广。未来研究需要针对范围更广的食品企业和其他产业进行研究。

再次，调节变量选取问题。根据相关研究，本书选取企业面临的市场竞争程度作为调节变量，研究结果也证明了竞争程度具有一定的调节作用。如企业诚信特别是食品行业，大众化的理解主要是质量方面的问题，也可视作企业对待顾客关系的态度，可能会受到某些企业内部因素的影响，未来可以考虑并检验这些因素的调节作用，以对企业诚信的影响机理进行更深层次的探讨。

最后，协调机制的设计问题。由于笔者能力限制，机制设计稍显单薄，以后会加大这方面的研究。

总之，企业诚信特别是食品行业的诚信是我国社会的热点问题，相关的实证研究还需要进一步丰富、拓展和深化。

附 录

一 供应链合作关系与组织绩效关系研究总结

文献	绩效变量	结果
Mohr (1994)	销售增长率	促进销售增长
Cannon (1999)	客户满意度、供应商绩效（质量、交货能力、销售量、服务、技术支持）	显著促进客户满意和供应商绩效
Fynes (2002)	质量绩效：设计质量、一致质量	合作关系在质量实践和质量绩效之间起中介作用
Woo 和 Ennew (2004)	服务质量、客户满意、行为意向	对服务质量有积极影响
Fynes (2005a)	质量、成本、灵活性、交货能力	对供应链绩效有积极影响
Fynes (2005b)	质量绩效：设计质量、一致质量、客户满意度	对设计质量有正向影响，但对一致质量没有影响
Benton (2005)	供应商绩效、制造商绩效、供应链绩效、供应商满意	对供应商满意度有显著影响
Golicic, S. L. (2006)	关系价值：收益、成本	对收益增高和成本降低有显著促进作用
Schulze, B. (2006)	客户购买意向转变	调节变量
潘文安 (2006)	合作绩效：盈利能力、目标达成度、关系持续度、客户满意度	通过供应链内部和外部整合力对合作绩效的间接影响高于其直接影响

续表

文献	绩效变量	结果
叶飞（2006）	企业运营绩效：成本、服务水平和创新三个变量	对信息共享存在显著的正向影响，与信息共享对企业运营绩效存在显著的正向影响；信任对信息共享与企业运营绩效均有非常显著的影响
李随成等（2007）	物流协作水平、资金流动性、服务和质量水平	与合作绩效的物流协作水平正相关；与合作绩效的资金流动性正相关，与成本水平负相关；与合作绩效的服务和质量水平正相关（理论分析）
潘文安（2007）	企业竞争优势：成本优势、质量优势、服务效率优势和持续性优势	对企业竞争优势存在正向影响，但其直接效果不大，其主要与许多企业所建立的伙伴关系"质量"不高有关
戴化勇（2007）	管理绩效：柔性管理能力、整合能力、客户响应能力以及供应商绩效质量安全管理效率：质量、价格、成本	对产业链管理行为存在正向影响，同时对产业链管理绩效存在正向影响；与企业质量安全管理效率的关系不明显
Qin Su等（2008）	合作策略：持久性、频率和多样性	对关系持久性、频率、多样性存在显著的积极影响
廖成林（2008）	企业绩效：市场增长、财务绩效、产品革新、公司声誉	对敏捷供应链效应、企业绩效水平具有显著的正向影响，其中，敏捷供应链效应在合作关系与企业绩效的关系中起部分中介作用
林筠等（2008）	直接绩效和间接绩效	信任通过直接合作和间接合作的途径对企业合作绩效具有直接和间接的正向影响，且影响程度不同；信息共享通过直接合作途径对合作绩效具有间接影响；承诺通过间接合作对合作绩效具有间接影响；依赖程度对合作绩效的影响不显著
薛岩（2008）	合作成效、合作满意度、合作目标达成情况、合作对市场价值的提升、竞争优势、长期竞争力	对采购过程中的企业合作绩效影响非常大

续表

文献	绩效变量	结果
苏勇(2009)	（供应链绩效）关系品质、合作满意度、市场占有率、竞争力水平、抗风险程度、创新能力和环境适应	SCP持续管理能力对供应链绩效有正向的显著影响；SCP必要性对供应链绩效没有影响；SCP匹配对供应链绩效没有影响
赵泉午等(2010)	运营绩效：库存周转率；财务绩效：总资产报酬率	供应商伙伴关系与企业运营绩效无关，与财务绩效正相关；销售商伙伴关系与企业运营绩效和财务绩效均正相关
李国栋(2010)	市场绩效、财务绩效、创新绩效	信任和协作因素可通过直接作用和互补作用两种机制影响供应商绩效，而适应和承诺因素只通过互补作用机制影响供应商绩效
石朝光(2010)	质量安全管理效率：顾客满意、成本削减以及实现质量安全目标	产业链关系质量对企业质量安全管理绩效有正向影响
曾文杰(2010)	企业绩效：配送、库存和柔性；供应链协同：信息共享、激励联盟、同步决策	供应链合作关系对协同运作有很强的正向影响作用；供应链合作关系、协同对供应链运作绩效也有明显的正向影响
杨子刚(2011)	资金使用效率和合作效率	供应链成员间的协作能力对供应链合作绩效的影响较大；成员间的合作意愿对合作绩效的直接影响较强
江成城(2012)	合作绩效、运作绩效、财务绩效	关系信任对供应链绩效有正向作用关系；制度信任对供应链绩效有正向作用关系；伙伴特性在上述两个关系中有调节作用
展进涛(2012)	（质量管理行为）下游质量管理、加工工序管理、质量管理设计	供应链协作关系对加工工序管理没有直接影响，供应链整合能力普遍较弱
王姗姗(2012)	（企业绩效）总资产收益率（ROA）	供应商合作伙伴越稳定，企业业绩越好
安宝峰(2012)	合作绩效：客观绩效、主观绩效	关系质量对企业合作绩效有正向的显著影响

续表

文献	绩效变量	结果
李连英（2012）	交货、生产成本、产品质量、生产灵活性	（1）信任、承诺、沟通与合作对蔬菜营销渠道批零合作绩效均有显著正向影响，相互依赖对蔬菜营销渠道批零合作绩效具有显著负向影响； （2）对蔬菜营销渠道批零合作绩效的影响因素中，基于蔬菜批发商视角时，承诺影响最大，其次是沟通、合作与信任，最后是相互依赖；基于蔬菜零售商视角时，合作影响最大，其次是信任、承诺与沟通，最后是相互依赖
张敏等（2013）	（产品质量安全绩效）产品质量和安全	供应链关系质量对农产品质量安全绩效有显著的正向影响
李胜芬（2013）	（供应链绩效）可靠性、库存成本和柔性	供应链合作关系对协同运作有强烈的正向影响效应，合作关系、协同对供应链绩效也有正向作用
曹永辉（2013）	（供应链运营绩效）产品质量、产品成本和客户服务水平	信任和未来期许均对于产品质量和客户服务水平有正向影响作用，而对于产品有负向作用；合作意愿仅仅对于产品质量和客户服务水平有正向影响作用
彭正龙（2014）	企业盈利能力、产品交付的及时性与灵活性、产品质量、企业技术创新速度、客户满意度和关系持续度	承诺对合作绩效有显著的正向影响，供需双方关系的各因素通过承诺意愿和承诺行动对合作绩效产生不同程度的作用
张宏（2014）	采购价格和库存费用	对制造企业库存成本均有显著性影响；其中，承诺、信息共享、信任和沟通为负向影响，依赖为正向影响

二 食品加工企业经营行为影响因素初始调查问卷（管理人员）

尊敬的企业界朋友：

非常感谢您在百忙之中接受此次问卷调查。该调查旨在了解食品加工企业经营行为的影响因素，是纯学术研究。您所提供的信息将为我们的研究提供宝贵价值。

本次调查对象为食品加工企业管理人员，若由其他人员代填，请从管理人员角度理解，客观填写。本次调查为匿名，答案无对错之分，您所填答的内容仅供研究参考，绝不转于其他用途，请您不要有任何顾虑，放心填写。

衷心感谢您的大力支持！

1. 请您仔细阅读，评价下列情况在您企业里是否经常发生？请根据您了解的实际情况选择最符合的题项。

编号	题项	从不	较少	一般	经常	总是
QA1	在产品标准执行方面，企业比竞争对手执行更严格					
QA2	企业拒绝生产假冒产品，即使可能因此获得丰厚利润					
QA3	企业拒绝选择价格便宜但对消费者身体健康有害的原材料和包装材料					
QA4	除核心技术和工艺外，企业向公众公开关于产品的完整信息，如配料成分组成、生产线等					
LC1	对企业的市场行为出现争议时，从法律角度进行解释					
LC2	企业所作所为与相关法律、法规保持一致					
LC3	企业向相关方（包括供应商和消费者）透彻澄清有关法律方面的信息					
LC4	企业进行法律法规培训，主要目的在于避免侵犯他人（主要是消费者）权利					

续表

编号	题项	从不	较少	一般	经常	总是
LC5	企业管理目的在于"做好",而不仅仅是遵守法律法规					
CS1	为提高商品品质,企业使用他人技术专利未支付费用					
CS2	企业在商业往来中发生蓄意欺诈事件					
CS3	企业因拖欠税款等款项而接受相应的惩罚					
CS4	为了迅速打开市场,企业未经授权而使用他人商标					
CS5	企业向外界披露不真实的经营状况信息					
SX1	企业按期缴纳物业等管理费用,从不拖延偿付租金					
SX2	企业按期缴纳水、电、气等费用					
SX3	企业严格按照会计、统计、税法进行审计统计和纳税					
SX4	企业按期提交各种资料(项目计划书、财务报表等)					
SX5	企业自觉履行各类合同(如购销合同)					
SX6	企业积极投建环保设施					

2. 以下问题,请您先筛选确认贵公司最主要或最重要的一个合作伙伴(可以是上游供应商或下游销售商),对于与该伙伴的关系评价,请根据您了解的实际情况选择最符合的题项。

该合作伙伴是:供应商、销售商

编号	题项	非常不赞同	不太赞同	不确定	比较赞同	非常赞同
TRU1	根据过去和现在的经验,在与该伙伴的合作中,我们建立了良好的商业信用					
TRU2	我们觉得需要时该伙伴会提供帮助					
TRU3	我们觉得可以完全信任该伙伴					
TRU4	该伙伴非常诚实可靠					
COT1	与该伙伴的合作关系值得我们付出最大努力去维持					
COT2	我们打算长期维持与该伙伴的合作关系					

续表

编号	题项	非常不赞同	不太赞同	不确定	比较赞同	非常赞同
COT3	为了维持与该伙伴的合作关系，我们非常愿意做出一些承诺					
COM1	除正式交流渠道外，我们还与该伙伴频繁进行非正式的信息交流					
COM2	我们会将任何有可能对该伙伴产生帮助的信息提供给对方					
COM3	只要对另一方有帮助，我们双方都愿意提供自己的私有信息					
Com4	当发生了有可能对另一方产生影响的事件或变化时，双方会及时相互通报					
COO1	在产品设计方面，我们与该伙伴进行紧密合作					
COO2	在流程设计方面，我们与该伙伴进行紧密合作					
COO3	在预测和生产计划方面，我们与该伙伴进行紧密合作					
COO4	在质量实践方面，我们与该伙伴进行紧密合作					
INT1	如果我们终止与该伙伴的合作，将很难找到替代者					
INT2	我们在很大程度上依赖于该伙伴来实现经营目标					
INT3	如果该伙伴终止与我们的合作，将很难找到替代者					
INT4	该伙伴在很大程度上依赖于我们来实现其自身的经营目标					

3. 根据您的工作体验，请判断以下陈述对您所处岗位的要求来说重要性程度的差异，并请您自我评价在这些陈述上的行为表现。

编号	素质和特性要求	该特质对您的岗位要求来说重要性程度					您在这些陈述上的行为表现				
		非常不重要	不太重要	一般	比较重要	非常重要	不好	不太好	一般	较好	好
INY1	信任他人										
INY2	为人真诚坦率										
INY3	待人公平、公正										
INY4	诚实守信										
ALT1	慷慨大方										
ALT2	待人友好										
ALT3	关爱他人，有同情心										
ALT4	为人谦逊										
COL1	善于社交，经常与他人沟通交流										
COL2	善于帮助下属建立自信，应更好地去完成任务										
COL3	以团队、集体为本										
COL4	善于启发、引导下属的工作动机，并激励下属										
COL5	善于组建团队										
ENC1	经常给他人以鼓励										
ENC2	有效提高员工士气										

4. 请根据您的了解，评估下列每种叙述与企业目前实际情况的符合程度。

编号	题项	非常不赞同	不太赞同	不确定	比较赞同	非常赞同
CD1	公司业务领域的竞争者数量非常多					
CD2	公司业务领域的竞争者相似程度大					
CD3	公司推出新的产品或服务时，竞争对手迅速跟进					
CD4	新对手不断进入市场					

基本信息（在相应选项上画"√"）

1. 您的性别：
☐男　　　　　☐女

2. 您的文化程度：
☐初中　　　☐高中、中专　　☐大专　　　☐本科
☐硕士　　　☐博士、博士后

3. 您的年龄：
☐30 岁及以下　☐31—35 岁　☐36—40 岁　☐41—45 岁
☐46—50 岁　　☐51 岁及以上

4. 您工作的职能部门：
☐综合管理　☐人力资源　　☐质检　　　☐技术
☐财务　　　☐营销/企划　　☐采购/储运　☐研发
☐其他

5. 您的职务层次：
☐高层管理者　☐中层管理者　☐基层管理者

6. 您现任职务任职年限：
☐5 年以下　☐5—10 年　☐10—15 年　☐15 年以上

7. 您所在公司属于：
☐国有企业　　　　　　☐民营企业
☐外资/合资企业　　　　☐其他

8. 您所在公司的规模为：
☐100 人及以下　　　　☐101—300 人
☐301—500 人　　　　☐501—1000 人
☐1001 人及以上

9. 企业成立年限：
☐1—5 年　☐5—10 年　☐10—15 年　☐15—25 年
☐25 年以上

10. 您所在企业的利润增长情况：
☐非常缓慢　☐比较缓慢　☐一般　　　☐比较快速
☐非常快速

11. 企业生产食品是：

问卷到此结束，谢谢您的参与，祝您工作顺利，万事如意！

三 食品加工企业经营行为影响因素正式调查问卷（管理人员）

尊敬的企业界朋友：

非常感谢您在百忙之中接受此次问卷调查。该调查旨在了解食品加工企业经营行为的影响因素，是纯学术研究。您所提供的信息将为我们的研究提供宝贵价值。

本次调查对象为食品加工企业管理人员，若由其他人员代填，请从管理人员角度理解，客观填写。本次调查为匿名，答案无对错之分，您所填答的内容仅供研究参考，绝不转于其他用途，请您不要有任何顾虑，放心填写。

衷心感谢您的大力支持！

1. 请您仔细阅读，评价下列情况在您企业里是否经常发生？请根据您了解的实际情况选择最符合的题项。

编号	题项	从不	较少	一般	经常	总是
QA1	在产品标准执行方面，企业比竞争对手执行更严格					
QA2	企业拒绝生产假冒产品，即使可能因此获得丰厚利润					
QA3	除核心技术和工艺外，企业向公众公开关于产品的完整信息，如配料成分组成、生产线等					
LC1	在企业的市场行为出现争议时，从法律角度进行解释					
LC2	企业所作所为与相关法律、法规保持一致					
LC3	企业向相关方（包括供应商和消费者）透彻澄清有关法律方面的信息					
LC4	企业管理目的在于"做好"，而不仅仅是遵守法律法规					
CS1	为提高商品品质，企业使用他人技术专利未支付费用					
CS2	企业因拖欠税款等款项而接受相应的惩罚					

续表

编号	题项	从不	较少	一般	经常	总是
CS3	为了迅速打开市场，企业未经授权而使用他人商标					
SX1	企业按期提交各种资料（如项目计划书、财务报表等）					
SX2	企业自觉履行各类合同（如购销合同）					
SX3	企业积极投建环保设施					

2. 以下问题，请您先筛选确认贵公司最主要或最重要的一个合作伙伴（可以是上游供应商或下游销售商），对于与该伙伴的关系评价，请根据您了解的实际情况选择最符合的题项。

该合作伙伴是：供应商、销售商

编号	题项	非常不赞同	不太赞同	不确定	比较赞同	非常赞同
TRU1	我们觉得可以完全信任该伙伴					
TRU2	该伙伴非常诚实可靠					
Cot1	与该伙伴的合作关系值得我们付出最大努力去维持					
Cot2	我们打算长期维持与该伙伴的合作关系					
Cot3	为了维持与该伙伴的合作关系，我们非常愿意做出一些承诺					
Cot4	根据过去和现在的经验，在与该伙伴的合作中，我们建立了良好的商业信用					
Com1	除正式交流渠道外，我们还与该伙伴频繁进行非正式的信息交流					
Com2	我们会将任何有可能对该伙伴产生帮助的信息提供给对方					
Com3	只要对另一方有帮助，我们双方都愿意提供自己的私有信息					
Com4	当发生了有可能对另一方产生影响的事件或变化时，双方会及时相互通报					

续表

编号	题项	非常不赞同	不太赞同	不确定	比较赞同	非常赞同
Coo1	在产品设计方面,我们与该伙伴进行紧密合作					
Coo2	在流程设计方面,我们与该伙伴进行紧密合作					
Coo3	在预测和生产计划方面,我们与该伙伴进行紧密合作					
Coo4	在质量实践方面,我们与该伙伴进行紧密合作					
Int1	如果我们终止与该伙伴的合作,将很难找到替代者					
Int2	我们在很大程度上依赖于该伙伴来实现经营目标					
Int3	如果该伙伴终止与我们的合作,将很难找到替代者					
Int4	该伙伴在很大程度上依赖于我们来实现其自身的经营目标					

3. 根据您的工作体验,请判断以下陈述对您所处岗位的要求来说重要性程度的差异,并请您自我评价在这些陈述上的行为表现。

编号	素质和特性要求	该特质对您的岗位要求来说重要性程度					您在这些陈述上的行为表现			
		非常不重要	不太重要	一般	比较重要	非常重要	不好	不太好	一般	较好	好
Iny1	为人真诚坦率										
Iny2	待人公平、公正										
Iny3	诚实守信										
Alt1	慷慨大方										
Alt2	信任他人										

续表

编号	素质和特性要求	该特质对您的岗位要求来说重要性程度					您在这些陈述上的行为表现				
		非常不重要	不太重要	一般	比较重要	非常重要	不好	不太好	一般	较好	好
Alt3	关爱他人，有同情心										
Alt4	为人谦逊										
Col1	善于社交，经常与他人沟通交流										
Col2	善于帮助下属建立自信，应更好地去完成任务										
Col3	以团队、集体为本										
Col4	善于组建团队										
Enc1	经常给他人以鼓励										
Enc2	有效提高员工士气										
Enc3	善于启发、引导下属的工作动机，并激励下属										
Enc4	待人友好										

4. 请根据您的了解，评估下列每种叙述与企业目前实际情况的符合程度。

编号	题项	非常不符合	不太符合	一般	比较符合	非常符合
CD1	公司业务领域的竞争者数量非常多					
CD2	公司业务领域的竞争者相似程度大					
CD3	在公司推出新的产品或服务时，竞争对手迅速跟进					
CD4	新对手不断进入市场					

基本信息（在相应选项上画"√"）

1. 您的性别：

☐男　　　　　☐女

2. 您的文化程度：

☐初中　　　☐高中、中专　　☐大专　　　　☐本科

☐硕士　　　☐博士、博士后

3. 您的年龄：

☐30 岁及以下　☐31—35 岁　　☐36—40 岁　　☐41—45 岁

☐46—50 岁　　☐51 岁及以上

4. 您工作的职能部门：

☐综合管理　☐人力资源　　☐质检　　　　☐技术

☐财务　　　☐营销/企划　　☐采购/储运　　☐研发

☐其他

5. 您的职务层次：

☐高层管理者　☐中层管理者　☐基层管理者

6. 您现任职务任职年限：

☐5 年以下　☐5—10 年　　☐10—15 年　　☐15 年以上

7. 您所在公司属于：

☐国有企业　　　　　　　　☐民营企业

☐外资/合资企业　　　　　 ☐其他

8. 您所在公司的规模为：

☐100 人及以下　　　　　　☐101—300 人

☐301—500 人　　　　　　 ☐501—1000 人

☐1001 人及以上

9. 企业成立年限：

☐1—5 年　　☐5—10 年　　☐10—15 年　　☐15—25 年

☐25 年以上

10. 您所在企业的利润增长情况：

☐非常缓慢　☐比较缓慢　　☐一般　　　　☐比较快速

☐非常快速

11. 企业生产食品是：

问卷到此结束，谢谢您的参与，祝您工作顺利，万事如意！

四 食品加工企业经营行为影响因素调查问卷（员工）

尊敬的企业界朋友：

非常感谢您在百忙之中接受此次问卷调查。该调查旨在了解食品加工企业经营行为的影响因素，是纯学术研究。您所提供的信息将为我们的研究提供宝贵价值。

本次调查对象为食品加工企业员工，若由其他人员代填，请从员工角度理解，客观填写。本次调查为匿名，答案无对错之分，您所填答的内容仅供研究参考，绝不转于其他用途，请您不要有任何顾虑，放心填写。

衷心感谢您的大力支持！

根据您的了解，请判断以下陈述对您的直接领导所处岗位的要求来说重要性程度的差异，并请您评价他/她在这些陈述上的行为表现。

编号	素质和特性要求	该特质对您的上司的岗位要求来说重要性程度					他/她在这些陈述上的行为表现				
		非常不重要	不太重要	一般	比较重要	非常重要	不好	不太好	一般	较好	好
1	信任他人										
2	为人真诚坦率										
3	待人公平、公正										
4	诚实守信										
5	慷慨大方										
6	待人友好										
7	关爱他人，有同情心										
8	为人谦逊										

续表

编号	素质和特性要求	该特质对您的上司的岗位要求来说重要性程度					他/她在这些陈述上的行为表现				
		非常不重要	不太重要	一般	比较重要	非常重要	不好	不太好	一般	较好	好
9	善于社交，经常与他人沟通交流										
10	善于帮助下属建立自信，应更好地去完成任务										
11	以团队、集体为本										
12	善于启发、引导下属的工作动机，并激励下属										
13	善于组建团队										
14	经常给他人以鼓励										
15	有效提高员工士气										

＊＊＊＊＊＊领导基本信息＊＊＊＊＊＊

请如实填写您的直接上级领导的相关信息（注：不是您本人的信息）

1. 他/她的性别：

□男　　　　　□女

2. 他/她的文化程度：

□初中　　　□高中、中专　　　□大专　　　□本科

□硕士　　　□博士、博士后

3. 他/她的年龄：

□30 岁及以下　□31—35 岁　　□36—40 岁　　□41—45 岁

□46—50 岁　　□51 岁及以上

4. 他/她工作的职能部门：

□综合管理　　□人力资源　　□质检　　　　□技术

□财务　　　　□生产　　　　□营销/企划　　□采购/储运

□研发　　　　□其他

5. 他/她的管理职位：

☐高层管理者　　☐中层管理者　　☐基层管理者

6. 他/她在现职位任职年限：

☐5 年以下　　☐5—10 年　　☐11—15 年　　☐15 年及以上

其他基本信息

7. 您在贵公司工作年限：

☐5 年以下　　☐5—10 年　　☐10—15 年　　☐15 年以上

8. 您所在公司属于：

☐国有企业　　　　　　　　☐民营企业

☐外资/合资企业　　　　　☐其他

9. 您所在公司的规模为：

☐100 人及以下　　　　　　☐101—300 人

☐301—500 人　　　　　　 ☐501—1000 人

☐1001 人及以上

10. 企业成立年限：

☐1—5 年　　☐5—10 年　　☐10—15 年　　☐15—25 年

☐25 年以上

11. 企业生产食品是：

问卷到此结束，谢谢您的参与，祝您工作顺利，万事如意！

参考文献

中文文献

［1］ 包国宪、贾旭东：《诚信对提高企业运营效率的经济学与管理学分析》，《兰州商学院学报》2004年第6期。

［2］ 卜祥龙：《农产品供应链联盟的利润分配博弈分析》，《物流技术》2012年第7期。

［3］ 蔡惠芬：《浅析供应链中的核心企业》，《管理科学文摘》2007第3期。

［4］ 曹柬：《绿色供应链核心企业决策机制研究》，博士学位论文，浙江大学，2009年。

［5］ 曹永辉：《供应链合作关系对供应链绩效的影响——基于长三角企业的实证研究》，《经济与管理》2013年第2期。

［6］ 陈慧：《论核心与节点企业间公平机制的构建》，《中国经贸导刊》2011年第13期。

［7］ 陈佳：《企业诚信系统结构及评价体系研究》，硕士学位论文，西南石油大学，2006年。

［8］ 陈丽君：《诚信的本质、评价和影响机制——研究视角下的中西方诚信》，经济科学出版社2009年版。

［9］ 陈丽君、王重鸣：《中西方关于诚信的诠释及应用的异同与启示》，《哲学研究》2002年第8期。

［10］ 陈良华、李文：《供应链管理的演进与研究框架的解析》，《东南大学学报》（哲学社会科学版）2004年第1期。

［11］ 陈扬、杨忠、张骁：《供应链管理中信息共享的重要性及其激励》，《技术经济》2006年第8期。

[12] 陈莹、李心丹：《不同经济环境下企业间关系质量的影响因素研究》，《求索》2008年第8期。

[13] 陈勇：《影响供应链合作伙伴关系的因素研究》，《工业技术经济》2009年第11期。

[14] 陈志祥：《供应链管理中的供需合作关系研究》，《武汉理工大学学报》（信息与管理工程版）2004年第5期。

[15] 程李梅、王哲：《产业链内核心企业价值评价研究》，《中国科技论坛》2011年第4期。

[16] 程铁：《供应链中核心企业供应商选择研究》，硕士学位论文，上海海事大学，2005年。

[17] 戴化勇：《产业链管理对蔬菜质量安全的影响研究》，博士学位论文，南京农业大学，2007年。

[18] 丁青艳、王喜富：《供应链上核心企业评价指标体系研究》，《物流技术》2010年第13期。

[19] 董韶华：《企业诚信的现状及其对策》，《经济问题》2005年第10期。

[20] 窦炎国：《企业诚信及其实现条件》，《道德与文明》2005年第3期。

[21] 杜莹、牛习昌、盖会双等：《企业诚信的路径、效益及理论思考》，《河北科技大学学报》（社会科学版）2005年第1期。

[22] 范丽群、石金涛：《组织伦理气氛与道德行为关系的理论分析》，《华东经济管理》2006年第7期。

[23] 范丽群、周祖城：《企业伦理气氛与不道德行为关系的实证研究》，《软科学》2006年第4期。

[24] 范间翻：《企业质量信用及影响因素研究》，博士学位论文，浙江大学，2013年。

[25] 范南：《信用理论、制度与实践问题研究》，博士学位论文，东北财经大学，2004年。

[26] 范省伟：《企业诚信危机及其治理》，《经济学家》2004年第3期。

[27] 付丽茹：《供应链合作关系及其隐性影响因素研究》，博士学位论文，首都经济贸易大学，2008年。

[28] 高娜、赵嵩正：《供应链中的核心企业BOM视图映射》，《航空制造技术》2008年第5期。

[29] 巩顺龙、白丽、陈晶晶：《基于结构方程模型的中国消费者食品安全信心研究》，《消费经济》2012年第2期。

[30] 古家军：《企业诚信系统结构研究》，硕士学位论文，湘潭大学，2004年。

[31] 顾宇婷、施晓江：《食品供应链环节的监管博弈》，《中国食品药品监管》2005年第7期。

[32] 管晓永：《中小企业信用评价因素研究》，博士学位论文，浙江大学，2005年。

[33] 郭建新：《信用：一种经济伦理的诠释维度》，《江苏社会科学》2007年第3期。

[34] 韩文成、孙世民、李娟：《优质猪肉供应链核心企业质量安全控制能力评价指标体系研究》，《物流工程与管理》2010年第9期。

[35] 韩英、宁宣熙：《基于AHP法的供需链中核心企业的评价》，《物流科技》2003年第5期。

[36] 郝皓、夏健明：《基于制造外包的供应商协同生产管理模式研究》，《中国流通经济》2009年第10期。

[37] 衡书鹏：《企业组织伦理气氛的实证研究》，硕士学位论文，河南大学，2008年。

[38] 洪雁、王端旭：《管理者真能"以德服人"吗？——社会学习和社会交换视角下伦理型领导作用机制研究》，《科学学与科学技术管理》2011年第7期。

[39] 胡健、史成东、边敦新：《供应链核心企业绩效决策研究》，《计算机工程与应用》2009年第3期。

[40] 霍尔斯特·施泰因曼、阿尔伯特·勒尔：《企业伦理学基础》，上海社会科学院出版社2001年版。

[41] 霍佳震、隋明刚、刘仲英：《集成化供应链整体绩效评价体系构建》，《同济大学学报》（自然科学版）2002年第4期。

[42] 江成城：《供应链伙伴关系提升供应链绩效的研究——伙伴关系特性为调节变量》，《科技管理研究》2012年第16期。

[43] 姜雨峰、田虹：《外部压力能促进企业履行环境责任吗？——基于中国转型经济背景的实证研究》，《上海财经大学学报》2014年第6期。

[44] 金杨华、黄珛君：《伦理型领导对组织伦理的影响》，《管理现代化》2013年第1期。

[45] 李长云：《供应链核心企业信息管理模式初探》，《中国科技论坛》2007年第8期。

[46] 李成建：《企业员工诚信体系构建》，《商业时代》2009年第12期。

[47] 李桂梅：《诚信的类型分析》，《中共长春市委党校学报》2005年第3期。

[48] 李国栋、李忆、王付雪：《供应链伙伴关系对供应商绩效的影响问题研究》，《广西社会科学》2010年第11期。

[49] 李红：《我国食品企业诚信缺失原因及对策》，《长江大学学报》（社会科学版）2010年第6期。

[50] 李洪伟、王亮、陶敏等：《基于因子分析的食品工业企业诚信关键影响因素分析》，《征信》2013年第5期。

[51] 李辉、李向阳、孙洁：《供应链伙伴关系管理问题研究现状评述及分析》，《管理工程学报》2008年第2期。

[52] 李建平、石淑华：《信用本质上是一个经济问题——兼论经济信用、法律信用和道德信用的关系》，《当代经济研究》2003年第5期。

[53] 李连英：《蔬菜营销渠道合作关系与合作绩效研究》，博士学位论文，华中农业大学，2012年。

[54] 李亮学：《信用伦理研究》，博士学位论文，湖南师范大学，2004年。

[55] 李瑞涵、赵强、吴育华:《合作理论及其稳定性分析》,《天津大学学报》2002年第6期。

[56] 李森、刘媛华:《企业诚信对消费者行为的影响——基于突变理论模型的实证研究》,《消费经济》2012年第3期。

[57] 李森、刘媛华:《企业诚信对消费者行为的影响——基于突变理论模型的实证研究》,《消费经济》2012年第3期。

[58] 李胜芬、孙文红:《供应链合作关系对供应链协同及绩效影响的实证研究》,《燕山大学学报》(哲学社会科学版)2013年第1期。

[59] 李随成、张哲:《不确定条件下供应链合作关系水平对供需合作绩效的影响分析》,《科技管理研究》2007年第5期。

[60] 李锡元、梁果、付珍:《伦理型领导、组织公平和沉默行为—传统性的调节作用》,《武汉大学学报》(哲学社会科学版)2014年第1期。

[61] 李晓辉、周永源、高俊山:《动态合作的利益分配机制设计》,《技术经济与管理研究》2010年第S2期。

[62] 李新春:《转型时期的混合式契约制度与多重交易成本》,《学术研究》2000年第4期。

[63] 李晏墅:《我国企业经营诚信的缺失与重建》,《南京师范大学学报》(社会科学版)2002年第4期。

[64] 理查德·狄乔治等:《国际商务中的诚信竞争》,翁绍军、马迅译,上海社会科学院出版社2001年版。

[65] 廖成林、仇明全、龙勇:《企业合作关系、敏捷供应链和企业绩效间关系实证研究》,《系统工程理论与实践》2008年第6期。

[66] 林方、黄慧君:《供应链上下游企业完全依赖关系的稳定性研究》,《工业工程》2007年第1期。

[67] 林筠、薛岩、高海玲等:《企业—供应商关系与合作绩效路径模型实证研究》,《管理科学》2008年第4期。

[68] 林旭东、朱顺泉:《供应链企业收益分配的博弈模型研究》,

《价值工程》2004 年第 3 期。

[69] 林英晖、屠梅曾：《核心型供应链企业协调的激励合同设计》，《上海交通大学学报》2005 年第 5 期。

[70] 刘畅、张浩、安玉发：《中国食品质量安全薄弱环节、本质原因及关键控制点研究——基于 1460 个食品质量安全事件的实证分析》，《农业经济问题》2011 年第 1 期。

[71] 刘朝刚、马士华：《供应链合作的稳定性分析》，《科技管理研究》2007 年第 2 期。

[72] 刘贵富、赵英才：《产业链核心企业研究》，《中国管理信息化》（综合版）2006 年第 10 期。

[73] 刘文彬：《组织伦理气氛与员工越轨行为间关系的理论与实证研究》，博士学位论文，厦门大学，2009 年。

[74] 刘艳秋、周星：《基于食品安全的消费者信任形成机制研究》，《现代管理科学》2009 年第 7 期。

[75] 刘益、曹英：《关系稳定性与零售商感知的机会主义行为——直接影响与供应商承诺的间接影响》，《管理学报》2006 年第 1 期。

[76] 刘云枫、王夏华：《核心企业在供应链中的位置及决定其漂移的 4 个维度》，《北京工业大学学报》2005 年第 S1 期。

[77] 刘志学：《关于供应链物流管理的一些认识》，《物流技术》2002 年第 3 期。

[78] 柳键、马士华：《供应链合作及其契约研究》，《管理工程学报》2004 年第 1 期。

[79] 龙怡：《基于核心企业的供应链中企业合作的激励机制研究》，硕士学位论文，西安电子科技大学，2007 年。

[80] 卢江平、杨树青、余林：《中国供应链管理研究的元分析》，《科技管理研究》2012 年第 7 期。

[81] 卢松泉：《基于约束理论的供应链核心企业界定》，《中国物流与采购》2009 年第 17 期。

[82] 卢松泉、陈荣秋：《供应链核心企业的漂移轨迹分析》，《商场

现代化》2007 年第 19 期。

[83] 卢阳春：《WTO 与我国信用制度的建设》，《财经科学》2002 年第 1 期。

[84] 鲁茂：《供应链战略联盟信息共享研究及实现——核心企业与供应商的联盟》，硕士学位论文，昆明理工大学，2004 年。

[85] 陆宁、李伟红等：《基于解释结构模型的房地产企业诚信影响因素层次分析》，《经济师》2006 年第 4 期。

[86] 马超：《企业诚信体系建设探讨》，《企业管理》2011 年第 7 期。

[87] 马庆国：《管理统计》，科学出版社 2002 年版。

[88] 马士华：《供应链管理》，中国人民大学出版社 2005 年版。

[89] 马士华：《论核心企业对供应链战略伙伴关系形成的影响》，《工业工程与管理》2000 年第 1 期。

[90] 马文聪、朱桂龙：《环境动态性对技术创新和绩效关系的调节作用》，《科学学研究》2011 年第 3 期。

[91] 马新安、张列平、田澎：《供应链中的信息共享激励：动态模型》，《中国管理科学》2001 年第 1 期。

[92] 莫申江：《并购变革背景下的伦理型领导及其效能机制研究》，博士学位论文，浙江大学，2012 年。

[93] 潘东旭：《企业诚信决定因素结构分析》，《连云港职业技术学院学报》（综合版）2004 年第 1 期。

[94] 潘东旭：《现代企业诚信影响因素：理论与实证》，博士学位论文，中国矿业大学，2004 年。

[95] 潘东旭、周德群：《现代企业诚信：理论与实证研究》，经济管理出版社 2006 年版。

[96] 潘文安：《基于供应链整合的伙伴关系与企业竞争优势研究》，博士学位论文，浙江大学，2007 年。

[97] 潘文安、张红：《供应链伙伴间的信任、承诺对合作绩效的影响》，《心理科学》2006 年第 6 期。

[98] 彭正龙、何培旭：《制造企业供需双方关系、承诺与合作绩效

间路径模型研究》，《华东经济管理》2014 年第 2 期。
[99] 平乔维奇：《产权经济学》，经济科学出版社 1999 年版。
[100] 蒲小雷、韩家平：《企业信用管理典范》，中国对外经济贸易出版社 2001 年版。
[101] 齐平、王丹：《我国国有企业诚信经营能力的理性分析》，《经济纵横》2009 年第 10 期。
[102] 齐源、张琼：《基于不同信息模式的供应链合作企业利益均衡探讨》，《情报杂志》2006 年第 3 期。
[103] 钱立洁：《当前民营中小企业诚信问题研究》，《企业经济》2006 年第 12 期。
[104] 邱灿华、蔡三发、沈荣芳：《分布式决策供应链的协调机制实施研究》，《同济大学学报》（社会科学版）2005 年第 5 期。
[105] 权小锋、尹洪英：《基于互惠合作的供应链合作关系稳定机制研究》，《物流技术》2007 年第 8 期。
[106] 桑秀丽、肖汉杰、王华：《食品市场诚信缺失问题探究——基于政府、企业和消费者三方博弈关系》，《社会科学家》2012 年第 6 期。
[107] 施晟、周洁红：《食品安全管理的机制设计与相关制度匹配》，《改革》2012 年第 3 期。
[108] 石朝光：《基于产业链视角的蔬菜质量安全管理研究》，博士学位论文，南京农业大学，2010 年。
[109] 宋华、徐二明、胡左浩：《企业间冲突解决方式对关系绩效的实证研究》，《管理科学》2008 年第 1 期。
[110] 苏勇：《供应链合作伙伴关系管理及其与供应链绩效关系的研究》，博士学位论文，吉林大学，2009 年。
[111] 孙葆春：《订单农业中诚信影响因素的结构分析》，《农村经济》2008 年第 2 期。
[112] 孙洪杰、廖成林：《基于共生理论的供应链利益分配机制研究》，《科技进步与对策》2006 年第 5 期。
[113] 孙良云：《基于竞争优势的供应链核心企业能力评价研究》，

硕士学位论文，重庆大学，2002年。

[114] 谭亚莉、廖建桥、王淑红：《工作场所员工非伦理行为研究述评与展望》，《外国经济与管理》2012年第3期。

[115] 汤晓丹、孙啸吟：《基于核心企业的乳品供应链合作伙伴关系研究》，《物流科技》2010年第6期。

[116] 唐慧静：《供应链核心企业的风险预测与规避》，硕士学位论文，上海海事大学，2005年。

[117] 童泽平：《基于博弈分析的企业诚信研究》，《武汉科技大学学报》（社会科学版）2007年第3期。

[118] 万俊人：《道德之维——现代经济伦理导论》，广东人民出版社2000年版。

[119] 汪普庆、周德翼：《基于信用博弈模型的我国食品行业信用缺失的原因及对策研究》，《安徽农业科学》2005年第8期。

[120] 汪晓春：《企业的"诚信"与市场规则》，《经济管理》2002年第19期。

[121] 王进：《企业员工的伦理决策意向研究——以道德成熟度、道德强度与伦理气候的影响为依据》，《华东经济管理》2010年第5期。

[122] 王菁、徐小琴：《伦理与社会责任——来自企业层面的实证分析》，《伦理学研究》2014年第6期。

[123] 王玲玲、马骁：《供应链合作伙伴的信息共享与企业核心竞争力》，《中国管理信息化》（综合版）2006年第6期。

[124] 王清晓：《供应链核心企业竞争优势提升策略》，《中国流通经济》2009年第6期。

[125] 王姗姗：《供应链伙伴关系与企业绩效实证研究》，博士学位论文，电子科技大学，2012年。

[126] 王书玲、郜振廷：《企业诚信内涵解析——兼论相关概念关系》，《中国商贸》2010年第12期。

[127] 王书玲、谢守祥：《论现代"经济人"分析范式下的企业食品安全行为》，《河北学刊》2014年第3期。

［128］王小锡：《论企业诚信的实现机制》，《郑州大学学报》（哲学社会科学版）2003年第2期。

［129］王新平、张琪、孙林岩：《食品质量安全：技术、道德，还是法律？》，《科学学研究》2012年第3期。

［130］王学群：《基于网络层次分析法的供应链核心企业供应商评价研究》，硕士学位论文，合肥工业大学，2007年。

［131］王艳平、韩峰：《供应链生命周期中的核心企业风险分析》，《经济管理》2004年第13期。

［132］王莹瑞：《基于供应链的核心企业业绩评价体系研究》，硕士学位论文，合肥工业大学，2006年。

［133］卫兴华、焦斌龙：《诚信缺失的成因分析及其治理》，《教学与研究》2003年第4期。

［134］文风：《基于竞争优势的供应链核心企业能力评价研究》，《科技进步与对策》2004年第9期。

［135］吴汉洪、徐国兴：《信用本质的经济学分析》，《中国人民大学学报》2004年第4期。

［136］吴军、李健、汪寿阳：《供应链风险管理中的几个重要问题》，《管理科学学报》2006年第6期。

［137］吴明隆：《结构方程模型——Amos实务进阶》，重庆大学出版社2013年版。

［138］吴明隆：《问卷统计分析实务 SPSS操作与应用》，重庆大学出版社2010年版。

［139］武玉英、杨莹：《供应链核心企业的演化与发展》，《经济师》2009年第7期。

［140］武志伟、陈莹：《企业间关系质量的测度与绩效分析——基于近关系理论的研究》，《预测》2007年第2期。

［141］谢凤华、宝贡敏：《企业诚信与竞争优势的关系研究——基于苏州等六地188家企业的实证调查》，《南开管理评论》2005年第4期。

［142］谢卓君：《供应链信任对其绩效影响的实证研究》，博士学位

论文，华南理工大学，2007年。

[143] 徐琴、成爱武、许炳：《基于DEA/AHP的核心企业供应商选择方法》，《西安工程科技学院学报》2006年第2期。

[144] 许巧珍、卢松泉：《供应链中核心企业与合作伙伴的博弈》，《中国物流与采购》2009年第20期。

[145] 阳明明、陈功玉：《核心企业激励节点企业信息化的方式及比较研究》，《物流科技》2009年第10期。

[146] 杨慧：《企业诚信体系构建与评价模型研究》，硕士学位论文，河南科技大学，2012年。

[147] 杨齐：《伦理型领导、组织认同与知识共享：心理安全的调节中介作用》，《华东经济管理》2014年第1期。

[148] 杨卫平：《核心企业对供应商的柔性战略管理研究》，《北方经济》2008年第8期。

[149] 姚延波、张丹、何蕾：《旅游企业诚信概念及其结构维度——基于扎根理论的探索性研究》，《南开管理评论》2014年第1期。

[150] 叶飞、李怡娜：《供应链伙伴关系、信息共享与企业运营绩效关系》，《工业工程与管理》2006年第6期。

[151] 叶怀珍、胡异杰：《供应链中合作伙伴收益原则研究》，《西南交通大学学报》2004年第1期。

[152] 易正兰：《论安全食品供应链管理》，《新疆财经》2007年第4期。

[153] 殷燕：《商业街诚信评价体系实证研究》，硕士学位论文，浙江工商大学，2013年。

[154] 于红莉、卢文思：《供应链稳定性架构研究》，《长春大学学报》2011年第5期。

[155] 曾梅芳：《关于企业诚信的经济学思考》，《经济与社会发展》2004年第7期。

[156] 曾文杰、马士华：《制造行业供应链合作关系对协同及运作绩效影响的实证研究》，《管理学报》2010年第8期。

[157] 曾杨、许磊行：《供应链条件下的核心企业风险管理》，《经济师》2007年第5期。

[158] 展进涛、徐萌、谭涛：《供应链协作关系、外部激励与食品企业质量管理行为分析——基于江苏省、山东省猪肉加工企业的问卷调查》，《农业技术经济》2012年第2期。

[159] 张爱、袁治平、张清辉：《供应链企业委托代理问题的研究》，《工业工程与管理》2003年第3期。

[160] 张炳轩、李龙洙、都忠诚：《供应链的风险及分配模型》，《数量经济技术经济研究》2001年第1期。

[161] 张东志、杜伟锦、章青：《基于交易成本的核心企业供应链博弈研究》，《经济论坛》2007年第1期。

[162] 张宏：《供应商伙伴关系对制造企业采购成本影响的实证分析》，《统计与决策》2014年第8期。

[163] 张杰：《中国制造业买方供应链合作伙伴一体化模式实证研究》，博士学位论文，对外经济贸易大学，2007年。

[164] 张敏：《基于核心企业的农产品供应链分析》，《物流技术》2004年第5期。

[165] 张敏、房鑫海、董敏等：《供应链关系质量、供应链管理对农产品质量安全的影响——基于广东省样本企业的实证分析》，《农业经济与管理》2013年第1期。

[166] 张卫斌、顾振宇：《基于食品供应链管理的食品安全问题发生机理分析》，《食品工业科技》2007年第1期。

[167] 张文静、王海燕：《Bowman库存策略下的供应链稳定性及需求放大分析》，《东南大学学报》（自然科学版）2007年第2期。

[168] 张笑峰、席酉民：《伦理型领导：起源、维度、作用与启示》，《管理学报》2014年第11期。

[169] 张秀萍：《供应链竞争力》，中国人民大学出版社2005年版。

[170] 张永军：《伦理型领导对员工反生产行为的影响：基于社会学习与社会交换双重视角》，《商业经济与管理》2012年第

12 期。

[171] 张煜、汪寿阳：《食品供应链质量安全管理模式研究——三鹿奶粉事件案例分析》，《管理评论》2010 年第 5 期。

[172] 赵立：《基于人—组织道德匹配的中小企业经营者道德影响力研究》，博士学位论文，浙江大学，2010 年。

[173] 赵泉午、王青、黄亚峰：《制造业供应链伙伴关系与企业绩效的实证研究》，《华东经济管理》2010 年第 11 期。

[174] 赵晓煜、汪定伟：《选择分销商的模糊综合评判方法》，《管理工程学报》2002 年第 2 期。

[175] 赵旭：《上市公司诚信与企业价值的实证研究》，《山西财经大学学报》2011 年第 1 期。

[176] 钟敏：《伦理型领导对员工创造力影响的实证研究》，硕士学位论文，浙江大学，2013 年。

[177] 周斌：《供应链企业间诚信关系的演进研究》，硕士学位论文，江苏大学，2010 年。

[178] 周斌、张坚、杜建国：《企业诚信机制形成的演化博弈分析》，《统计与决策》2009 年第 15 期。

[179] 周学勇：《企业诚信问题初探》，《宁夏大学学报》（人文社会科学版）2003 年第 2 期。

[180] 朱恒民、王宁生、刘文杰：《面向核心企业的敏捷供应链伙伴优选决策模型》，《机械科学与技术》2004 年第 8 期。

[181] 邹小华：《诚信何以可能》，《南昌大学学报》（人文社会科学版）2004 年第 1 期。

英文文献

[182] Adams, J. S., A. Tashchian, T. H. Shore, "Codes of Ethics as Signals for Ethical Behavior" [J]. *Journal of Business Ethics*, 2001, 29 (3): 199 – 211.

[183] Anderson J. C. Narus, "A Model of Distributor Firm and Manufacturer Firm Working Partnerships" [J]. *The Journal of Marketing*, 1990, 54 (1): 42 – 58.

[184] Arnaud, A., M. Schminke, "The Ethical Climate and Context of Organizations: A Comprehensive Model" [J]. *Organization Science*, 2012, 23 (6): 1767-1780.

[185] Arnaud, A., "Conceptualizing and Measuring Ethical Work Climate: Development and Validation of the Ethical Climate Index" [J]. *Business and Society*, 2010, 49 (2): 345-358.

[186] Avey, J. B., T. S. Wernsing, M. E. Palanski, "Exploring the Process of Ethical Leadership: The Mediating Role of Employee Voice and Psychological Ownership" [J]. *Journal of Business Ethics*, 2012, 107 (1): 21-34.

[187] Avolio, B. J., W. L. Gardner, F. O. Walumbwa et al., "Unlocking the Mask: A Look at the Process by Which Authentic Leaders Impact Follower Attitudes and Behaviors" [J]. *The Leadership Quarterly*, 2004, 15 (6): 801-823.

[188] Baiman, S., P. E. Fischer, M. V. Rajan, "Information, Contracting, and Quality Costs" [J]. *Management Science*, 2000, 46 (6): 776-789.

[189] Balakrishnan, S., B. Wernerfelt, "Technical Change, Competition and Vertical Integration" [J]. *Strategic Management Journal*, 1986, 7 (4): 347-359.

[190] Ballou, R. H., "The Evolution and Future of Logistics and Supply Chain Management" [J]. *European Business Review*, 2007, 19 (4): 332-348.

[191] Barnett, T., C. Vaicys, "The Moderating Effect of Individuals' Perceptions of Ethical Work Climate on Ethical Judgments and Behavioral Intentions" [J]. *Journal of Business Ethics*, 2000, 27 (4): 351-362.

[192] Bartels, K. K., E. Harrick, K. Martell et al., "The Relationship between Ethical Climate and Ethical Problems within Human Resource Management" [J]. *Journal of Business Ethics*, 1998, 17

(7): 799-804.

[193] Baumgartner, H., C. Homburg, "Applications of Structural Equation Modeling in Marketing and Consumer Research: A Review" [J]. *International Journal of Research in Marketing*, 1996, 13 (2): 139-161.

[194] Beasley, M. S., "An Empirical Analysis of the Relation between the Board of Director Composition and Financial Statement Fraud" [J]. *The Accounting Review*, 1996, 71 (4): 443-465.

[195] Becker, T. E., "Integrity in Organizations: Beyond Honesty and Conscientiousness" [J]. *The Academy of Management Review*, 1998.

[196] Benton, W. C., M. Maloni, "The Influence of Power Driven Buyer/Seller Relationships on Supply Chain Satisfaction" [J]. *Journal of Operations Management*, 2005, 23 (1): 1-22.

[197] Bharadwaj, S. G., *Industry Structure, Competitive Strategy, and Firm-specific Intangibles as Determinants of Business Unit Performance: Towards an Integrative Model* [D]. Texas A. and M. University Press, 1994.

[198] Black, J. A., K. B. Boal, "Strategic Resources: Traits, Configurations and Paths to Sustainable Competitive Advantage" [J]. *Strategic Management Journal*, 1994, 15 (S2): 131-148.

[199] Boari, C., "Industrial Clusters: Focal Firms, and Economic Dynamism—A Perspective from Italy" [EB]. [2008-10-29]. http://www.siteresources.Worldbank.Org/WBI/Resources/wbi37186. pdf [Z].

[200] Boyd, B., "Corporate Linkages and Organizational Environment: A Test of the Resource Dependence Model" [J]. *Strategic Management Journal*, 1990, 11 (6): 419-430.

[201] Brown, M. E., L. K. Trevino, D. A. Harrison, "Ethical Leadership: A Social Learning Perspective for Construct Development and

Testing" [J]. *Organizational Behavior and Human Decision Processes*, 2005, 97 (2): 117 – 134.

[202] Brown, M. E., L. K. Trevino, "Socialized Charismatic Leadership, Values Congruence, and Deviance in Work Groups" [J]. *J Appl Psychol*, 2006, 91 (4): 954 – 962.

[203] Brown, M. E., L. K. Treviño, "Ethical Leadership: A Review and Future Directions" [J]. *The Leadership Quarterly*, 2006, 17 (6): 595 – 616.

[204] Bruce, M., F. Leverick, D. Littler et al., "Success Factors for Collaborative Product Development: A Study of Suppliers of Information and Communication Technology" [J]. *R&D Management*, 1995, 25 (1): 33 – 44.

[205] Bulutlar, F., E. Ü. Öz, "The Effects of Ethical Climates on Bullying Behaviour in the Workplace" [J]. *Journal of Business Ethics*, 2009, 86 (3): 273 – 295.

[206] Caldwell, C., G. C. Thornton, M. L. Gruys, "Ten Classic Assessment Center Errors: Challenges to Selection Validity" [J]. *Public Personnel Management*, 2003, 32 (1): 73 – 88.

[207] Caldwell, C., S. E. Clapham, "Organizational Trustworthiness: An International Perspective" [J]. *Journal of Business Ethics*, 2003, 47 (4): 349 – 364.

[208] Cannon, J. P. and P., "Buyer – Seller Relationships in Business Markets" [J]. *Journal of Marketing Research*, 1999, 36 (4): 439 – 460.

[209] Carney, M., "The Competitiveness of Networked Production: The Role of Trust and Asset Specificity" [J]. *Journal of Management Studies*, 1998, 35 (4): 457 – 479.

[210] Chen, C., "The Effects of Environment and Partner Characteristics on the Choice of Alliance Forms" [J]. *International Journal of Project Management*, 2003, 21 (2): 115 – 124.

[211] Chen, S., "The Role of Ethical Leadership Versus Institutional Constraints: A Simulation Study of Financial Misreporting by CEOs" [J]. *Journal of Business Ethics*, 2010, 93 (S1): 33-52.

[212] Christine, H., "Supply Chain Operational Performance Roles" [J]. *Integrated Manufacturing Systems*, 1997, 8 (2): 70-78.

[213] Coleman, J. S., *Foundations of Social Theory* [M]. Belknap Press of Harvard University Press, 1990.

[214] Connelly, D. R., "Leadership in the Collaborative Interorganizational Domain" [J]. *International Journal of Public Administration*, 2007, Volume 30 (11): 1231-1262.

[215] Croom, S., P. Romano, M. Giannakis, "Supply Chain Management: An Analytical Framework for Critical Literature Review" [J]. *European Journal of Purchasing & Supply Management*, 2000, 6 (1): 67-83.

[216] Cullen, J. B., B. Victor, J. W. Bronson, "The Ethical Climate Questionnaire: An Assessment of Its Development and Validity" [J]. *Psychological Reports*, 1993, 73 (2): 667-674.

[217] De Búrca, S., B. Fynes, E. Roche, "Evaluating Relationship Quality in a Business-to-business Context" [J]. *Irish Journal of Management*, 2004, 25 (2): 61.

[218] De Hoogh, A. H. B., D. N. Den Hartog, "Ethical and Despotic Leadership, Relationships with Leader's Social Responsibility, Top Management Team Effectiveness and Subordinates' Optimism: A Multi-method Study" [J]. *The Leadership Quarterly*, 2008, 19 (3): 297-311.

[219] den Ouden, M., A. A. Dijkhuizen, R. B. M. Huirne et al., "Verticle Cooperation in Agricultural Production-Marketing Chains, with Special Preference to Product Differentiation in Pork" [J]. *Agribusiness*, 1996, 12 (3): 277-290.

[220] Deshpande, S. P., E. George, J. Joseph, "Ethical Climates and

Managerial Success in Russian Organizations" [J]. *Journal of Business Ethics*, 2000, 23 (2): 211 - 217.

[221] Dickson, G. W., "An Analysis of Vendor Selection Systems and Decisions" [J]. *Journal of Purchasing*, 1966, 2 (1): 5 - 17.

[222] Dickson, M. W., R. N. Aditya, J. S. Chhokar, "Definition and Interpretation in Cross - cultural Organizational Culture Research: Some Pointers from the GLOBE Research Program" [J]. *Handbook of Organizational Culture and Climate*, 2000: 447 - 464.

[223] Dirks, K. T., D. L. Ferrin, "Trust in Leadership: Meta - analytic Findings and Implications for Research and Practice" [J]. *Journal of Applied Psychology*, 2002, 87 (4): 611 - 628.

[224] Domenico, M. L. D., P. Tracey, H. Haugh, "The Dialectic of Social Exchange: Theorizing Corporate - Social Enterprise Collaboration" [J]. *Organization Studies*, 2009, 30 (8): 887 - 907.

[225] Dwyer, F. R., P. H. Schurr, S. Oh, "Developing Buyer - Seller Relationships" [J]. *Journal of Marketing*, 1987, 51 (2): 11 - 27.

[226] Dyer, J. H., "Effective Interfirm Collaboration: How Firms Minimize Transaction Costs and Maximize Transaction Value" [J]. *Strategic Management Journal*, 1997, 18 (7): 535 - 556.

[227] Eisenbei, S. A. and B., "Ethical and Unethical Leadership: A Cross - Cultural and Cross - Sectoral Analysis" [J]. *Journal of Business Ethics*, 2014, 122 (2): 343 - 359.

[228] Eisenbeiss, S. A., D. Knippenberg, C. M. Fahrbach, "Doing Well by Doing Good? Analyzing the Relationship Between CEO Ethical Leadership and Firm Performance" [J]. *Journal of Business Ethics*, 2014: 1 - 17.

[229] Enderle, G., "Some Perspectives of Managerial Ethical Leadership" [J]. *Journal of Business Ethics*, 1987, 6 (8): 657 - 663.

[230] Ennew, C., H. Sekhon, "Measuring Trust in Financial Services: The Trust Index" [J]. *Consumer Policy Review*, 2007, 17 (2):

62.

[231] Fornell, C. , D. F. Larcker, "Evaluating Structural Equation Models with Unobservable Variables and Measurement Error" [J]. *Journal of Marketing Research*, 1981, 18 (1): 39 – 50.

[232] Freeman, R. E. , "Divergent Stakeholder Theory" [J]. *Academy of Management Review*, 1999, 24 (2): 233 – 236.

[233] Frohlich, M. T. , R. Westbrook, "Arcs of Integration: An International Study of Supply Chain Strategies" [J]. *Journal of Operations Management*, 2001, 19 (2): 185 – 200.

[234] Fynes, B. , C. Voss, S. de Búrca, "The Impact of Supply Chain Relationship Dynamics on Manufacturing Performance" [J]. *International Journal of Operations & Production Management*, 2005, 25 (1): 6 – 19.

[235] Fynes, B. , C. Voss, S. de Búrca, "The Impact of Supply Chain Relationship Quality on Quality Performance" [J]. *International Journal of Production Economics*, 2005, 96 (3): 339 – 354.

[236] Fynes, B. , C. Voss, "The Moderating Effect of Buyer – supplier Relationships on Quality Practices and Performance" [J]. *International Journal of Operations & Production Management*, 2002, 22 (6): 589 – 613.

[237] Fynes, B. , S. de Búrca, C. Voss, "Supply Chain Relationship Quality, the Competitive Environment and Performance" [J]. *International Journal of Production Research*, 2005, 43 (16): 3303 – 3320.

[238] Fynes, B. , S. de Búrca, J. Mangan, "The Effect of Relationship Characteristics on Relationship Quality and Performance" [J]. *International Journal of Production Economics*, 2008, 111 (1): 56 – 69.

[239] Gavirneni, S. , "Benefits of Cooperation in a Production Distribution Environment" [J]. *European Journal of Operational Research*, 2001, 130 (3): 612 – 622.

[240] Giannoccaro, I., P. Pontrandolfo, "Supply Chain Coordination by Revenue Sharing Contracts" [J]. *International Journal of Production Economics*, 2004, 89 (2): 131 – 139.

[241] Glaister, K. W., P. J. Buckley, "Strategic Motives For International Alliance Formation" [J]. *Journal of Management Studies*, 1996, 33 (3): 301 – 332.

[242] Grant, R. M., "Chapter 1—The Resource – Based Theory of Competitive Advantage: Implications for Strategy Formulation" [M]. Knowledge and Strategy, Zack, M. H., Boston: Butterworth – Heinemann, 1999.

[243] Gulati, R., M. Sytch, "Dependence Asymmetry and Joint Dependence in Interorganizational Relationships: Effects of Embeddedness on a Manufacturer's Performance in Procurement Relationships" [J]. *Administrative Science Quarterly*, 2007, 52 (1): 32 – 69.

[244] Gullett, J., L. Do, M. Canuto – Carranco et al., "The Buyer – Supplier Relationship: An Integrative Model of Ethics and Trust" [J]. *Journal of Business Ethics*, 2009, 90 (3): 329 – 341.

[245] Habermas, J. et al., "The Inclusion of the Other: Studies in Political Theory" [J]. *Ethics*, 2000, 2 (2): 4452 – 4455.

[246] Hancké, B., "Trust or Hierarchy? Changing Relationships between Large and Small Firms in France" [J]. *Small Business Economics*, 1998, 11 (3): 237 – 252.

[247] Harland, C. M., "Supply Chain Management: Relationships, Chains and Networks" [J]. *British Journal of Management*, 1996, 7 (S1): S63 – S80.

[248] Hill, J. A., S. Eckerd, D. Wilson et al., "The Effect of Unethical Behavior on Trust in a Buyer – supplier Relationship: The Mediating Role of Psychological Contract Violation" [J]. *Journal of Operations Management*, 2009, 27 (4): 281 – 293.

[249] Hing, L. L., S. L. Hon, "Maximizing The Probability of Achie-

ving A Target Profit in A Two-Product Newsboy Problem"[J]. *Decision Sciences*, 1988, 19 (2): 392-408.

[250] House, R., D. Rousseau, M. Thomas-Hunt, "The Meso Paradigm: A Framework for the Integration of Micro and Macro Organizational Behavior"[J]. *Research in Organizational Behavior*, 1995, 17 (3): 71-114.

[251] Hwang, D. B., P. L. Golemon, Y. Chen et al., "Guanxi and Business Ethics in Confucian Society Today: An Empirical Case Study in Taiwan"[J]. *Journal of Business Ethics*, 2009, 89 (2): 235-250.

[252] Inkpen, A. C., P. W. Beamish, "Knowledge, Bargaining Power, and the Instability of International Joint Ventures"[J]. *Academy of Management Review*, 1997, 22 (1): 177-202.

[253] Ip, P. K., "Is Confucianism Good for Business Ethics in China?"[J]. *Journal of Business Ethics*, 2009, 88 (3): 463-476.

[254] Ip, W. H., S. L. Chan, C. Y. Lam, "Modeling Supply Chain Performance and Stability"[J]. *Industrial Management & Data Systems*, 2011, 111 (8): 1332-1354.

[255] Jakšiĉ, M., B. Rusjan, "The Effect of Replenishment Policies on the Bullwhip Effect: A Transfer Function Approach"[J]. *European Journal of Operational Research*, 2008, 184 (3): 946-961.

[256] James, G., J. K. David, "Explaining Interfirm Cooperation and Performance: Toward a Reconciliation of Predictions from the Resource-Based View and Organizational Economics"[J]. *Strategic Management Journal*, 1999, 20 (9): 867-888.

[257] Jammernegg, W., "Risk-averse and Risk-taking Newsvendors: A Conditional Expected Value Approach"[J]. *Review of Managerial Science*, 2007, 1 (1): 93-110.

[258] Jayashankar, M., S. Tayur, "Models for Supply Chains in E-Business"[J]. *Management Science*, 2003, 49 (10): 1387-1406.

[259] Johnson, J. L., "Strategic Integration in Industrial Distribution Channels: Managing the Interfirm Relationship as a Strategic Asset" [J]. *Journal of the Academy of Marketing Science*, 1999, 27 (1): 4 – 18.

[260] Jordan, J., M. E. Brown, L. K. Trevino et al., "Someone to Look up to: Executive – follower Ethical Reasoning and Perceptions of Ethical Leadership" [J]. *Journal of management*, 2013, 39 (3): 660 – 683.

[261] Kale, P., H. Singh, J. H. Dyer, "Alliance Capability, Stock Market Response, and Long Term Alliance Success: The Role of the Alliance Function" [J]. *Strategic Management Journal*, 2002, 23 (8): 747 – 767.

[262] Kalshoven, K., D. N. Den Hartog, A. H. B. De Hoogh, "Ethical Leadership at Work Questionnaire (ELW): Development and Validation of a Multidimensional Measure" [J]. *The Leadership Quarterly*, 2011, 22 (1): 51 – 69.

[263] Kanter, R. M., "Collaborative Advantage: The Art of Alliances" [J]. *Harvard Business Review*, 1994, 72 (4): 96 – 108.

[264] Kanungo, R. N., A. M. Mendonc, *Ethical Dimensions of Leadership* [J]. London: Sage, 1996.

[265] Kanungo, R. N., M. Mendonca, "Ethical Leadership in Three Dimensions" [J]. *Journal of Human Values*, 1998, 4 (2): 133 – 148.

[266] Kaptein, M., "Integrity Management" [J]. *European Management Journal*, 1999, 17 (6): 625 – 634.

[267] Kaptein, M. and V. D., "The Empirical Assessment of Corporate Ethics: A Case Study" [J]. *Journal of Business Ethics*, 2000, 24 (2): 95 – 114.

[268] Kharouf, H., D. J. Lund, H. S. Sekhon, "Building Trust by Signaling Trustworthiness in Service Retail" [J]. *Journal of Services*

Marketing, 2014, 28 (5): 2.

[269] Kharouf, H., H. Sekhon, S. K. Roy, "The Components of Trustworthiness for Higher Education: A Transnational Perspective" [J]. *Studies in Higher Education*, 2014, 40 (7): 1239 – 1255.

[270] Khuntia, R., D. Suar, "A Scale to Assess Ethical Leadership of Indian Private and Public Sector Managers" [J]. *Journal of Business Ethics*, 2004, 49 (1): 13 – 26.

[271] Kinney, W., R. McDaniel, "Characteristics of Firms Correcting Previously Reported Quarterly Earnings" [J]. *Journal of Accounting and Economics*, 1989, 11 (1): 71 – 93.

[272] Kline, R. B., *Principles and Practice of Structural Equation Modeling* [M]. Guilford Press, 1998.

[273] Kogut, B., "Joint Ventures: Theoretical and Empirical Perspectives" [J]. *Strategic Management Journal*, 1988, 9 (4): 319 – 332.

[274] Kolthoff, E., "The Importance of Integrity in the Security Profession: Bringing in Human Rights" [J]. *Ethics and Security*, The Hague, Eleven Publishing, 2010: 39 – 55.

[275] Konsynski, B. R., F. W. McFarlan, "Information Partnerships – Shared Data, Shared Scale" [J]. *Harvard Business Review*, 1990, 68 (5): 114 – 120.

[276] Kraatz, M. S., E. S. Block, "Organizational Implications of Institutional Pluralism" [J]. *The Sage Handbook of Organizational Institutionalism*, 2008.

[277] Kreps, D. M., Wilson, "Reputation and Imperfect Information" [J]. *Journal of Economic Theory*, 1982, 27 (2): 253 – 279.

[278] Krishnan, H., R. Kapuscinski, D. A. Butz, "Coordinating Contracts for Decentralized Supply Chains with Retailer Promotional Effort" [J]. *Management Science*, 2004, 50 (1): 48 – 63.

[279] Kuglin, F. A., *Custom – Centered Supply Chain Management: A Link by Link Guide* [M]. New York: American Management Asso-

ciation Company, 1998.

[280] Lamming, R., N. Caldwell, D. Harrison, "Developing the Concept of Transparency for Use in Supply Relationships" [J]. *British Journal of Management*, 2004, 15 (4): 291-302.

[281] Landeros, R., R. M. Monczka, "Cooperative Buyer/seller Relationships and a Firm's Competitive Posture" [J]. *Journal of Purchasing and Materials Management*, 1989, 25 (3): 9-18.

[282] Langlois, C. C., B. B. Schlegelmilch, Do Corporate Codes of Ethics Reflect National Character? Evidence from Europe and the United States [J]. *Journal of International Business Studies*, 1990, 21 (4): 519-539.

[283] Laszlo, C., J. Nash, "Six Facets of Ethical Leadership: An Executive's Guide to the New Ethics in Business" [J]. *Electronic Journal of Business Ethics and Organization Studies*, 2001, 6 (1).

[284] Lee, D., J. H. Pae, Y. H. Wong, "A model of Close Business Relationships in China (guanxi)" [J]. *European Journal of Marketing*, 2001, 35 (1/2): 51-69.

[285] Lii, J. H., E. Hannan, R. L., Krishnan, R. et al., "Honesty in Managerial Reporting" [J]. *The Accounting Review*, 2001, 76 (4): 537-559.

[286] Loch, K. D., S. Conger, "Evaluating Ethical Decision Making and Computer Use" [J]. *Communications of the ACM*, 1996, 39 (7): 74-83.

[287] Luo, Y., "Industrial Dynamics and Managerial Networking in an Emerging Market: The Case of China" [J]. *Strategic Management Journal*, 2003, 24 (13): 1315-1327.

[288] Mackinnon, D., *Introduction to Statistical Mediation Analysis (Multivariate Applications Series)* [M]. Erlbaum Psych Press, 2008.

[289] Malloy, D. C., J. Agarwal, "Ethical Climate in Government and Nonprofit Sectors: Public Policy Implications for Service Delivery" [J]. *Journal of Business Ethics*, 2010, 94 (1): 3-21.

[290] Martin, G. S., C. J. Resick, M. A. Keating et al., "Ethical Leadership across Cultures: A Comparative Analysis of German and US Perspectives" [J]. *Business Ethics*, 2009, 18 (2): 127-144.

[291] Martin, K. D., J. B. Cullen, "Continuities and Extensions of Ethical Climate Theory: A Meta-analytic Review" [J]. *Journal of Business Ethics*, 2006, 69 (2): 175-194.

[292] Mayer, D. M., K. Aquino, R. L. Greenbaum et al., "Who Displays Ethical Leadership, and Why Does It Matter? An Examination of Antecedents and Consequences of Ethical Leadership" [J]. *Academy of Management Journal*, 2012, 55 (1): 151-171.

[293] Mayer, D. M., M. Kuenzi, R. Greenbaum et al., "How Low Does Ethical Leadership Flow? Test of a Trickle-down Model" [J]. *Organizational Behavior and Human Decision Processes*, 2009, 108 (1): 1-13.

[294] Mayer, R. C., J. H. Davis, F. D. Schoorman, "An Integrative Model of Organizational Trust" [J]. *Academy of Management Review*, 1995, 20 (3): 709-734.

[295] Maze, A., S. Polin, E. Raynand, 2001, "Quality Signals and Governance Structures within European Agro-food Chains: A New Institutional Economics Approach" [C]. in Copenhagen: 78th EAAE Seminar and NJF Seminar 330, *Economics of Contracts in Agriculture and the Food Supply Chain*: 15-16.

[296] Mentzer, J. T., S. Min, Z. G. Zacharia, "The Nature of Interfirm Partnering in Supply Chain Management" [J]. *Journal of Retailing*, 2000, 76 (4): 549-568.

[297] Mentzer, J. T., W. DeWitt, J. S. Keebler et al., "Defining Supply Chain Management" [J]. *Journal of Business Logistics*, 2001,

22 (2): 1 - 25.

[298] Meyer, J. P., D. J. Stanley, L. Herscovitch et al., "Affective, Continuance, and Normative Commitment to the Organization: A Meta - analysis of Antecedents, Correlates, and Consequences" [J]. *Journal of Vocational Behavior*, 2002, 61 (1): 20 - 52.

[299] Mishra, D. P., S. G. Cort, "Information Asymmery and Levels of Agency Relationships" [J]. *Journal of Marketing Research*, 1998, 35 (3): 277 - 295.

[300] Mo, S., S. A. Booth, Z. Wang, "How Do Chinese Firms Deal with Inter - Organizational Conflict?" [J]. *Journal of Business Ethics*, 2012, 108 (1): 121 - 129.

[301] Mohr, J., N. John, "Communication Strategies in Marketing Channels: A Theoretical Perspective" [J]. *Journal of Marketing*, 1990, 54 (4): 36 - 51.

[302] Mohr, J., S. Robert, "Characteristics of Partnership Success: Partnership Attributes, Communication Behavior, and Conflict Resolution Techniques" [J]. *Strategic Management Journal*, 1994, 15 (2): 135 - 152.

[303] Moore, H. R., "Transaction - cost Economics in Real Time" [J]. *Industrial and Corporate Change*, 1992, 11 (7): 99 - 127.

[304] Naudé, P., F. Buttle, "Assessing Relationship Quality" [J]. *Industrial Marketing Management*, 2000, 29 (4): 351 - 361.

[305] Neubert, M. J., D. S. Carlson, K. M. Kacmar et al., "The Virtuous Influence of Ethical Leadership Behavior: Evidence from the Field" [J]. *Journal of Business Ethics*, 2009, 90 (2): 157 - 170.

[306] Nonaka, I., "A Dynamic Theory of Organizational Knowledge Creation" [J]. *Organization Science*, 1994, 5 (1): 14 - 37.

[307] Ofori, G., "Ethical Leadership: Examining the Relationships with Full Range Leadership Model, Employee Outcomes, and Organizational Culture" [J]. *Journal of Business Ethics*, 2009, 90 (4):

533 – 547.

[308] Otto, A., H. Kotzab, "Does Supply Chain Management Really Pay? Six Perspectives to Measure the Performance of Managing a Supply Chain" [J]. *European Journal of Operational Research*, 2003, 144 (2): 306 – 320.

[309] Paine, L. S., "Managing for Organizational Integrity" [J]. *Harvard Business Review*, 1994, 72 (2): 106 – 117.

[310] Palanski, M. E., F. J. Yammarino, "Integrity and Leadership: A multi – level Conceptual Framework" [J]. *The Leadership Quarterly*, 2009, 20 (3): 405 – 420.

[311] Palanski, M. E. and Y., "Integrity and Leadership: Clearing the Conceptual Confusion" [J]. *European Management Journal*, 2007, 25 (3): 171 – 184.

[312] Pankaj, S., "The Relationship between Environmental Factors and Management Fraud: An Empirical Analysis" [J]. *International Journal of Commerce and Management*, 2001, 11 (1): 120 – 139.

[313] Paulraj, A., A. A. Lado, I. J. Chen, "Inter – organizational Communication as a Relational Competency: Antecedents and Performance Outcomes in Collaborative Buyer – supplier Relationships" [J]. *Journal of Operations Management*, 2008, 26 (1): 45 – 64.

[314] Petrick, J. A., J. F. Quinn, "The Challenge of Leadership Accountability for Integrity Capacity as a Strategic Asset" [J]. *Journal of Business Ethics*, 2001, 34 (3 – 4): 331 – 343.

[315] Pflug, G. C., "Some Remarks on the Value – at – Risk and the Conditional Value – at – Risk" [M]. *Springer US*, 2000.

[316] Piccolo, R. F., R. Greenbaum, D. N. D. Hartog et al., "The Relationship between Ethical Leadership and Core Job Characteristics" [J]. *Journal of Organizational Behavior*, 2010, 31 (2 – 3): 259 – 278.

[317] Pirson, M., D. Malhotra, "Foundations of Organizational Trust:

What Matters to Different Stakeholders?"[J]. *Organization Science*, 2011, 22 (4): 1087 – 1104.

[318] Posner, B. Z., W. H. Schmidt, "Values and the American Manager" [J]. *California Management Review*, 1992 (26): 202 – 216.

[319] Prahalad, C., K. Hamel, "The Core Competence of the Corporation" [J]. *Harvard Business Review*, 1990, 68 (3): 79.

[320] Quaquebeke, N. V., T. Eckloff, "Defining Respectful Leadership: What It Is, How It Can Be Measured, and Another Glimpse at What It Is Related to" [J]. *Journal of Business Ethics*, 2010, 91 (3): 343 – 358.

[321] Ragatz, G. L., R. B. Handfield, T. V. Scannell, "Success Factors for Integrating Suppliers into New Product Development" [J]. *The Journal of Product Innovation Management*, 1997, 14 (3): 190 – 202.

[322] Resick, C. J., G. S. Martin, M. A. Keating et al., "What Ethical Leadership Means to Me: Asian, American, and European Perspectives" [J]. *Journal of Business Ethics*, 2011, 101 (3): 435 – 457.

[323] Resick, C. J., P. J. Hanges, M. W. Dickson et al., "A Cross – Cultural Examination of the Endorsement of Ethical Leadership" [J]. *Journal of Business Ethics*, 2006, 63 (4): 345 – 359.

[324] Rockafellar, R. T., S. Uryasev, "Optimization of Conditional Value – at – Risk" [J]. *Journal of Risk*, 1999, 29 (1): 1071 – 1074.

[325] Ross, A., D. Cornelia, "An Integrated Benchmarking Approach to Distribution Center Performance Using DEA Modeling" [J]. *Journal of Operations Management*, 2002, 20 (1): 19 – 32.

[326] Roy, S. K., A. Eshghi, V. Shekhar, "Dimensions of Trust and Trustworthiness In Retail Banking: Evidence From India" [J]. *Marketing Management Journal*, 2011, 21 (1).

[327] Roy, S. K., V. Shekhar, "Alternative Models of Trustworthiness

of Service Providers" [J]. *Journal of Global Marketing*, 2010, 23 (5): 371–386.

[328] Sahin, F., E. Robinson, "Flow Coordination and Information Sharing in Supply Chains: Review, Implications, and Directions for Future Research" [J]. *Decision Sciences*, 2002, 33 (4): 505–536.

[329] Schminke, M., M. L. Ambrose, D. O. Neubaum, "The Effect of Leader Moral Development on Ethical Climate and Employee Attitudes" [J]. *Organizational Behavior and Human Decision Processes*, 2005, 97 (2): 135–151.

[330] Schneider, B., "Organizational Climates: An Essay" [J]. *Personnel Psychology*, 1975, 28 (4): 447–479.

[331] Schwartz, M. S., "Universal Moral Values for Corporate Codes of Ethics" [J]. *Journal of Business Ethics*, 2005, 59 (1–2): 27–44.

[332] Seiders, K., L. L. Berry, "Service Fairness: What It Is and Why It Matters" [J]. *The Academy of Management Executive*, 1998, 12 (2): 8–20.

[333] Sekhon, H., C. Ennew, H. Kharouf et al., "Trustworthiness and Trust: Influences and Implications" [J]. *Journal of Marketing Management*, 2014, 30 (3–4): 409–430.

[334] Senge, P. M., "The Fifth Discipline, the Art and Practice of the Learning Organization" [J]. *Performance + Instruction*, 1991, 30 (5): 37.

[335] Silverman, H. J., "Organizational Ethics in Healthcare Organizations: Proactively Managing the Ethical Climate to Ensure Organizational Integrity" [J]. *HEC Forum*, 2000, 12 (3): 202–215.

[336] Singh, J. B., "Determinants of the Effectiveness of Corporate Codes of Ethics: An Empirical Study" [J]. *Journal of Business Ethics*, 2011, 101 (3): 385–395.

[337] Slats, P. A. , B. Bhola, J. J. M. Evers et al. , "Logistic Chain Modelling" [J]. *European Journal of Operational Research*, 1995, 87 (1): 1-20.

[338] Smith, F. L. , "The Balanced Company: A Theory of Corporate Integrity" [M]. *Academy of Management*, 2003.

[339] Sobel, M. E. , "Asymptotic Confidence Intervals For Indirect Effects In Structural Equation Models" [J]. *Sociological Methodology*, 1982: 290-312.

[340] Stenmark, C. K. , M. D. Mumford, "Situational Impacts on Leader Ethical Decision-making" [J]. *The Leadership Quarterly*, 2011, 22 (5): 942-955.

[341] Su, Q. , Y. Song, Z. Li et al. , "The Impact of Supply Chain Relationship Quality on Cooperative Strategy" [J]. *Journal of Purchasing and Supply Management*, 2008, 14 (4): 263-272.

[342] Svensson, G. , G. Wood, "A Model of Business Ethics" [J]. *Journal of Business Ethics*, 2008, 77 (3): 303-322.

[343] Thomas, D. J. , Griffin, "Coordinated Supply Chain Management" [J]. *European Journal of Operational Research*, 1996, 94 (1): 1-15.

[344] Trevino, L. K. , L. P. Hartman, M. Brown, "Moral Person and Moral Manager: How Executives Develop a Reputation for Ethical Leadership" [J]. *California Management Review*, 2000, 42 (4): 128-142.

[345] Trevio, L. K. , M. Brown, L. P. Hartman, "A Qualitative Investigation of Perceived Executive Ethical Leadership: Perceptions from Inside and Outside the Executive Suite" [J]. *Human Relations*, 2003, 56 (1): 5-37.

[346] Treviño, L. K. , M. Brown, L. P. Hartman, "A Qualitative Investigation of Perceived Executive Ethical Leadership: Perceptions from Inside and Outside the Executive Suite" [J]. *Human Relations*,

2003, 56 (1): 5 – 37.

[347] Tsai, M., C. Huang, "The Relationship Among Ethical Climate Types, Facets of Job Satisfaction, and the Three Components of Organizational Commitment: A Study of Nurses in Taiwan" [J]. *Journal of Business Ethics*, 2008, 80 (3): 565 – 581.

[348] Tumasjan, A., M. Strobel, I. Welpe, "Ethical Leadership Evaluations After Moral Transgression: Social Distance Makes the Difference" [J]. *Journal of Business Ethics*, 2011, 99 (4): 609 – 622.

[349] Tumasjan, A., M. Strobel, I. Welpe, "Ethical Leadership Evaluations After Moral Transgression: Social Distance Makes the Difference" [J]. *Journal of Business Ethics*, 2011, 99 (4): 609 – 622.

[350] Turban, D. B., "Corporate Social Performance and Organizational Attractiveness to Prospective Employees" [J]. *The Academy of Management Journal*, 1997, 40 (3): 658 – 672.

[351] Valentine, S., T. Barnett, "Ethics Codes and Sales Professionals' Perceptions of Their Organizations' Ethical Values" [J]. *Journal of Business Ethics*, 2002, 40 (3): 191 – 200.

[352] Vardi, Y., "The Effects of Organizational and Ethical Climates on Misconduct at Work" [J]. *Journal of Business Ethics*, 2001, 29 (4): 325 – 337.

[353] Victor, B., J. B. Cullen, "The Organizational Bases of Ethical Work Climates" [J]. *Administrative Science Quarterly*, 1988: 101 – 125.

[354] Wakefield, R. L., D. E. Leidner, G. Garrison, "Research Note—A Model of Conflict, Leadership, and Performance in Virtual Teams" [J]. *Information Systems Research*, 2008, 19 (4): 434 – 455.

[355] Walumbwa, F. O., D. M. Mayer, P. Wang et al., "Linking Ethical Leadership to Employee Performance: The Roles of Leader – member Exchange, Self – efficacy, and Organizational Identifica-

tion" [J]. *Organizational Behavior and Human Decision Processes*, 2011, 115 (2): 204 –213.

[356] Weber, C. A., J. R. Current, W. C. Benton, "Vendor Selection Criteria and Methods" [J]. *European Journal of Operational Research*, 1991, 50 (1): 2 –18.

[357] Wempe, J., Kaptein, M., *The Balanced Company: A Theory of Corporate Integrity* [M]. Oxford University Press Oxford, 2002.

[358] William, S. L., "Integrity, Diligence, and the Limits of Good Corporate Citizenship" [J]. *American Business Law Journal*, 1996, 34 (2): 157 –182.

[359] Williamson, O. E., "The Economic Institutions of Capitalism: Firms, Markets, Relational Contracting" [M]. *China Social Sciences Pub. House*, 1999.

[360] Wimbush, J. C., J. M. Shepard, "Toward an Understanding of Ethical Climate: Its Relationship to Ethical Behavior and Supervisory Influence" [J]. *Journal of Business Ethics*, 1994, 13 (8): 637 –647.

[361] Wong, A., D. Tjosvold, P. Zhang, "Developing Relationships in Strategic Alliances: Commitment to Quality and Cooperative Interdependence" [J]. *Industrial Marketing Management*, 2005, 34 (7): 722 –731.

[362] Wong, M., "Guanxi Management as Complex Adaptive Systems: A Case Study of Taiwanese ODI in China" [J]. *Journal of Business Ethics*, 2010, 91 (3): 419 –432.

[363] Woo, K., C. T. Ennew, "Business – to – business Relationship Quality: An IMP Interaction – based Conceptualization and Measurement" [J]. *European Journal of Marketing*, 2004, 38 (9/10): 1252 –1271.

[364] Wright, T. A., J. C. Quick, "The Role of Character in Ethical Leadership Research" [J]. *The Leadership Quarterly*, 2011, 22

(5): 975-978.

[365] Yaffe, T., R. Kark, "Leading by Example: The Case of Leader OCB" [J]. *J Appl Psychol*, 2011, 96 (4): 806-826.

[366] Yahya, S., B. Kingsman, "Vendor Rating for an Entrepreneur Development Programme: A Case Study Using the Analytic Hierarchy Process Method" [J]. *Journal of the Operational Research Society*, 1999: 916-930.

[367] Yang, L., M. H. Xu, G. Yu et al., "Supply Chain Coordination with CVaR Criterion" [J]. *Asia Pacific Journal of Operational Research*, 2009, 26 (1): 135-160.

[368] Yee, W. M., R. M. Yeung, J. Morris, "Food Safety: Building Consumer Trust in Livestock Farmers for Potential Purchase Behaviour" [J]. *British Food Journal*, 2005, 107 (11): 841-854.

[369] Yukl, G., R. Mahsud, S. Hassan et al., "An Improved Measure of Ethical Leadership" [J]. *Journal of Leadership & Organizational Studies*, 2013, 20 (1): 38-48.

[370] Zhang, R., Z. Rezaee, "Do Credible Firms Perform Better in Emerging Markets? Evidence from China" [J]. *Journal of Business Ethics*, 2009, 90 (2): 221-237.

[371] Zhao, X., B. Huo, W. Selen et al., "The Impact of Internal Integration and Relationship Commitment on External Integration" [J]. *Journal of Operations Management*, 2011, 29 (1): 17-32.